杜松柏著

文史哲學集成

知止齋禪學論文集

文史哲出版社印行

國立中央圖書館出版品預行編目資料

知止齋禪學論文集 / 杜松柏著. -- 初版. -- 臺
市：文史哲，民83
面；　公分. -- (文史哲學集成；331)
參考書目：面
ISBN 957-547-906-8(平裝)

1. 禪宗 - 論文,講詞等

226.607　　83010993

文史哲學集成 ㉛

知止齋禪學論文集

著　者：杜　松　柏
出版者：文 史 哲 出 版 社
登記證字號：行政院新聞局局版臺業字五三三七號
發行人：彭　正　雄
發行所：文 史 哲 出 版 社
印刷者：文 史 哲 出 版 社
台北市羅斯福路一段七十二巷四號
郵撥〇五一二八八一二彭正雄帳戶
電話：三 五 一 一 〇 二 八

實價新台幣 四八〇元

中華民國八十三年十一月初版

ISBN 957-547-906-8

我對禪學的窺探（代序）

禪宗源出佛教，由達摩來華開宗，人多知之。然由承傳而創新，沿流而生變，以致生面別開，精蘊倍出，則係文化孕育之功，前人創成之力，以致唐宋之際，聳動天下，佛教日教下，禪宗日宗門，形成分流對抗之勢；元明之後，佛禪融合，而中華梵宇，多係禪宗叢林，復遠傳日、韓，形成了中國佛教的在禪的形勢。垂傳至今，而無基本上的變易，可見禪宗影響之遠大。

宗門、教下，同途殊轍，貌異神同，其根本的殊異何在？則鮮有進而論之者。溯其初始，達摩傳宗，以「理入」「行入」，雖有反經教、偶像崇拜等的傾向，仍未遠離佛法戒、定、慧三學的基本；爰及唐宋，不但反佛教的經教，看佛經是「遮眼」，臨濟視之爲不淨紙，復有「殺佛」「殺祖」的主張；而且反達摩的「理入」和「行入」，惟未明言駁斥而已，所以不重視修持，將坐禪看成「坐久成勞」和瞌睡；也不許思惟擬議——「思而知，慮而解，鬼窟裡作活計」。其所注重者，惟在開悟，以見性成佛。開悟的方法，以清淨無染、不起分別、貪求的「平常心」，作爲開悟的根本，故曰「平常心是道」；然後「從緣悟達，永無退失」，以時節因緣的湊合，而發明「大事」。於是以這種活法入道，以「徹上徹下，頓悟無餘」。故而視佛法誦經、持戒、坐禪爲定法，爲不能開悟的死法。當然也不廢止或全然反對此等「理入」「行入」的方法，只是視同一般的方法，或基本的方法，而不許其是唯一的、獨特的有效方法而已。禪祖師復依據其開悟經驗的不同，建立其「門庭設施」，於是而有「五宗二派」，其中以臨濟、曹洞最壯大，雲門次之，潙仰、法眼，今已宗脈斷絕；至宋臨濟復分出黃龍、楊岐，「臨濟兒孫遍天下」，更係一派獨大。宋以後，禪宗因喪失其活法開悟的精神，故再反融於佛教的定法，而喪失了特質，以致采散光消。

禪宗以反思惟擬議的精神，故標立「教外別傳，不立文字」，雖然文字畢竟是載道之器，不可得而廢，故復不離文字，而其典籍，如雲如雨，考其類別，大抵不外語錄、公案、詩文，持以較論佛典，最大之特色爲片語短章，蓋源於我民族性喜簡易之故，認爲「快人一語，快馬一鞭」，不必繁瑣喋喋。比之佛陀說阿含經，約爲十一年，臨滅度時說涅槃經，尙達三晝夜，而大異其趣。又佛教傳入我國之後，教下的宣教弘法，多沿用梵語及譯後的專門名相，例如「南無阿彌陀佛」，人人能誦念，但極少人能究明其義。而禪師大都棄用此類名相，採用中土語言辭彙，而且雅俗並取，文白雜揉，形成了禪宗的中國化和本土的面目，遂與佛典大異其趣。

自禪宗的悟道領會之最高境界而言，所謂「妙高峰上，不容商量」，蓋此一其大無外，其小無內的「超絕境界」，自係不可說、不許說、不能說的「言語道斷，心行處滅」，然而「第二峰頭，卻容私會」，禪祖師要「大開宗門，普度衆生」，所作的開示著語，無不落在可以思惟擬議的「私會」上，所以宗教上的自性知識，直接領會的秘密悟境，而容許作哲學思想一類的學術研究，然卻如巴壺天先生所揭示，從事這種研究，要有哲學的基本素養，和文學的知詩條件，才能有入乎其內的希望。依個人的拙見，尙需加上公案、語錄的探索功夫和對佛法的基本瞭解，才有研究的穩固基礎；作者自以「禪學與唐宋詩學」通過博士學位之後，迄未中輟這兩方面的研究，積累前後寫成的論文，篩選爲十八篇，以顯示近二十年來的研究歷程，其所抉發，則不外禪理、禪學，及禪學影響下的詩學、禪趣等。回顧這一方面的研究，由當時鮮少論研的蕪荒，到現在人所常言的顯學，深感樂喜。

歲月易得，瞬值六十還曆之年。本論文的出版，要銘謝秦院長心波的題署，彭先生正雄的梓行，家人及衆多師友的關切與鼓舞。復感於才慧的不足，疏漏必多，尙祈大德方家，賜予教正。

衡山 **杜松柏** 謹識 民國八十三年十月五日
於臺北知止齋

六十還曆 知止齋禪學論文集

杜松柏 撰

目次

壹、禪宗的精義及其發展

提要

禪宗是佛教宗派之一，以後由附庸而蔚為大國，發展至今，形成了流佈全世界的趨勢，而其影響，除了宗教之外，亦廣及文學、哲學、藝術，所以其重要性逐漸受到學術界的注意及重視。筆者多年以來，於禪學頗有鍥而不捨的執著，雖僅止於文字智解的層次，但在「第二峯頭，卻容私會」的情況下，頗有一愚之得的闡揚。本文以禪宗的精義及其發展為題，以期提要鈎玄，有扼要的探論及結果。

禪宗的建立，由菩提達摩始，而其光大，則在五祖弘忍與六祖慧能，達摩所傳，不外於藉教明宗，以「理入」「行入」為方法，而其特殊宗風的形成，是在傳承了百餘年之後，是中國文化無形中的薰染使然，至於是否由莊子的玄珠為罔象所得，而使禪宗發展出無方便的方便的悟道方法，雖為許多學者所認定，但如何由哲學的認知，而能轉變為宗教的悟道，仍係極大的疑問；這些對不曾讀書識字的慧能大師，能否有影響？更不能無疑，所以在敘論禪宗的成立時，並加探論禪宗自六祖之後，形成了五宗二派的興盛局面，具有曹溪一派，獨芳寰宇的聲勢，簡而言之，是中華文化與印度文化交流以後的結晶，更是東方文化最精粹的部份。

禪宗的精義，由其發展及諸多的著述探論之，最特別的是禪祖師及禪人的修持目標，在求人「與道」合，而達到「發明大事」。根據燈史所記，他們不少的傑出人物，竟然能做到了，於是在徹悟以後，於「心」「性」——本體，有了真切的言說。這一本體的體認，筆者加以綜合歸納，如果由體用不二的觀點去探論，這一圓融無誤的體認，具有極大的價值，最直接的是使禪宗免於分裂，以後的五宗二派的形成，是修行方法不同所致，而非在根本上的認識上有不同。以哲學的立場而論，哲學家於本體均由思惟推論而得，故人言人殊，尤以宋明理學家為然，大都由不能當下荐取的緣故，而禪宗的本體論，是一致的，是直接實證實悟的，哲學家如能依起所言之體，由體起用，當能有大用不違於體的效果。其次禪宗宗風的形成，五宗二派的開出，均係由於修行的方法不同，以無定法的活法，達成「直指人心，見性成佛」的境界，所以大異於佛教其他各宗。禪宗不立文字，形成了與教下諸原經教相反的特點，不但時遭誤解，甚至禪宗的有語錄公案，亦因此而受疑惑譏笑，其實禪宗之有此主張，亦係由體起用所致，故深入剖論，以祛疑議。禪宗的不失宗旨，則有賴於師資校勘，以辨證學人的迷悟和偏失，加以指引及印可，抉此四者，禪宗的精要，可得較明白的輪廓了。

關於禪宗的發展，自唐宋以前的部份，已由禪宗的建立，略見大概，至於元明以後，瀕於衰微及宗風喪失的階段，故略述其傳至日、韓，進而擴展至全世界，以其屬禪宗史的範圍，故甚略簡，因為非筆者研究範圍中的重點，然亦不免粗疏的缺失。

一、前言

禪宗是佛教宗派之一，可是這一宗派的發展，不但極其奇特，而且極其迅速，其影響更極為深遠而普遍，我國的宗教、文學、哲學、藝術，無不受其刺激及影響。禪宗的肇建，是菩提達摩於梁魏之際，來華建立，其始是極少數人所信奉和傳授，然至唐弘忍、慧能大師以後，竟形成與整個佛教相抗對立的情勢，自稱宗門，稱佛教為教下，其後竟形成了中國佛教的特色在禪，教下的叢林大多數變成了禪門子弟的道場，所謂「臨濟兒孫遍天下」。考其由成立至興盛，不過二百三十餘年①。就其整體的影響而言，誠如印順法師所云：「這是中印文化融合的禪，或者稱譽為東方文化的精髓。」②對中國佛教而言，禪宗對教下諸宗，至少產生了正面的影響和反面的刺激，印順法師又云：「達摩禪到（四祖）道信而隆盛起來，經道信、弘忍、慧能的先後弘揚，禪宗成為中國佛教的主流。」③在文學上先是盛唐詩人，始競以禪入詩④，由唐末至宋，論詩的人，這一步以禪論詩⑤；哲學方面，宋代的理學所受禪宗的影響，已為學者所悉知，由禪宗的語錄而導致理學家的語錄，由禪宗的公案而導致理學家的學案⑥，更是表層面的明顯可見影響；至於藝術方面，中國的文人畫和禪畫，肇始於王維，而後以禪論畫如董其昌等，都是極明顯的證例。由上所述，可見禪學影響的普遍和深遠，所以對禪宗的精義及其發展加以研究，當是極為根本的，也是極為需要的。

二、禪宗的建立

禪宗由菩提達摩自印度來華建立，成爲中國禪宗的開派人物—中華初祖。唐釋道宣續高僧傳云：

菩提達摩，南天竺婆羅門種，神慧疏朗，聞皆曉悟，志存大乘，冥心虛寂，通微徹數，定學高之。悲此邊隅，以法相導，初達宋境南越，末又北度至魏，隨其所止，誨以禪教。……⑦

關於達摩的籍貫、年代、行迹，其後隨著禪宗的光大，傳說愈多，訛變愈甚，道宣所記，應爲較早，較可信者，道宣又云：

藉教悟宗，深信含生同一眞性；客塵障故，令捨僞歸眞，凝住壁觀；無自無他，凡聖一等；堅住不移，不隨他教；與道冥符，寂然無名，名理入也。⑧

道宣又云：「然則入道多途，要唯二種，謂理行也。」可見達摩初期的弘法，仍不外唸經求解的「理入」和著重修持的「行入」，所差別的是「藉教悟宗」和「不隨他教」，肇啓了禪宗這一宗的別異風格，這風格的形成，在道宣的慧可傳中，有較多的洩漏：

從學六載，精究一乘。理事兼融，苦樂無滯，而解非以簡易宣化之旨，而適合中土人情。……⑨

由達摩至四祖，均以楞伽經爲主，至五祖弘忍，始代以金剛經。印順法師論此期之禪風云：

達摩禪「藉教悟宗」。重教的，流行爲名相分別的楞伽經師。重宗的，又形成不重律制，不重經教的禪者。護持達摩深旨的慧可門下，那禪師、粲禪師等，以「楞伽經」爲心要，隨說隨行，而助以嚴格的、精苦的頭陀行。道宣時，一顆光芒四射的彗星，在黃梅升起，達摩禪開始了新的一頁。（中國禪宗史第一章）

可見禪宗建立之初，仍是偏重經典和修持的「理入」與「行入」，於教下爲近，未顯露出禪宗的特別宗風，自弘忍以後，已形成多頭弘傳，南宗北宗，各樹宗旨，南宗主「頓」、北宗主「漸」，是一般人的看法，似乎南北二宗，便代表了當時整個禪宗的活動，事實上卻有牛頭宗的興起，雖被目爲旁支，但印順法師卻認爲是中華禪的根源和建立者：

印度禪蛻變爲中國禪宗──中華禪，胡適以爲是神會。其實不但不是神會，也不是慧能。中華禪的根源，中華禪的建立者，是牛頭。應該說，是「東夏之達摩──法融。」⑩

印順法師並進一步指出：禪宗的「無心合道」，「無心用功」──發展出一種無方便的方便。其實，這是受了莊子影響。莊子說：玄珠（喻道體），知識與能力所不能得，卻爲罔象所得。除此一旁出的宗派外，在東山弘忍的門下，尚有金和尚的「淨衆」派，宣什的傳香念佛派，在多頭弘傳⑪，雖然不是禪宗的主流，但也各有或多或少的影響，以致其匯歸曹溪，形成浸天的巨浪。連旁出的牛頭宗，也有推波助瀾之功。因爲慧能是未讀書的大智慧人，不應該受知識販賣的影響，莊子的文深字奧，慧能大師殊難透過學問知識的途徑去接近這本書。慧能大師得法於弘忍大師之後，便遁隱於廣西的懷集，廣東的四會之間，與牛頭法融應無關係及交往，自難有影響的可能，牛頭法融縱然是「東夏的達摩」，縱然有些影響，也應是慧能的身後傳人。何況莊子是哲學家，而非宗教家，其罔象得玄珠的寓言，能否形成悟道的方法，仍大有問題，因爲哲學上的心營意想，正犯了禪宗「言語道斷、心行處滅」的忌諱。所以禪宗在六祖之後，能五宗二派先後成立，應以慧能大師的影響及貢獻爲獨多。

慧能大師在禪宗之中，是極爲傳奇性的人物，慧能大師自述其身世云：

> 惠能嚴父，本貫范陽，左降，流於嶺南，作新州百姓。此身不幸，父又早亡，老母孤遺，移來南海，艱辛貧乏，於市賣柴⑫。

可見慧能大師，未受過好的教育，證以其後和神秀大師「身似菩提樹」的偈詩時的種種，這位大師，是不識字更不能書寫的：

> 上人，我此踏碓，八個餘月，未曾行到堂前，望上人引至偈前禮拜。童子引至偈前禮拜，慧能曰：「惠能不識字，請上人爲讀。」時有江州別駕，姓張，名日用，便高聲讀，惠能聞已，遂言：「亦有一偈，望別駕爲書。」⑬

這是慧能大師不能讀書寫字的眞切證明。就世俗的觀念而言，不能識字讀書，何能頓悟至道？然以禪宗的修道理論而論，文字知識，讀書爲學，正足以障其道眼，慧能大師卻免於「此累」，得悟至道，在二十四歲的英年，獲傳衣嗣法，成爲一派的宗主。更令人詫異的，其時慧能大師，並不具備僧侶的身份，僅係未祝髮的頭陀，而弘忍大師竟能傳以衣鉢，固然是識見超人，其實是與禪宗的秘密傳授，師資勘磨的制度有關，例如達摩傳法二祖之時，便叩詢諸弟子所見，而分別評論其高下，最後慧可以默無一語，「依位禮拜」，以「汝得吾髓」而獲傳授⑭。慧能大師的得傳授衣鉢，其情況亦約略相同。神秀的法偈，未能「見性」，而慧能大師的「菩提本無樹，明鏡亦非臺。本來無一物，何處惹塵埃⑮。」自係了徹人語。可見禪宗的師資勘磨，極為嚴格而認真，其傳位在於悟不悟，得不得法，而不是資格與形式上的問題。

慧能大師獲傳衣鉢，成為一派的宗主，他沒有辜負五祖弘忍的鑑賞，光大了禪宗的門庭，在三十七年的說法利生活動之中，「得旨嗣法者四十三人，悟道超凡者，莫知其數⑯。」而以荷澤神會，青原行思，南岳懷讓等，宗匠輩出，先後建立了曹洞、雲門、臨濟、溈仰、法眼五宗。臨濟一宗獨大，到了趙宋，分出楊岐方會、黃龍慧南二派。謹附六祖慧能以下法系圖如下：

五宗二派的建立，不但使曹溪一脈，顯揚光大，有獨芳寰宇的聲勢，而其影響，更涉及多方。是禪宗肇始於達摩，興盛於四祖及五祖，而大成於慧能大師。也是中華文化和印度文化交流以後的結晶，更是東方文化最精粹的部份。

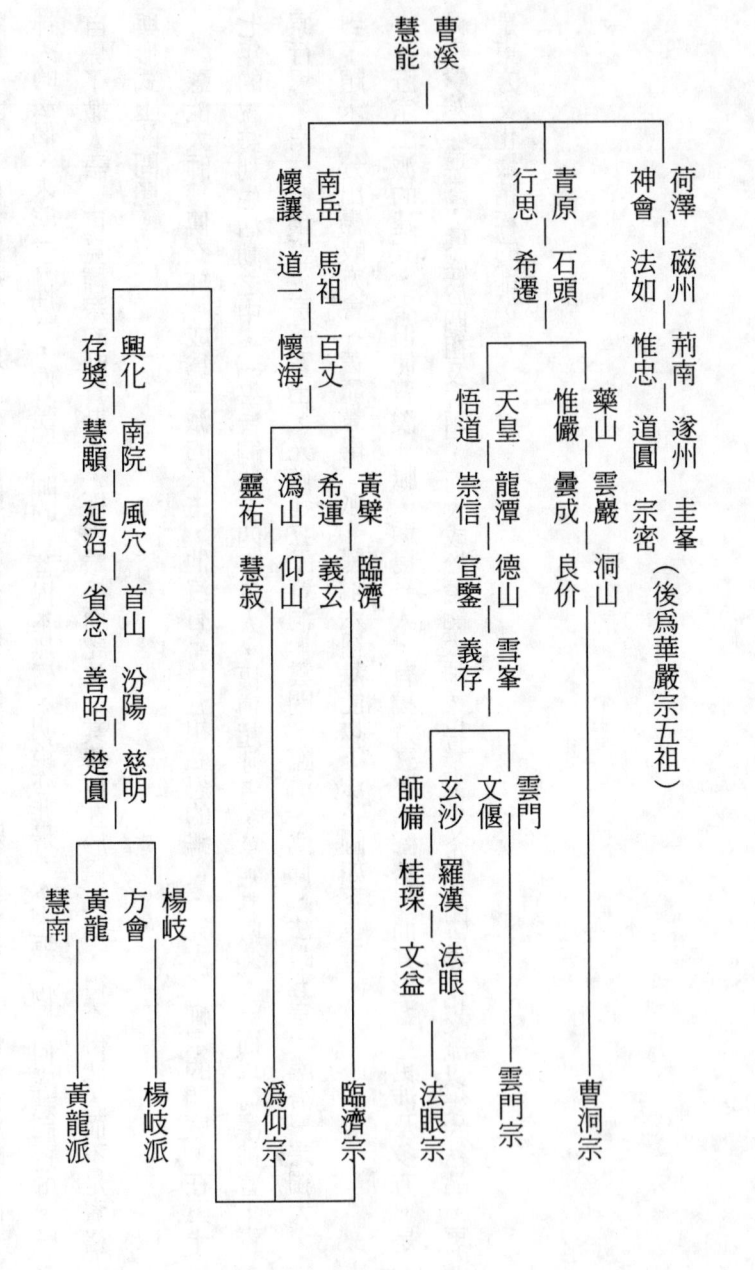

曹溪慧能

- 荷澤神會—磁州法如—荊南惟忠—遂州道圓—圭峯宗密（後爲華嚴宗五祖）
- 青原行思—石頭希遷
  - 藥山惟儼—雲巖曇成—洞山良价……曹洞宗
  - 天皇道悟—龍潭崇信—德山宣鑒—雪峯義存
    - 雲門文偃……雲門宗
    - 玄沙師備—羅漢桂琛—法眼文益……法眼宗
- 南岳懷讓—馬祖道一—百丈懷海
  - 黃檗希運—臨濟義玄……臨濟宗
    - 興化存獎—南院慧顒—風穴延沼—首山省念—汾陽善昭—慈明楚圓
      - 楊岐方會……楊岐派
      - 黃龍慧南……黃龍派
  - 溈山靈祐—仰山慧寂……溈仰宗

三、禪宗的精義

禪宗之能崛起，形成了無比的震撼力量。宗教是富有排他性的，其競爭即使能超出利害、恩怨、門戶之見以外，而信仰上亦復難包容別異。禪宗建立之初，自為佛教教下各派所不容，有不少的高僧，行腳至禪宗的禪林和道場，欲攻擊掃蕩，以為消滅澄清；而禪宗內部亦有「南能北秀，水火之嫌，荷澤洪州，參商之隙。」⑰禪宗能在這一情勢之下，尚能發展、鞏固，決非僥倖，必有內銷分歧，外服強敵的能力。

禪宗諸派，雖門庭設施各有不同，因而有各宗的宗旨，形成別異的派別。可是就其求道或修行的目的而言，則無不在發明此一「大事」，徹悟大道，所謂明心見性，頓悟成佛。其所謂「明心」「見性」，則哲學家所謂「形而上學」也。馮友蘭云：

禪宗雖無形上學，而其所說修行方法，實皆有形上學之依據，蓋其所說之修行方法，為如何使個人與宇宙合一之方法，必其心目中有如此之宇宙，然後方講如此之方法也。⑱

禪宗的特別之處，是求人與道合，證悟形而上之道，而非如哲學家，僅推論證說形而上學也。至於馮友蘭氏所謂禪宗無形而上學，蓋馮氏論究禪宗禪學時，未深入禪祖師語錄公案之中探求，故有此誤認。禪祖師於開悟，對不能言說和忌諱言說的形而上學部份，仍多語說，筆者曾試加歸納，得其形而上學的概要如下：

㈠禪人隨言說的方便，所謂「心」、「性」、「體」、「一物」等，都是「本體」的異名。㈡本體是無是無非，無善無惡，無憂無喜，本自清淨。㈢本體超過一切限量、名言、蹤迹，不可智知，不可理求。㈣本體無形無質，不生不滅，不來不去，沛然充塞於宇宙之間，常依體起用。㈤本體是非空非有，亦空亦有，能大能小，應物現形，爲萬物萬法之主，體與用因而有不二的關係。㈥本體係作用不絕，攝兼動用，動用中收不得，不盡有爲，不住無爲而又能無不爲。㈦本體於人，係在凡愚而不減，在聖賢而不增，不斷不常、不亂不寂，用處祇是無處。⑲

卓出的禪祖師，以無比的恆毅，無上的智慧，在徹悟之後，於形而上學的體認，應是信而可徵，決非模糊臆想的結果，推測推論的認定。這一形而上的體認，統一了全宗的信念，教下諸宗，也不能非難。近人論本體者，以熊十力先生最詳最密，熊氏云：

㈠本體是萬理之原，萬德之端，萬化之始（始，猶本也。）

㈡本體即無對即有對，即有對即無對。

㈢本體是無始終。

㈣本體顯爲無窮無盡的大用，應說是變易的，然大用流行，畢竟不曾改易其本體固有生生、健動、乃至種種德性，應說是不變易的。⑳

試與禪宗所建立的形而上學相比較，疏密詳略，灼然可見。且熊氏未明言其形上學係由思而得？由悟而得？或由人而得？由學而得。[21]而禪人則係實證實悟而得，大有不同。而且所悟是否正確？是否模糊影響之談？又有師資勘磨，自應信而可徵。以哲學家「體用一元，顯微無間」[22]的觀念而論，對形而上的本體體認無誤，則依體起「用」，其用方無差誤，況禪祖師所言之「體」，語雖不同，義歸一致。而儒家以宋五子，陸象山、王陽明爲例，所言體各有不同，周濂溪以「誠」爲體，張橫渠以「太和陰陽」爲體，程明道以「仁」爲體，程伊川以「陰陽」爲體，朱子以「理」或「氣」爲體，陸象山以「道」爲體，王陽明以「良知」爲體[23]，以本體之絕對性而言，決不能如此之紛異，究竟何者爲眞呢？苟非眞實，則其所起之用，自然難免偏誤了。禪宗之形而上學，既係由實證實悟而得，則其所言之「心」「性」—本體，自然彌足珍貴了。故其言體言用，最爲精確，此其精義之一。

禪宗的自立宗派，有以別於教下諸宗者，大抵在修行方法上。因爲教下諸宗，大都不外「理入」和「行入」，「理入」不外由名相入手，由經典用功，得師資的傳授，以求深明佛理，由行入者，不外持律守戒，精苦用功，以至廣積功德，以求獲得善報或果位。不論理入或行入，大都依仗他力或外力，所以教下諸宗，必設清淨莊嚴的道場，必誦經唸佛，必求師資的指引，都是依仗他力或外力的證明。禪宗祖師不是全然反對這些，不過認爲這些都是不會有入道效果的死法，以成佛的釋迦牟尼爲例，教下諸宗，奉爲教主，固然不錯，但認爲成佛證道，要乞靈於佛陀，禪宗祖師則大加反對，因爲自形而上的「本體」—「心」、「性」言，佛陀徹悟了，也不過是「人與宇宙合一」，他不是「本體」，也不能全然代表「本體」，充其量只是「傳言代語人」，而非究竟，故雲門文偃有打殺佛祖的公案，所以不可也不必向佛求，更不必向僧求了。就理入而言，此「心」此「性」，實超越了言語論說，文字釋說之外，雲門文偃之言，可爲代表：

此箇事，若在言語上，三乘十二分教，豈是無言語？因什麼更道教外別傳？若是從學解機智得，只如十地聖人說法如雲如雨，猶被呵責，見性如隔羅縠。以此故知一切有心，天地懸殊㉔。

「一切有心」謂指心營意想，理入自係「一切有心」的範圍，在「動念便乖」的情況下，以理入的方式去求道，便會產生「天地懸殊」的負效果了。如果以「行入」的方式求道，由戒得定，由定得慧，自係教下諸宗的信念，可是禪宗卻認「戒」「定」等修行方式，只是基本功夫，不是究竟，只是形式，臨濟義玄云：

道流！佛法無用功處，祇是平常無事，痾屎送尿，著衣喫飯，困來即臥，愚人笑我，智乃知焉。古人云：向外作功夫，總是痴頑漢。爾且隨處作主，立處皆眞，境來換不得。……㉕

這是臨濟的反對「行入」，其眞正的理由，是因爲「行入」是有爲法，有貪求心，他又云：

若是眞正道人，終不如是。但能隨緣消舊業，任運著衣裳，要行即行，要坐即坐，無一念心，希求佛果。緣何如此？古人云：若欲作業求佛，是生死大兆。㉖

如果持戒修行，一心只在求佛見「性」，則是有貪求心，何能做到「無一念心」呢？至爲奇特的，是香嚴智閑與潙山靈祐的公案：

（智閑）依潙山禪師，祐和尚知其法器，欲激發智光，一日謂之曰：吾不問汝平生學解及經卷典子上記得者，祐未出胞胎，未辨東西時本分事，試道一句來？吾要記汝。師懵然無對，沉吟久之，進數語，陳其所解，祐皆不許。師曰：卻請和尚說。祐曰：吾說得是吾之見解，於汝眼目，又何益乎？……（智閑）抵南陽，覩忠國師遺迹，遂憩止焉。一日因山中芟除草木，以瓦礫擊竹作聲，俄失聲笑間，廓然省悟，遽歸沐浴焚香遙禮潙山贊曰：和尚恩踰父母，當時若為我說卻，何有今日事耶？㉗

一則任門徒懇求，拒不說解；一則徹悟之後，歸功於師父的不說破，不重傳授，不重智知的精神，充分顯露。此皆有以異於教下者。

禪宗反對教下的修持方法，以其係定法，係死法，所以注重無定法、活法。因為此一大事的發明，是人與宇宙契合為一，而此「至道」—「心」「性」，是其大無外，其小無內，非思惟擬議，修證作為所可及，而希望頓悟，其困難誠如禪人所云：「如蚊子下鐵牛，無下嘴處。」可是徹悟之後，卻又說佛法無多子，似得之不難，如臨濟義玄云：

山僧見處，無佛無衆生，無古無今，得者便得，不歷時節，無修無證，無得無失，一切時中，更無別法。……㉗

所謂「得者便得，不歷時節」，顯示了悟則成聖，迷則滯凡，迷悟之間，只隔一線。迷悟之間的關鍵何在？則是修持方法的問題了。禪宗主張以無定法—活法去求悟，其基本的理論，是保持修行人純潔的「初心」，不受污染，以無求無貪的平常心，去待時節因緣，外力引發，以求開悟，例如南嶽懷讓參六祖的答話，可見此意：

> 祖問：什麼處來？曰：嵩山來。祖曰：什麼物？恁麼來？曰：說似一物即不中。祖曰：還可修證否？曰：修證即不無，污染即不得。祖曰：只此不污染，諸佛之所護念，汝既如是，吾亦如是。……㉙

可見「不污染」不但爲懷讓的見解，也爲六祖所認可，甚至以往的諸佛，亦係如此。「不傳染」似易而實難，不但世俗的是非善惡，名利聲色是污染，即使分凡分聖，思聖求聖，甚至有此分別心，也是一種污染，如永嘉玄覺的證道歌云：

> 君不見，絕學無爲閒道人，不除妄想不求眞。無明實性即佛性，幻化空身即法身。㉚

因爲妄想與求眞，即是分別心，即是污染。不污染、無分別的純潔「初心」，就是馬祖的所謂「平常心」，這一「平常心」，雖然是「修證即不無」，但是也非修證即是究竟，可達徹悟的地步，因爲「行亦禪，坐亦禪，語默動靜體安然。」不是全然的修證功夫所可達成的，以佛教的持戒坐禪而論，是修證的功夫，可是禪人云：「滔滔不持戒，兀兀不坐禪」。因爲心念滔滔，持戒何益？兀兀形如枯木，坐禪何功？那只是形式上的，暫時的功夫，與徹悟大道相距甚遠。

禪人有了不污染的平常心，不由理入的「知解」，卻又非無所知，所謂「如愚如魯」；不由行入的持戒坐禪，但亦非無修證的功夫，在「行亦禪，坐亦禪，語默動靜體安然」的情況下，本然的道心，會靈光顯耀，如雲開日出，而得徹悟。如百丈懷海所云：

汝等先歇諸緣，休息萬事，善與不善，世出世間，一切諸法，莫記憶，莫緣念，放捨身心，令其自在，心如石木，無所辨別，心無所行，心地若空，慧日自現，如雲開日出相似。㉛

這就是禪宗修持方法最直接的說明，以不污染的自在心，無所辨別的平常心，在「心無所行，心地若空」的狀況下，「慧日自現，如雲開日出相似。」故一言半語的提示，外在景物的觸發，便可徹悟至道了，例如龐居士之開悟，便是最好的例證：

（龐居士）後之江西，參問馬祖云：不與萬法爲侶者是什麼人？祖云：待汝一口吸盡西江水，即向汝道。居士言下頓領玄旨。㉜

馬祖的「待汝一口吸盡西江水，即向汝道。」並非極其微妙的開示，而龐居士的能「頓領玄旨」，只是一種外機的觸發而已。臨濟義玄的開悟，更係如此：

（義玄）初在黃檗，隨眾參侍，時堂中第一座勉令問話，師乃問：如何是祖師西乘的的意？黃檗便打，如是三問三遭打。……來日師辭黃檗，黃檗指往大愚，愚問：什麼處來：曰：黃檗來。曰：黃檗有何言教？曰：義玄親問佛法的的意，和尚便打，如是三問三遭被打不知過在什麼處？愚曰：黃檗恁麼老婆，爲汝得轍困，猶覓過在？師於言下大悟，云：元來黃檗佛法無多子。大愚搊住云：者尿床鬼子，適來又道不會，如今卻道黃檗佛法無多子，你見箇什麼道理？速道速道。師於大愚肋下築三拳，大愚托開云：汝師黃檗，非干我事。……㉝

義玄的開悟，竟然如此的簡單，眞是「得者便得，不歷時節，無修無證，無得無失。」當然也是義玄的道心，已到了圓融成熟的程度，於是在大愚的平常言語「引領」下，便豁然開悟了。甚至於受外物的觸發，也能撥去迷霧，達於徹悟，例如洞山因過水覩影，而大悟；香嚴以瓦礫擊竹，靈雲見桃花盛開，師鼐見日光而頓悟，均係以無定法的活法，而達人與宇宙合一的境界，大異於教下諸宗者在此。此一方便的「作聖」法門的開出，自係禪宗精義之一。

禪宗在興盛昌大之後，其特色日益顯露，以後的禪人，自敘禪宗的特質云：

教外別傳，不立文字。直指人心，見性成佛。㉞

教外別傳，大致係指禪宗的傳宗，其修持入道的方法，與教下諸宗不同，已如上述。可是不立文字，既爲禪宗精義之一，且又常爲人所誤解。蓋禪宗既標榜不立文字，可是語錄、公案，卻如雲如雨，豈非自違其宗旨？故加探論，以見究竟。禪宗在「心」「性」—本體論的證悟上，認爲「心」「性」是「無形無性，不屬有無，不計新舊，非大非小，超過一切名言蹤跡。」所以此一「至道」，在基本上是不能用語言文字去形容論說的；所以臨濟義玄：「乃至三乘十二分教，皆是拭不淨故紙。」尤其正在求悟至道的禪人，更不能言語論說，因爲言語論說之時，不但要思惟擬議，而且分賓分主，有能說和所說的對立，便不能直接領受，進入「絕對境界」中了，所以雲門文偃云：「尋言逐句，求覓解會，千萬差別，廣設問難，贏得一場口滑，去時轉遠，有甚麼休歇時」㉟乍視之，這二派的宗主，似爲狂言，其實卻係由體起用的至理。可是禪宗成立以後，既云不立文字，可是語錄公案，卻如雲如雨，其故何在？因爲語言文字，係載道之器，就此一作用而言，即使是不能言說的至道，指引傳授之時，確有「

不離文字」的困難在，所以雖欲廢而不能。雖然如此，禪宗語錄公案，卻能以「說而無說」，「言滿天下無口過」的精神，在提示指點，而未流於「眞心直說」。因爲所有的公案語錄，大都在繞路說禪，以比喻、象徵、暗示等方式，例如西來意這一語錄公案，便可充分顯示這一精神：

問：如何是祖師西來意？師（趙州）曰：庭前柏樹子；曰：和尚莫將境示人！曰：我不將境示人。曰：如何是西來意？師曰：庭前柏樹子！㊱

問如何是祖師意？師敲牆腳，僧曰：祇這莫便是否？師曰：是即脫取去……。㊲

僧問：如何是西來意？師下禪牀立，僧云：莫即這箇便是否？師云：老僧未有語在。㊳

「如何是師祖西來意？」表面上問的是達摩西來的意旨何在？實際上問的是如何成佛作祖？可是趙州從諗的答話，眞是答非所問，使人不得其解，以後參此公案的人，不知凡幾，後人的意見，可以指月錄所引爲代表：

或謂青青翠竹，盡是眞如，鬱鬱黃花，無非般若，或謂山河草木，物物皆是眞心顯現，何獨庭前柏樹乎？塵毛瓦礫，都是法界中，重重無盡，理事圓融。或謂庭前柏樹子，纔舉便直下薦取，覿體全眞，擬議之間，早落塵境，須是當人作用，臨機相見，或棒或喝，或豎起拳頭，衣袖一拂，這個眼目，如石火電光相似。或謂庭前柏樹子，更有甚事，趙州直下爲人實頭說話，饑來喫飯，困即打眠，動展施爲，盡是自家受用。如斯見解，如麻似粟，皆是天魔種族，外族邪宗。……㊴

指月錄所引，可分四種見解，當然以「纔舉便直下荐取，覿體全眞，擬議之間，早落塵境。……」較爲切合，如果認爲是有開示的「有義語」，不但落於心營意想，而且趙州從諗的弟子慧覺，否定趙州「庭前柏樹子」的公案，便不可思議了：

師「慧覺」到崇壽，法眼問近離甚處？師曰：趙州。眼曰：承聞趙州有庭前柏樹子是否？師曰：無。眼曰：往來皆謂僧問如何是祖師西來意？州曰：庭前柏樹子，上座何得言無？師曰：先師實無此語，和尚莫謗先師好。㊵

因爲趙州的答話，是對境應機的方便，貴當下領悟，境過機失，則如同不說，而答話又有不同，是以同一問話，趙州除了庭前柏樹子，故有其他不同的答話，並非同樣答以庭前柏樹子，可見禪宗的語錄公案，是因境示機，是斬斷思惟擬議，是繞路說禪的指點，不能尋言覓句，依名相求解，故禪宗語錄之中，無任何因明學及性質相近之作。據此而論，禪宗雖立有文字，卻未背離不離文字的宗旨，此其精義之三。

禪宗注重師資傳授，所謂「教外別傳」，隱然有潛符默證，秘密傳授的深意。可是尤注重勘磨印可！禪祖師於弟子或參訪的禪人，於其所證悟的「心」「性」，是否眞正的領悟了，不是隨便「印可」而承認的，要加以仔細的勘磨，以檢驗其所得，例如前述的香嚴智閑開悟了，其後經過了仰山和潙山的勘驗，才予「印可」的：

（香嚴）一日芟除草木，偶抛瓦礫擊竹作聲，忽然省悟，遽歸沐浴焚香，遙禮潙山，讚曰：和尚大慈，思逾父母，當時若為我說破，何有今日之事，乃有頌曰：一擊忘所知，更不假修持。動容揚古道，不墮悄然機。處處無蹤跡，聲色外威儀。諸方達道者，咸言上上機。溈山聞道，謂仰山曰：此子徹也。仰山曰：此是心機意想著述得成，待某甲親自勘過。仰後見師（香嚴）曰：和尚讚嘆師弟發明大事，你試說看，師舉前頌，仰曰：此是夙習記持而成，若有正悟，別更說看？師又成頌云：去年貧，未是貧，今年貧，始是貧，去年貧，猶有卓錐之地，今年貧，錐也無。仰曰：如來禪許師弟會，祖師禪未夢見在；師復有頌曰：我有一機瞬目視伊，若人不會，別喚沙彌，仰乃報溈山曰：且喜閑師弟會祖師禪也。㊶

香嚴智閑的三偈語，暫置不論㊷，溈山的考校勘磨，灼然可見，也是仰山所同意的，更顯示了「心機意識著述得成」的「知解」之言，不能承認是「發明大事」，至於永嘉玄覺與六祖的校勘，更見機鋒：

玄覺初到，振錫攜瓶，繞祖（六祖）三帀，卓然而立。祖曰：夫沙門者，具三千威儀，八萬細行，大德自何方而來，生大我慢？師曰：生死事大，無常迅速。祖曰：何不體取無生了無速乎？曰：體即無生，了本無速。祖曰：如是如是。師方具威儀參禮。須臾告辭，祖曰：返太速乎？師曰：本自非動，豈有速耶？祖曰：誰知非動？曰：仁者自生分別。祖曰：汝甚得無生之意。曰：無生豈有意耶？祖曰：無意誰當分別？曰：分別亦非意。祖嘆曰：善哉善哉，少留一宿。時謂一宿覺矣。㊸

時六祖已為禪宗宗主，永嘉玄覺先不肯參禮，意在校勘六祖是否悟道；及機鋒酬答之後，得知六祖確係悟道人，方具威儀參拜；六祖曰：「如是如是」，「善哉善哉」，乃宗主印可之辭，六祖確認玄覺已徹悟大道了。禪宗宗主及師資傳授，有印可的制度，以辨別學人是否開悟？悟境如何？正偏得失如何？玄覺或已徹悟，未有徵信，故抵六祖處求勘證，由燈史所記，六祖於玄覺的開悟，實無關係，只是印可而已，謂之「一宿覺」，不符實際。因為有了這一師資校勘，所以禪宗才能保持其宗旨而無偏失，不容許以未悟為悟的存在，此其精義之四。

禪宗的本體論，是其最大的貢獻，也是人與道合的修行目的；其悟道方法，更是形成其宗風的重要因素，開出了無數的悟道法門；其不立文字，乃是不重經教，「直指人心，見性成佛」的精髓；至於師資傳授的校勘，更是保持宗風，不失宗旨的要著，得此數者，禪宗的精義大致灼然可見了。

四、禪宗的發展

禪宗盛於唐宋，可是入宋以後，逐漸盛極而衰，主要的是喪失了活潑奮發的宗風，而以「默照」、「看話」為求悟的手段，默照為曹洞宗的宏智正覺所力倡，其坐禪經云：

佛佛要機、祖祖機要，不觸事而知，不對緣而照。不觸事而知，其知自微；不對緣而照，其照自妙；其知自微，曾無分別之思，其照自妙，曾無毫忽之兆，曾無分別之思，其知無偶而奇，曾無毫忽之兆，其照無無取而了；水清澈底兮魚行遲，空闊莫涯兮鳥飛杳杳。㊹

宏智正覺認「佛佛要機」、「祖祖機要」，乃在坐禪而產生「不觸事而知，不對緣而照」的效果。其默照銘云：

默默忘言，照照現前，鑒時廓爾，體處靈然，靈然獨照，照中還妙。……妙存默處，功忘照中，妙存何存？慢慢破昏，默寫之道，離微之根，金梭玉機，正偏宛轉，明暗因依，依無能所，底時回互。……㊺

宏智正覺雖然是將曹洞宗的正偏回互與坐禪默照結合，但仍然是佛教打坐禪定的定法。宏智正覺同時的大慧普覺，斥宏智爲「杜撰長老」，「教一切人如渠相似，黑漆漆地，緊閉卻眼，喚作默而常照㊻。」而主張看話頭的看話禪：

巖頭云：纔恁麼便不恁麼，是句亦剗，非句亦剗，這個便是外息諸緣，內心無喘地樣子也。從未得啐地折曝也破，亦不被言語所轉矣。見月休覩指，歸家罷問程，情識未破，則心火熠熠地，正當恁麼時，但只以所疑底話頭提撕，如僧問趙州，狗子還有佛性也無？州云：無。只管提撕舉覺，左來也不是，右來也不是，又不得將心等悟，又不得向舉起處承當，又不得作玄妙領略，又不得有無商量，又不得作眞無之卜度，又不得坐在無事甲裏，又不得向擊石火閃電光處會，直到無所用心，心無所用之時，莫怕落空，卻是好處，驀地老鼠入牛角，便見倒斷也。……㊼

這是看話禪的理論基礎，並未如佛教般看經典，重理解理入。而且看公禪的起源也極早，唐朝的黃檗希運已用此法，可是一旦成爲定法，而且喪失了大慧的藉話頭得悟的精義以後，便又回到重經典的教下路線了，只是以公案代三乘教義而已，所以自默照、看話禪流行之後，禪宗無異於又回到佛教「理入」、「行入」的老路，雖然仍有不同，但無定法以求入道的精神逐漸地喪失了，當時的正覺、大慧自然不能預先知這一流弊的。

五、結論

禪宗在唐宋以後，先傳至韓國，稍後又傳入日本，例如欄溪道隆，在南宋時將臨濟的楊岐一派傳入日本，成爲日本臨濟宗的大覺派⑱，而日本的道元禪師也在此期來宋，回日本後建立了曹洞宗。現在日本民衆，信佛教的在百分之九十以上，大都是禪宗門下的信衆，至本世紀，鈴木大拙等大師，更將禪學弘揚於全世界的學術，受到普遍的重視，眞是「泰山遍雨，河潤千里」，可見其廣大的影響了。

（民國七十五年十二月二十七日於臺灣佛光山世界顯密佛學會議宣讀）

【附註】：

① 達摩於梁武帝普通年間來華，唐玄宗天寶十六年安史之亂，佛教普受影響。禪宗南北二宗亦盛於此時，此期不過二百三十餘年。
② 見中國禪宗史序。
③ 同註②。
④ 見拙作「禪學與唐宋詩學」第三章以詩寓禪。

⑤ 見拙作「禪學與唐宋詩學」第六章第一節。
⑥ 見錢穆的「黃梨洲的明儒學案全謝山的宋元學案」，文藝復興月刊。
⑦ 見續高僧傳卷十九習禪達摩傳。
⑧ 同註⑦。
⑨ 同註⑧。
⑩ 見中國禪宗史第三章。
⑪ 同註⑩。
⑫ 見六祖壇經行由品。
⑬ 同註⑫。
⑭ 見景德傳燈錄卷三。
⑮ 見景德傳燈卷三，六祖壇經行由品。傳燈錄作「何假拂塵埃」。
⑯ 見六祖壇經付囑品。
⑰ 見禪源諸詮卷一。
⑱ 見中國哲學史第二篇，第九章，隋唐之佛學下。
⑲ 見拙著「禪宗的體用研究」。第五屆世界中國哲學會宣讀之論文。
⑳ 見體用論第九頁。

㉑ 熊先生之形而上學見明心篇，體用論等著。熊氏自言：「余平生之學，本從大乘入手。」而又明言其形而上學出於大易。不能令人無疑。詳見拙著儒家的體用觀，孔孟月刊第二十三卷第二期。
㉒ 見程子易傳序。
㉓ 見拙作「儒家的體用觀」，孔孟月刊第二十三卷第二期。
㉔ 見景德傳燈錄卷十九。
㉕ 見鎮州臨濟慧照禪師語錄。
㉖ 同註㉕。
㉗ 見景德傳燈錄卷十一。
㉘ 同註㉕。
㉙ 見景德傳燈錄卷五。
㉚ 見景德傳燈錄卷三十。
㉛ 見五燈會元卷三。
㉜ 見景德傳燈錄卷八。
㉝ 見景德傳燈錄卷十二。
㉞ 祖庭苑事卷五，懷禪師前錄。
㉟ 見五燈會元卷十五。

㊱ 見頌古聯珠通集卷十八。

㊲ 見五燈會元卷四。

㊳ 見景德傳燈錄卷十。

㊴ 明瞿汝稷指月錄卷十一註。

㊵ 見五燈會元卷四十。

㊶ 見五燈會元卷九。

㊷ 此三偈語的解釋見拙著「禪學與唐宋詩學」第三章以詩寓禪。

㊸ 見景德傳燈錄卷五。

㊹ 見天童正覺禪師廣錄卷八。

㊺ 同註㊹。

㊻ 見大慧普覺禪師書卷上。

㊼ 同註㊻。

㊽ 見大覺禪師語錄，日本名僧傳。

貳、禪宗的體用研究

一、引言

有體有用，體用不二，由體起用，是哲學家的共同觀念，明體達用，更是宋以後儒者的基本觀念，例如：

體用一元，顯微無間。（程子易傳序）。

道者，兼體用，該隱費而言也。（朱子語類卷六）

這一體用一元，或者道兼體用的觀念，不但是哲學家的共見，也是宗教家所共許的，尤其是禪門子弟，不止是論說本體，而且是耗盡一生願力以求證悟本體，然後經勘磨印可，保任功成之後，才由體起用，出而救世渡人，如比方能潛符默證，由於對本體的眞實領悟，沒有絲毫的隔限與差別，在「明心見性」之後，眞正的達到了「體用一元」的境地，於是才能由體起用，而體用不異。其言體用，更是最眞切的見道之言。無論由宗教或哲學的立場以論之，禪宗最偉大最寶貴的貢獻在此。而其證悟的方法，更是卓絕的貢獻，比之儒門，可謂已開了一條「成聖」之路。可是這些傑出的成就，受到了近代學者的誤會與曲解，馮友蘭云：

中國所謂禪宗，對於佛教哲學中之宇宙論，並無若何貢獻。惟對於佛教中之修行方法，則辯論甚多。（中國哲學史第二篇第九章隋唐之佛學下）

馮氏又云：

禪宗所注重，大端在修行方法。……禪宗雖無形上學，而其所說修行方法，實皆有形上學之依據，蓋其所說之修行方法，爲如何使個人與宇宙合一之方法，必其心目中有如此之宇宙，然後方講如此之方法也。（同上）

禪宗眞的無形上學嗎？於宇宙論沒有貢獻嗎？是一値得重視與澄清的重大問題。又熊十力先生批評禪宗有不辨體用之嫌：

西洋唯心論，以心爲萬有之元。（元猶元也，即本體之謂。）是體用無辨也。中國先哲有養心之學，本無唯心之論。但道家守靜存神。（神即心。心靜定而不散亂、明覺湛然，禪師謂之靈光獨耀。）亦近於以心爲絕對，有不辨體用之嫌。（道家稱谷神爲天地之根。故云近於以心爲絕對。參考老子上篇第六章。）宋明諸儒染於道與禪，其過同二氏也。（二氏謂道、禪。）……（明心篇三十二頁）

「以心爲絕對，有不辨體用之嫌」，這一斷定可能是見仁見智的問題，但是禪宗有「不辨體用之嫌」嗎？筆者感於以上二家之言，故致力探求禪宗的體用研究，以期得出明確的結果，以辨正然否，撥除迷霧。

二、禪宗的成立與修行方法

禪宗由菩提達摩自印度來華建立，成爲中國禪宗的開派人物——中華初祖，唐釋道宣續高僧傳云：

菩提達摩，南天竺婆羅門種，神慧疏朗，聞皆曉悟，志存大乘，冥心虛寂，通微徹數，定學高之。悲此邊隅，以法相導，初達宋境南越，末又北度至魏，隨其所止，誨以禪教。……（卷十九習禪達摩傳）

關於達摩的籍貫、年代、行迹，其後隨著禪宗的光大，傳說愈多，訛變愈甚，道宣所記，應爲較早，較可信者，道宣又云：

藉教悟宗，深信含生同一眞性；客塵障故，令捨僞歸眞，凝住壁觀；無自無他，凡聖一等；堅住不移，不隨他教；與道冥符，寂然無名，名理入也。（同上）

道宣又云：「然則入道多途，要唯二種，謂理行也。」可見達摩初期的弘法，仍不外唸經求解的「理入」和著重修持的「行入」，所差別的是「藉教悟宗」和「不隨他教」，肇啓了禪宗這一宗的別異風格，這一風格的形成，在道宣的慧可傳中，有較多的洩漏：

從學六載，精究一乘。理事兼融，苦樂無滯，而解非方便，慧出神心，可乃就境陶研，淨穢埏殖。（卷十九僧可卷）

「就境陶研，淨穢埏殖」，已有說出佛教修持途徑的傾向，景德傳燈錄卷三記慧可的開悟云：

光諸佛法印，可得聞乎？師曰：諸佛法印，匪從人得。光曰：我心未甯，乞師與安！師曰：將心來與汝安。曰：覓心了不可得。師曰：我與汝安心竟。

光乃慧可的俗家名字，亦名神光，安心公案，應係「就境陶研，淨穢埏殖」的最好例子，因慧可的心不安，乃凡塵的平常事，而達摩點化之，指出向上一路，待其自悟，至如如何藉教明宗，道宣詔之云：

達摩宣教，特重楞伽，以授慧可，殆僅四卷，亦合其以簡易宣化之旨，而適合中土人情。……
（續高僧傳卷十九慧可傳）

由達摩至四祖，均以楞伽經爲主，至五祖弘忍，始代以金剛經，印順法師論此期之禪風云：

達摩禪「藉教悟宗」。重教的，流衍爲名相分別的楞伽經師。重宗的，又形成不重律制，不重經教的禪者。護持達摩深旨的慧可門下，那禪師，粲禪師等，以「楞伽經」爲心要，隨說隨行，而助以嚴格的，精苦的頭陀行。道宣時，一顆光芒四射的慧星，在黃梅升起，達摩禪開始了新的一頁。（中國禪宗史第一章）

可見禪宗建立之初，仍是偏重經典和修持的「理入」與「行入」，於教下爲近，未顯露出禪宗的特別宗風，自弘忍以後，已多頭宏傳，南宗北宗，各樹宗旨，六祖慧能一系，更開出五宗——臨濟、曹洞、雲門、潙仰、法眼，臨濟法嗣，又別出黃龍、楊岐二派，非立異標新，良由門庭設施，各有不同之故。就其共同樹立的特色而言，大致合於「教外別傳，不立文字。直指人心，見性成佛。」此外最明顯的差異，是名相的中國化，語錄公案，幾乎取代了佛教的經典，復能迅速地壯大，不但在佛教諸宗之中，形成獨大的局面，而且「宗門」、「教下」，相峙相抗，由「附庸」蔚成大國。

禪宗的壯大，五宗二派的展開，考其基本的原因，是在「門庭設施」的不同，而教下諸宗的別異，多在信奉經典的有別；教下各宗不外由理入的講求經論，行入的持戒修行，依恃他力的道場師資，而禪宗在修行的方法上，迥然不同，約而言之，係重視自力，不重視他力，因而有騎驢覓驢的公案，臨濟「殺佛」，雲門打殺佛祖，均係此意；也反對由講求經論的理入，所謂「一句合頭話，千載繫驢橛」，指佛經是拭不淨的故紙，認為思而知，慮而解，是鬼窟裡作活計；復反對持戒修行的行入，所謂「滔滔不持戒，兀兀不坐禪。」臨濟把打坐的弟子，斥為打瞌睡，認為以上的求道方法，均係「定法」，「定法」有死水浸殺的危險，故開出活法——無定法一路，例如臨濟因「老婆心切」悟道，洞山因渡水覩影開悟，香嚴擊竹明心，靈雲見桃不疑，越山覩日光頓曉，楚安聞鄉人大叫有省，分庵主聞官司喝道大悟等，皆係不主定法，而係由無定法之活法入道的最好例證。

所謂活法或無定法，由表面察探，似甚微妙，就實際而言，亦有可探論者。因求道之人而期其能徹悟至道，見性成佛，如馮友蘭氏所說：「使個人與宇宙合一。」其難誠如「蚊子上鐵牛，無下嘴處。」因為此一「大事」，既不可智知，也不許不知，更不能流於情識意想。其基本在「不污染」，保持純然潔淨的初心，以無分別差等的平常心，無心合道，於是靈光內蘊，以待時節因緣，在偶然氣機觸發之下，聞人誦金剛經，涉水覩影，見桃花盛開，浴日光，聞喝道，聞青蛙入水，甚至聞廁所臭味，都能徹悟，開出千千萬萬悟道的方便法門，所以不向佛求，不向僧求，不由理入，也不由行入，以釋迦牟尼佛爲例，也不是覩明星出時而成佛的嗎？至於禪祖師其所以主張如此之修行悟道方法，則與本體觀——「心」「性」的體認，息息相關。

三、禪宗的體用觀

禪人在求道期間，雖然於所求之「道」，避免言語論說，因爲「言語道斷，心行處滅」的關係，以免墮入「思而知，慮而解」的推理尋思的「知解」之中。可是在明心見性，人與道合一以後，於本體——「心」「性」，非無言說也，例如六祖慧能大師云：

何期自性，本自清淨；何期自性，本不生滅；何期自性，本自具足；何期自性，本無動搖；何期自性，能生萬法。……（六祖壇經般若品）

本性是佛，離性無別佛。何名摩訶？摩訶是大。心量廣大，猶如虛空，無有邊畔，亦無方圓大小，亦非青黃赤白，亦無上下長短，亦無嗔無喜，無是無非，無善無惡，無有頭尾。（同上）

六祖慧能是禪宗祖師中最傑出、最偉大的人物，僅有他的語錄，被尊爲經，當然是明心見性的宗主，其悟道以後有關本體的言說，不僅是深悟有得，而且係確然可信，根據六祖所言，此一至道，在形而上的性質上是超越的，是絕對的、是恆久的、是根本的、是能自主的，就其特徵言，其大無外，故曰心量廣大，猶如虛空，無有邊畔，無形迹色相可見，故曰亦無方圓大小，亦非青黃赤白，亦無上下長短！且非世俗觀念所可及。故曰：無善無惡，無是無非，無嗔無喜，無有頭尾，而且此一「心」「性」，是絕對的，獨一無二的，六祖又云：

無二之性，即是實性。實性者，處凡愚而不滅。在賢聖而不增，住煩惱而不亂，居禪定而不寂，不斷不常，不來不去，不在中間及內外，不住不滅，性相如如常住不遷，名之曰道。（六祖壇經護法品）

六祖的話，簡而言之，不二的「實性」，就是「道」，實性遍及一切，卻又不凝住於一切，能為萬物主，是一切作用生滅的根源，卻又「不斷不常」、「不來不去」、「不生不滅」、「常住不遷」，綜合六祖所言，他所建立的本體觀，不是很明顯了嗎？其後參訪有悟的禪人，例如青原行思參六祖：

問曰：當何所務即不落階級？祖曰：汝曾作麼來？師曰：聖諦亦不為。師曰：落何階級？曰：聖諦尚不為，何階級之有？（景德傳燈錄卷五）

「不落階級」，正是本性不分凡聖、善惡之意，與六祖所云「處凡愚而不滅，在聖賢而不增」意義相通。又黃檗希運云：

諸佛與一切眾生，惟是一心，更無別法。此心自無始以來，不曾生，不曾滅，不青不黃，無形無相，不屬有無，不計新舊，非大非小，超過一切限量名言蹤跡，當體便是，動念即乖，猶如虛空，無有邊際，不可測度，惟此一心是佛。（黃檗山斷際禪師修法心要）

黃檗希運所云，與六祖慧能師所言的本體，並無實質上的殊異，只有名言上的不同，但有所補充，此一本體，不可言語論說，不可思量推論，故曰：「超過一切限量名言蹤跡，當體便是，動念便乖，無有邊際，不可測度。」以後的禪人，均多能證明此意，例如：

……洞山云：說取行不得的，行取說不得的。雲居云：行時無說路，說時無行路，不行不說時，合行什麼路？洛浦云：「行說俱不到，測本分事在。」……（請益錄卷下）

均以爲本體非言說所可及，行爲所可到。綜合以上所述，禪人於本體的宣明，誠然證說已多，何可謂無本體論乎？至於體用之關係，禪祖師之言，亦甚爲詳明，六祖慧能云：

善知識，心量廣大，徧周法界，用即了了分明，應用便知一切，一切即一，一即一切。（六祖壇經般若品第二）

用即徧一切處，亦不著一切處，但淨本心，使六識，出六行，於六塵中無染無雜，來去自由，通用無滯，即是般若三昧，自在解脫。（同上）

應用隨作，應語隨答，普見化身，不離自性。（同上）

六祖於體用的關係，敘說得極爲明白，六祖云：「心量廣大，徧周法界。用即了了分明。」謂本體之至道，徧周法界，無所不在，無不涵攝，而且，由此本體起用，「用即了了分明。」用既由體而起，何以起用，如何生「用」，無不明白，此有體之用也。「一切即一，一即一切」，顯示了體用不二的關係，永嘉禪師亦云：

一性圓通一切性，一法徧含一切法。一月普現一切水，一切水月一月攝。（證道歌）

天上明月一輪，普現於一切水中，一切水中的月，總歸於天上一月所涵攝，充分證明了「一切即一，一即一切」的體用不二觀念。六祖又進一步說明體用不二，可是「體」並非黏著於用上的道理：「用即偏一切處，亦不著一切處。」於是在修行上才能「但淨本心，使六識，出六門，於六塵中無染無雜，來去自由，通用無滯，即是般若三昧，自在解脫。」在悟道之後，一切更是由體起用，而用不離體，故六祖又云：「應用隨作，應語隨答，普見化身，不離自性。」六祖所宣示的體用關係，以後的禪人，亦有證悟後而著語，例如：

法身無窮，體無增減，能大能小，能方能圓，應物現形，如水中月，不立根栽，不盡有爲，不住無爲，有爲是無爲家用，無爲是有爲家依。……（馬祖道一語錄）

馬祖道一係六祖以後最傑出的禪宗祖師，他除指出本體的性質「法身無窮，體無增減」之外，並闡明體的作用是「能大能小，能方能圓，應物現形，如水中月。」本體不但是「萬物之主」，而且妙用無窮。「能方能圓，能大能小，應物現形。」更進一步指出本體的作用，係「滔滔運用，不立根栽。」有爲固然是本體的作用，而又不止住於無爲，蓋無爲而無不爲也；故曰「不盡有爲，不住無爲，有爲是無爲家用，無爲是有爲家依。」一切有爲，依傍無爲而起，故本體似無爲而有爲，而實無不爲矣。至於本體何以「不盡有爲」，蓋本體是超越一切的，雖由體起用，而非寓體於用，亦非體止於用，尤非攝體歸用，與六祖所云：「用即遍一切處，亦不著一切處。」脈絡一貫，言語雖殊，意無不合，而且有更明確的發揮。然近世大儒熊十力先生云：

渾然充塞，無爲而無不爲者，則是大用流行的本體，無爲者，言其非有心造物也。無不爲者，言其生生化化自然不容已止也。無不爲三字，是余與印度佛家根本不同處。汝試熟思佛家三藏十二部經，其談到眞如，可著無不爲三字否。（眞如即性體之名。已見前。）佛氏衹許説無爲，斷不許説無爲而無不爲。（體用論）

可是依馬祖所言：「不盡有爲，不住無爲……」正係無爲而無不爲之意。又洞山論本體云：

一物上拄天，下拄地，黑似漆，常在動用中，動用中收不得。（洞山悟本禪師語錄）

洞山良价，爲曹洞宗的建立者，他所謂的「一物」，即係「本體」。「本體」的作用，拄天拄地，自係萬物的本源之意，「黑似漆」謂冥冥而不能見也，主體常在動用起作用，而不爲動用所收攝，故曰「常在動用中，動用中收不得。」此於六祖及黃檗、馬祖所言之外，略有補苴。又潙仰的體用公案云：

潭州潙山靈祐禪師，……普請摘茶，師謂仰山曰：「終日摘茶，只聞子聲，不見子形，請現本形相見。」仰山撼茶樹，師云：「子只得其用，不得其體。」仰山云：「未審和尚如何？」師良久。仰山云：「和尚只得其體，不得其用。」師云：「放子二十棒。」（景德傳燈錄卷九．潙山良祐）

此一公案，乃哲理的形相化，潙山仰山乃潙仰宗的建立者。靈祐請仰山「現本形相見」，乃叩詢其對本體之見解，仰山撼搖茶樹，乃就地取材，以物示境，本體無形，所可顯示者，惟作用而已。故溈山指其「只得其用，不得其體。」溈山的「良久」，謂「默然良久」，意謂「本體無形相」也，故仰山謂其「只得其體，不得其用。」事實上二人所顯示者爲體用不二的至理。又智門光祚的蓮花出水公案云：

僧問：「蓮花未出水如何？」師曰：「蓮花。」曰：「出水後如何？」曰：「荷葉。」

智門光祚，爲雲門一系的鉅匠，此一簡單的對話，亦係哲理形相化，而且設上述溈仰的摘茶公案，更爲有趣。筆者曾論釋云：

蓮花未出水以前，所見的應該爲荷葉，而光祚答爲蓮花，甚具深意，因爲蓮花雖未出水，但蓮花的性質又完全具備，以後出水成爲蓮花，不過是其潛在性質的引發，意在比喻自性妙體未發作用以前，一切妙用已經存在，以後由體起用，現象界的一切，均係自性妙體的作用。蓮花出水以後，所看到的應該是蓮花，而光祚答以荷葉，荷葉是根本，荷葉是圓的，而禪宗常以○相，代表自性妙體，以比喻蓮花，乃以荷葉爲根本，現象界一切變化，仍爲此一自性妙體所涵攝。（見禪與詩）

足見此一公案，乃體用觀念的寓說，惟借托蓮花以爲比況，隱而不露耳。至於宗風峻烈的臨濟，於本體的直接論說雖小，他的所謂「秘密」，便是洞山的「一物」。

無形無相，無根無本無住處，活潑潑地，應是萬種施設，用處祇是無處，所以覓著轉遠，求之轉乖，號之爲秘密。（鎮州臨濟慧照禪師語錄）

臨濟所云：「無形無相，無根無本無住處。」是指本體的性質而言的。至於「活潑潑地，應是萬種施設，用處祇是無處。」則言其用，他認爲本體在活潑潑地發揮作用時，相應的萬種設施，由是而生，而且得用之處由「無處」而來，由上所舉可見禪宗認爲用由體生，體用不二，頓悟要門下說得更爲明確：

淨者本體也，名者迹用也，從本體起迹用，從迹用歸本體，體用不二，本迹非殊。

這一觀念，是禪宗確認無異的。

綜合禪祖師所言的體用觀，可得如下的歸納：

㈠禪人隨言說的方便，所謂「心」、「性」、「體」、「一物」等，都是「本體」的異名。㈡、本體是無是無非，無善無惡，無憂無喜，本自清淨。㈢本體超過一切限量、名言、蹤迹，不可智知，不可理求。㈣本體無形無質，不生不滅，不來不去，沛然充塞於宇宙之間，常依體起用。㈤本體是非空非有，亦空亦有，能大能小，應物現形，爲萬物萬法之主，體與用因而有不二的關係。㈥本體係作用不絕，攝兼動用，動用中收不得，不盡有爲，不住無爲而又能無不爲。㈦本體於人，係在凡愚而不減，在聖賢而不增，不斷不常，不亂不寂，用處祇是無處。以上七項是禪宗簡明扼要的體用觀，全由證悟而得。

四、禪宗體用觀的特性

言體言用，是宗教家和哲學家的恆言，而且其所謂永恆的存在，絕對的眞實，均係指本體而言的。可是如何能自信其言？讓我們能確信其所言？則涉及其認知本體的方法問題，以本體的絕對性、超越性、根本性、恆久性而言，本體是其大無外，其小無內，無形體、形相、形迹可見，無思量論說的餘地，當然是難於認知，甚至於無法認知，馮友蘭氏云：

有人謂：哲學所講者當中，有些是不可思議，不可言說者，此點我們亦承認之。（見貞元六書新理學）

本體正是哲學中所認爲不可思議，不可言說的部份。可是人類認知的方法，不外感知和思知，馮氏又云：

我們有能感之官能，對於實際的物，能有感覺；我們有能思之官，對於眞際中之理，能有概念。（同上）

依其所說，人的感覺官能，對於實際上存在的有形體、色彩、動靜、輕重、味覺等等，能由感覺而知；我們有思考的官能，對於超出形體以外概念、理由，能由思索而知。可是對於不可思議、判斷、推論的本體，又如何以能感、能思的方法去知解呢？宋代理學家對於本體觀念的建立，甚有成績，幾乎各有建樹，其獲致的方法如何？邵康節云：

夫所以謂之觀物者，非以目觀之也，非觀之以目也，而觀之以心也，非觀之以心也，而觀之以理也。（見觀物篇）

所觀的是理，自係訴之於心營意想的思考判斷，頂多在思考時加以澄心靜慮的虛靜功夫，以求心的大清明，可是面對的本體，是不可思議而加以思議，其結果當然是由推論判斷而得了。朱子的求知方式，取大學致知在格物之法，他注大學的格物云：

格，至也，物，猶事也，窮至事物之理，欲其極處無不到也。（四書集注・大學章句）

於是開出「即物窮理」一法。由邵康節至朱子以下，每一名儒於本體有所體認時，都係由學問、思考、推論而得，每個人的心路歷程不同，所據理證不同，對於本體的究竟和體用觀念，便各不相同了。例如周濂溪以誠爲本體：

誠者，聖人之本，大哉乾元，萬物殆資，誠之源，乾道變化，各正性命，誠斯立焉。……（通書誠上第一）

其論「誠」爲本體，灼然可見，其體用觀亦由此而建立：「聖，誠而已矣。誠，五常之本，百行之原也。靜無而動有，至正而明達也。」是由誠而建立之體用觀也。張橫渠的體用則建立於「太和」，張載云：

太和所謂道，中涵浮沉升降動靜相感之性，是生絪緼、相盪、勝負、屈伸之始……。（張載全集）

他的「太和」，就是本體，由本體而產生的「浮沉升降動靜相感之性」，就是由體而產生的用。至於明道，伊川則以仁或陰陽而言體用：

學者須先識仁，仁者，渾然與物同體，義禮智信皆仁也。（河南程氏遺書卷第二上）

離了陰陽更無道，所以陰陽者，是道也，陰陽氣也，氣是形而下者，道是形而上者，形而上者，則是密也。（河南程氏遺書第十五）

明道以仁爲本體，以義禮智信爲用，伊川則以陰陽爲本體，而陽氣、陰氣乃係形而下者之用。由他所說：「天地間無一物無陰陽」，陰陽非物的體嗎？朱子以理氣形成體用觀：

天地之間，有理有氣，理也者，形而上之道也，生之本也。氣也者，形而下之器也，生之具也。是以人物之生，必稟此理，然後有性，必稟此氣，然後有形。（朱文公文集卷五十八．答黃道夫書）

依朱子此言，是以理爲體，以氣爲用，而形成其體用觀，由以上的簡述，可見各家的體用觀，均有不同。由本體的絕對性而論，則不宜有此殊異，既有此殊異，則此數者孰是孰非呢？以上五子的體用觀，當然是思想推論的結果了。而本體正是不能思議的，以此方法求之得之，能純正無偏誤嗎？不能令人無疑。如果無差誤，何以有五種「體用」呢？

關於本體的認知，禪祖師是摒除了感覺和思議、推論的方法，而是以渾然直覺，去證悟領受，所以才說：「一念不起全體現。」百丈懷海云：

問：如何是頓悟法要？師曰：汝等先歇諸緣，休息萬事，善與不善，世出世間，一切諸法，莫記憶，莫緣念，放捨身心，令其自在，心如木石，無所辨別，心無所行，心地若空，慧日自現，如雲開日出相似，但歇一切攀緣貪嗔愛取，垢淨情盡，對五欲八風不動，不被諸境所惑，自然具足神通妙用，是解脱人；對一切境，心無靜亂，不攝不散，透過一切聲色，無有滯礙，名爲道人；善惡是非，俱不運用，亦不愛一法，亦不捨一法，名爲大乘人；不被一切善惡空有垢淨有爲無爲世出世間福德智慧之所拘繫，名爲佛慧；是非好醜是非理諸見知情盡，不能繫縛，處處自在，名爲初發心菩薩，便是登佛地。（五燈會元卷三）

這是禪宗修行體道方法的最佳說明，完全不由思議，而係渾然直覺的「無分別心」，「平常心」以待開悟，以無定法的「活法」，以待時節因緣，故涉水覩影，見桃花盛放，沐日光等等，均可頓悟了，是以碧巖錄云：

出一言半句，不是心機，意識思量，鬼窟裏作活計。（卷一）

銀山鐵壁，擬議則髑髏前作鬼，尋思則黑山下打坐。（卷四）

完全是摒除思議上的「智知」，不以思想推論去求知本體。這一方法，應是正確的，因爲本體既如前所說，是超越的，是絕對的，無形相形體形迹可覩，非思維擬議名言論說所可及，亦惟有此一渾然直覺，當下荐取頓悟之一法了。方法既然正確，其頓悟所得的體用觀是否可靠呢？答案應該是正確的，因爲禪祖師頓悟之後，於體用皆有著語，縱然是避免「口過」的繞路說禪，在體用的基本體認上，並無違乖與不同；即使名言寓說有所差別，而實際上均相符合；禪人的頓悟，是經過千辛萬苦，耗費一生精力，不是憑一時的想像推論而得，其證悟應屬可信；禪人的頓悟，要經過開眼師資的參證勘磨，無蒙混過關，以未悟爲悟的可能；禪人忌憚稗販語言，又避免言語論說，故悟後著語，各自不同，沒有以「體用」作講授的可能，故禪祖師的體用觀，非由師資以言語講說所建立；禪人入道頓悟，悉見於不同的公案，入道的「路徑」千差萬別，而於體用則見歸一揆，可見其證悟所得的體用觀，是眞實的、正確的。

五、結論

由體用不二的觀念以論，欲求用的無差無誤，必求本體論的純正無偏。禪宗言心言性，所顯示的本體，歸於一致，且係以頓悟的正確方法而入道獲致，自係正確而無誤無偏，故而由體起用，體用不二，則其論用，亦必無誤無偏了。哲學家的言體用，多出自思議推論，而所言的本體，又言人人殊，人各異道，苟如其所言，將道爲天下裂，無所依從了。宋五子的不同道，朱陸的是非相攻，其故在此。所以禪宗所建立的體用觀，應是眞實不妄的，若斷其爲絕對的惟心論者而揚棄之，將不免於愚妄矣。可見馮友蘭、熊十力二氏的評論，甚有偏誤，未得情實。

（民國七十五年九月青年日報，七十五年七月於美國聖地牙哥第五屆世界中國哲學會宣讀）

叁、禪宗的開悟

一、前言

開悟係佛教徒修行的重要課題，佛陀即係覺者、智者，實即開悟而了悟眞理的人。禪宗幾乎以開悟爲唯一課題，其不同於其他佛教諸宗派，係主自力而不主他力；主頓悟而不主漸修；主活法而不主定法。如果不求開悟，則不過是穿衣喫飯的漢子。開悟的意義爲何？即求人與宇宙合一，近人馮友蘭論之云：

然禪宗雖無形而上學，而其所說修行方法，實皆有形而上學的根據。蓋其所說之修行方法，爲如何使個人與宇宙合一之方法，必其心目中有如此之宇宙，然後方講如此之方法也。不過如此之宇宙，禪宗以爲修行者證悟後自可知之，故不必講，且亦不能講也。（中國哲學史第二篇第九章隋唐佛學下）

馮氏以學者「思而知，慮而解」的立場，作此評論，除了論禪人修行是「爲如何使個人與宇宙合一之方法」無爭議之外，其他均有矛盾：一、是禪人均有其形而上學，此形而上學，因開悟而獲得，非無形而上學。二、禪人修行，不是先有此形而上學作根據，而後有方法，因爲禪人不許「思而知，慮而解」，使如是的形而上學，形成先入爲主的理念，以障其道眼，與哲學家的形而上學全然出於思考推論，全然不同。三、馮氏所謂「不過如此之宇宙，禪宗以爲修行證悟後自可知之，故不必講，且亦不能講也」，則極契合禪宗的開悟實際，並不是「先有形而上學的根據」和「必其心目中有如此之宇宙，然後方講如此之方法也」，故而禪宗的開悟，極神秘而又無跡象可循，故特加研求，以期有所抉發和得其啓示。

禪宗的開悟，基本的意義是由迷得悟，妙悟、頓悟之後，則由凡入聖，悟後的境界，是不能言語論說，思惟擬議的絕對而超越的境界。而這種開悟的方法，不能由一定的方法以求；不許「不識不知」，而是要「如愚如魯」；其神秘莫測者在此。禪宗的開悟，可通於世俗的開竅，學術上的豁然貫通，只是所悟得的有所不同而已。

二、禪宗的建立

禪宗的開宗，人皆悉知，係由達摩於梁武帝普通年間來華建立，以楞伽經爲基本的經典，以苦行習定的修持方式，用簡明易曉的教授方法，正如後世的外來傳教師一樣，成立了小小的宗派，其弟子見於燈史記載的，不過四人，其始不過佛教的附庸，其後竟成大國，足以與整個的佛教抗衡，一稱宗門，一號教下，進而形成了中國佛教特質在禪的局面。達摩因而成爲中華初祖。基本的因素，即在求開悟、能開悟，故曰：「直指人心，見性成佛」。三傳到了四祖道信，旁出牛頭法融，印順法師之中國禪宗史，推許其玄佛融合，爲東方之達摩。到了五祖弘忍，禪宗有北宗、南宗的對立，北宗神秀，得唐朝王室的重視，爲「二京法主，三帝門師」，南宗慧能大師，得五祖之衣鉢，活動於南方，其道大行，其嫡傳弟子先後建立了五宗：曹洞、臨濟、雲門、潙仰、法眼。入宋臨濟分出黃龍、楊岐二派。考其如此，是由求悟方法及依求悟結果而形成的教學方法不同所致。五宗二派，以臨濟聲勢最大，曹洞差堪比擬，至今而承傳不絕。南宋以後，禪宗求開悟和求悟的精神改變了，所以又與佛教合流，消失原有不少的開宗特色。

三、禪宗的特性

禪宗由一小小的宗派，而挺秀特出，自有其原因，就特性而言，受中國文化影響極深，而成爲最受中國人接受的宗派。宗門老宿自言其特性道：

教外別傳，不立文字。直指人心，見性成佛。

「教外別傳」謂禪宗是佛教教派以外的特別傳授；「不立文字」，指的是以心傳心的祕密傳承，無文字的明確記載；「直指人心，見性成佛」，是揭發禪宗的獨特之處，修行人直接向自己的本源——「心性」作直接了當的尋求，務期開悟以見本性、以成就如佛陀無殊的聖位。既然是直指人心，所以不向外求，不求佛、法、僧。佛、法、僧是外力、是助力，而不是本源，也不是主力；開悟才能見性，才能成佛，所以禪的基本特質在此。以自力求悟，達到與佛無殊的聖位，六祖的「作佛」，馬祖的「選佛」，均顯示了這一意義。在佛教各宗則不然，佛陀的聖位，是其他的佛教徒所不敢希望的，也不敢比擬的；成佛是累世的修持，種種的功德機緣，不是一世能得，人人能得；成佛要由持戒、修定、得慧，不是自力、機緣可成；禪宗有此別異，當然與傳統文化有關，「人皆可以爲堯舜」，何獨不能成佛？「有爲者亦若是」，何以自力不能開悟？

此外禪宗尚有符合中國人性喜簡易的特性，以佛陀說法爲例，說阿含經約爲十二年，華嚴經約爲四年，滅度前的涅槃經，亦達三晝夜，雖然鞭辟入裡，細密周詳，然不免繁瑣冗長。而禪宗則不然，語錄公案，極爲簡短，鮮有超過五百字者，當係顯證。此外禪宗的生活，顯示了高度的世俗化，因爲佛教在印度，是一地位崇高的階級，佛陀成立僧團，嚴立戒律，如比丘須守二百五十戒，比丘尼要守五百戒，重重戒律之下，僧侶的生活成了遠離世俗的團體。傳至中國，各宗亦無不嚴守戒律，惟禪宗則不然，六祖在勞務工作之中，仍能修行，而有「行亦禪，坐亦禪」的提出，且以頭陀身份①而被立爲六祖；百丈懷海的「一日不作，一日不食」，成爲禪門的宗風②，亦涉及教義的改變，因爲工作之時，自然會傷害蟲蟻以至潛藏草裡泥中的生命，以佛教的輪迴果報而言，自然不許。而禪宗則有歸宗斬蛇，南泉斬貓的公案，顯然在勞作時亦未全然顧及不傷生，因此禪宗的此一改變，表現了生活世俗化的一面，致遭受武宗毀法，將影響減到最低，也消除不少的反對和攻擊。此外即名相的中國化，禪宗的說法，以至語錄、公案，名相大多是中國的，而且雅俗兼取，故而所立的文字——公案、語錄，與佛教的典籍不同，故國人樂於接受。以上是禪宗最顯著的特色，與其他各宗，顯出了同工異曲的一面。

四、禪宗開悟的意義

禪宗力求悟，悟達之後，當然人與道合，證悟了絕對而超越的妙道，到達了最高的境界，一方解脫了塵勞煩惱，得大自在，「日日是好日」，充滿悅樂法喜；一面是得「大圓鏡智」，無欠無餘，徹悟眞理，自無迷失錯誤，如六祖所云「本來無一物，何處惹塵埃？」顯示了不能污染，無懼污染的境界，與神秀的「時時勤拂拭，莫遣有塵埃」，小心謹愼，除去污染、恐懼污染，迥然不同。祥符清海開悟後云：「實際從來不受塵。」亦係此意，人與道合的意義如此。

禪人開悟之後，是由迷得悟，在修行的過程上，是由凡入聖，達到了最高的目的，而與佛陀無殊。所以六祖初到黃梅，謁五祖弘忍，說是爲「作佛」而來，正如儒家的立志成聖。楚安方禪師悟道後云：「多年相別重相見，千聖同歸一路行。」正顯示了開悟後的成聖境界。成聖不僅是功行圓滿，果位崇高，而且達到了大休大歇的境界，如何山守珣的開悟詩所說：「饒君更有遮天網，透得牢關即便休。」禪宗有三關之說，初關、重關、牢關，不落「空」、「有」二邊，寂照不離，體用不二，故而大休大歇！這是成聖的究竟意義。

禪人開悟之後，在到達返本還源的大休大歇之前，尚有「入鄽垂手」的救世功程。指的是發大慈悲，作救世的舟航，不作自了漢。這一度人救世的作爲，不在開悟之前，而在開悟之後。因爲不開悟，仍是凡夫俗子，不具有度人救世的本領，縱然勉強爲之，亦有一盲引衆的危險。所以清居禪師的入鄽垂手詩云：

換卻皮毛轉步來。依稀烏嘴與魚腮。通身固是混泥水，我此宗門要大開。

這是白牛十頌中的最後一首，「入鄽垂手」，指的是開悟之後，由山林入都市，垂手救人。牛牧純熟了已脫去了皮毛，得了聖位，不是飄然而去，卻是轉身入世；「依稀烏嘴與魚腮」，彷彿仍是原來的臉孔；「通身固是混泥水」，雖然仍與任勞耕作的牛無差別，通身混泥混水，但是仍致力於利他救人；「我此宗門要大開」，使禪宗的門庭，因而光大，佛陀的悲智宏願偉業，重加顯揚。這是開悟後的作爲。

禪人開悟之後，其所悟得，似乎是神秘而主觀，有無以未悟爲已悟，以幻覺爲眞實的可能呢？似乎殊難辨證。然而有宗師的勘驗。例如永嘉玄覺，有證道歌傳世，景德傳燈錄卷三記其謁六祖云：

（玄覺）初到，振錫攜瓶，繞祖三帀，卓然而立。祖曰：夫沙門者，具三千威儀，八萬細行，大德自何方而來，生大我慢？師曰：生死事大，無常迅速。祖曰：何不體取無生了無速乎？曰：體即無生，了本無速。祖曰：如是如是。於時大衆無不愕然，師方具威儀參禮。須臾告辭，祖曰：返太速乎？師曰：本自非動，豈有速耶？祖曰：誰知非動？曰：仁者自生分別。祖曰：汝甚得無生之意。曰：無生豈有意耶？祖曰：無意誰當分別？曰：分別亦非意。祖嘆曰：善哉！善哉！少留一宿，時謂一宿覺。

這是永嘉玄覺與六祖的互逞機鋒：時慧能大師已被立爲六祖，玄覺在未探測六祖的造詣之前，不肯禮拜，所以「振錫擕瓶」，繞行六祖三圈之後，卓然而立，看六祖的動靜；六祖責其不守沙門的禮儀，「生大我慢」；玄覺卻回以「生死事大，無常迅速」，意謂修行求道之不暇，無暇行此俗禮；六祖告以「何不體取無生了無速乎」，體會「無生」之旨，則能了生死之事，了達悟道則無「無常迅速」的困擾！玄覺答以「體即無生」，妙道的本來，即無生無死；了悟之後根本不會有無常迅速的問題！六祖的「如是如是」，是印可之詞，經過其勘驗，認爲是正見。而玄覺方具禮參，係承認慧能大師的六祖地位，因此而列玄覺於六祖的法系，因爲受了六祖印可之故。禪人開悟之後，無不陳述所悟，由宗師、師友加以考察，驗其正確與否，而後承認，燈史多有記載，如此才不失宗風。

禪宗的求開悟，當然涉及悟道的方法。佛教各派的求道，是注重「佛、法、僧」，注重師承傳授，尤其是佛陀的慈悲、法力，所以有向外求，向人求的一面。禪宗雖然未揚棄這些，但是並未全然重視這些，而轉重自我的自力尋求。佛教各派，修行的方法，無不重視「理入」——由讀經說法的明理，以致唸經，都係「理入」的努力，甚至深究因明學，教判種種，都不脫理入的範疇。雖然曹洞宗與之近似，但不全同；此外爲「行入」——即由修行用功，以求入道，如戒定慧，禪宗雖然不否定這些，但視之爲定法、死法，認爲會「死水裡浸殺人」，故而開出無定法、活法，以爲開悟之法。當然可以由「理入」、「行入」，更可由「理入」、「行入」以外以求入道。如洞山良价的涉水覩影；香嚴智閑的瓦礫擊竹；靈雲志勤的見桃，越山師鼐的赴官齋；神照本如的聞四明尊的「汝名本如」；楚安方禪師的聞鄉人呼「那」；龍門清遠的撥爐見火；均係不主一法，而由「從緣悟達」以開悟，如詩人吟詩，天機觸動，靈感來時，何曾有法？最基本的原則，是以不受污染的平常心，而又充滿求道悟道的契機，卻又出以無所求、無執著、不思維索得的心態，以待外在機境的引發，這是歸納禪宗開悟者的悟道過程而得的方法。表面上是活法、是無定法，實際上是「從緣悟達」，五宗又因其宗主「從緣悟達」的不同，各有其求悟的方法，所謂的門庭設施，各有不同者在此。以後的黃龍、楊岐，分主看話、默照，亦由求悟方法的不同，而又分派。然又歸於定法而喪失了基本宗風。

總上所述，可見禪宗的開悟，具有㈠人與道合。㈡由凡成聖。㈢救世無誤。㈣宗師勘驗。㈤活法求悟的五大意義。

五、禪宗開悟的啓示

禪宗的開悟，雖然是「向上一路」，似乎遠離了人生的社會和生活實用層面。但是顯示了重大的啓示，即是人生不能不悟，不悟則爲迷惑無主之愚人。由迷到悟乃人生境界的提升，自我限制的突破，所不同的，是有宗教家之悟，學者之悟，常人之悟而已。宗教家在頓悟妙道，以求人與道合；學者在悟達學理、科技，有新的發現；常人由經驗的積累而悟，以得實用的道理和方法。學者的悟，在以思考判斷，以求豁然貫通，如孔子的四十而不惑，陽明貴州龍場驛的悟道，亦有如禪宗的「從緣悟達」的，如阿基米德因入浴而悟幾何定律。世俗之中，因經驗的積累，有所觸發而開竅者，於是待人接物，遠異往常，於所從事的職業或工作，有突出衆人的表現；皆係開悟的結果。悟有程度上的差別，有所謂小悟、大悟、頓悟，蓋指所悟達的，有深廣層面的不同。禪宗的所謂頓悟，乃指「徹上徹下，無欠無餘」，窮宇宙本原之秘，而無絲毫扞格疑惑，故謂之「一了百了，一通百通」，其他如大悟、小悟，皆所不許，以其粘皮帶骨，落在「第二義」——思而知、慮而解的識見上。學者的「豁然貫通」，世俗的「開竅」，均落在第二義，故可以小悟數百回，大悟數十回，層層遞進，事事明通，而可以言語舉說，事理證明，只是因其悟達不同之故，然均不可不悟，不悟則不明究竟，不能明體達用，不能免疑惑徬徨。世俗之悟，基本的方法，則「思而知，慮而解」，以及由思想方法，經驗體會，以求「貫通」、「開竅」，一旦開悟了，雖然不能由凡入聖，但至少是人中佼佼，與常人或同行業的人，迥然不同，因爲必然智慧揚溢，措置得體，行爲允當，所以說：「毫釐有差，天地懸隔」，正是悟與不悟的差別。故而求悟和得悟，應是人人所祈盼。

六、結論

佛陀的成佛，當然是開悟的結果，於是由凡入聖，成就佛位，開創了影響全世界的宗教——佛教。禪宗的開悟，亦在成就與佛陀無殊異的佛果、聖位。禪宗以其求悟的精神和方法，開創了能與教下各派抗衡的宗派——禪宗，並且駕凌其他宗派而上之。所以求悟的勇決和求悟方法的不同，是禪宗大異於教下各宗之處。禪宗的五宗二派，均以開悟爲目的，而又塗轍各異，更係開悟所主的方法不同之故，臨濟、曹洞的不同，默照、看話的爭議，其根本無不在此，因爲開悟以後的「形而上學」，並無差異；即禪宗與教下各宗也無差異。令人不解的，是佛教各宗，有轉而入禪宗的；臨濟、曹洞也有入此出彼的；以後禪宗又重回佛教，與教下各宗，差異無多；其故何在？因爲禪宗主張活法和無定法求開悟，所以雖反對佛教「行入」、「理入」的定法，但也不廢這種方法；而且在無其他方法之下，也在援用這種定法，只是不將之視爲僅有的方法，或惟一的方法而已；五宗二派固然求悟方法的不同，而有「門庭設施」之異，在有效的方法，即係最好的方法的原則下，故互相援用，所以看話與默照禪能融合；在某些方法失靈之後，如臨濟的用棒用喝，便成戲論、胡鬧了，所以又回到佛教的定法。故變異的來龍去脈，均可得言，應由此以求。

由禪宗大師的開悟以觀，每人各有其開悟的過程與求悟的方法。有的大家都能援用，所以成爲通法或共法，如用棒用喝，看公案，參語錄。有的係個人的特殊方法，其他人無法師效，如洞山的涉水覩影，靈雲的見桃悟道等。因爲獨特的方法是由個人經驗、遭遇的不同，環境觸發的差異，何能共有互用呢？所以李北海說：「學我者死！」可見獨特的、個別體會的方法，不能爲他人所接受。故而以求悟爲目的，雖有他人的方法可資借鏡，但應著重個人的體會？惟有將求悟的意念，時時存心，以待契機的引發，而「隨緣悟達」，方玄妙而不可思議。

（民國八十年九月十日普門一四四）

【附註】：

①唐時僧人出家，規定甚嚴，要經過考格，取得度牒，六祖至五祖門下，乃帶髮修行之頭陀。其後方正式落髮出家。

②百丈懷海以「百丈清規」，樹立了禪門的僧團規範，其書雖佚。然實保留在各宗派之清規中，「一日不作，一日不食」，亦見於禪宗之團體生活中。

肆、禪宗的從緣悟達

一、前　言

達摩來華，創立禪宗，其宗風形成之後，大抵不外「教外別傳，不立文字。直指人心，見性成佛」。所謂「教外別傳」，蓋謂禪宗傳宗，不同於教下諸派；「不立文字」謂不以立文字之經典為重；「直指人心」，以人人具有之佛性佛心，向此本具之心求悟，而不向外求；「見性成佛」，開悟之後，顯現本具之佛性即可成佛，與佛陀一樣。禪宗之基本宗旨，全在一「悟」字，所謂「悟即是佛，迷號眾生」，是禪祖師普遍的理念，如馬祖道一示眾云：

在迷為識，在悟為智；順理為悟，順事為迷；迷即迷自家本心，悟即悟自家本性；一悟永悟，不復更迷，如日出時，不合於冥，智慧日出，不與煩惱暗俱。了心及境，妄想即不生，妄想既不生，即是無生法忍，本有今有，不假修道坐禪，不修不坐，即是如來清淨禪。………（景德傳燈錄卷二十八・江西大寂道禪師語）

馬祖道一，南嶽懷讓之法嗣，尊稱為馬大師，系下開出臨濟、溈仰二宗，滅度後謚號「大寂」。其主開悟，分辨迷悟之別，論說甚明，「悟即悟自家本性」，更有以見「直指人心，見性成佛」之意；悟後的境界和所得，「如日出時，不合於冥，智慧日出，不與煩惱暗俱。了心及境，妄想即不生，妄想既不生，即是無生法忍。」開悟之後，所得智慧如日之出，照破昏暗，煩惱，了達眞如佛性，妄念不生，而得「無生法忍」；極可注意者，馬祖指出這一開悟所得，是「本有今有」——人人本有，現今仍有，而又不「假修道坐禪」，「修道坐禪」爲佛教之重要思想，所謂戒、定、慧三學，乃修行之一定方法與重要方法，禪宗雖不廢這些方法，乃不得已而用之，然在根本上反對此修行方法，大珠慧海所云：

將心修行，喻如滑泥洗垢，般若玄妙，本自無生，大用現前，不論時節。（景德傳燈錄卷二十八越州大珠慧海和尚語）

因爲玄妙的「般若」，是由「眞如」本體所生，禪人的開悟，係由體起用的大用，不能論定其在何時開悟也。大珠又云：

貧道聞江西馬和尚云：汝自家寶藏，一切具足，使用自在，不假外求，我從此一時休去，自己財寶隨身受用，可謂快活，無一法可取，無一法可捨，不見一法生滅相，不見一法來去相。……（同上）

由體起用的道，只能開悟體會，「不假外求」——不能向外，向他人乞求，因爲「無一法可取，無一法可捨」，教外別傳之旨，禪宗的眞精神，乃以顯露。所以自主自求，體悟至道，是禪宗的根本。復以「大道現前，不論時節」，故主無心合道，時至自悟，不主「一法」和「定法」，而主以「從緣悟達」，以求悟入。如靈雲志勤覩桃花而開悟，作偈云：「三十年來尋劍客，幾回落葉又抽枝。自從一見桃花後，直至如今更不疑。」時潙山靈祐覽偈，詰其所悟，與之符契，遂告之曰：「從緣悟達，永無退失」①細覽公案、語錄，此乃禪人悟道的普遍方法與有效方法，以無釋說及提倡，致未為前人所重，乃深入探求，以明「從緣悟達」之義，以見宗門的眞面目，庶使理證畢得，而有深入與具體之瞭解，以明禪宗之開悟實況，及其立宗之精。

二、開悟的意義與悟道之難

禪宗注重開悟，謂之「發明大事」，「第一峯頭」，「向上一路」……，否則譏為喫酒糟的漢子，已開悟者則許為已「開眼」，或獨具「隻眼」。悟有漸、頓之分，六祖慧能以頓悟而為宗主，六祖壇經般若品第二云：

善知識於忍和尚處，一聞言下便悟，頓見眞如本性，是以將此教法流行，令學道者頓悟菩提。

此一教法，成為禪宗之中心，而引發頓、漸之爭，如修心訣所云：「夫入道多門，以要言之，不出頓悟漸修耳」。頓悟之義，如圓覺經略疏所云：「頓教者，但一念不生即名為佛，不依地位漸次而說，故立為頓。」禪宗中的北宗神秀主漸，南宗慧能主頓，已是衆知耳熟，然荷澤神會所言，頗有調和「頓」「漸」之意：

第四問：先頓而後漸，先漸而後頓，不悟頓漸人，心裡常迷悶。答曰：聽法頓中漸，悟法漸中頓。修行頓中漸，證果漸中頓，頓漸是常因，悟中不迷悶。（景德傳燈錄卷二十八・洛京荷澤神會大師語）

神會爲六祖的法嗣，此爲記神會與六祖有關頓、漸的問答，可見六祖雖主頓悟，亦不廢漸悟，並就聽法、悟法、修行、證果的四方面，說明「頓」「漸」相依互動的關係，而歸結到「頓漸是常因，悟中不迷悶」，「頓」「漸」均是開悟的常因，證明了「夫入道多門，以要言之，不出頓悟漸修耳」的合理。然而其後的禪祖師，鮮有在漸、頓方面大起爭議，大概接受了這種思想——「漸」「頓」相依相需，並逐漸體會到漸修只是至達頓悟的不得已之方法，漸修並不能獲致頓悟，所以才需要「從緣悟達」，以爲頓悟的要徑。

禪宗的開悟，是人與道合的最高層次，超越一切的存有而證入與佛無殊的聖境，即六祖所謂的「頓見眞如本性」，所以開悟係困難之事，禪祖師常以「蚊子上鐵牛，無下嘴處」形容之，蓋以其一、不許思知而又不能不經由思知的階段：思惟擬議，是世俗知識獲得根本，然而禪祖師常言：「思而知、慮而解，鬼窟裡做活計」，因爲人與道合的開悟，是超越存在，超越世俗知識，故而非思惟擬議所可到，尤非以思惟所能解決。當然也不許不知，如南泉普願所云：「道不屬知，不屬不知，知是妄覺，不知是無記，若眞達不疑之位，猶如太虛廓然洞豁，豈可強是非也。」②「道不屬知」、「知是妄覺」，此指世俗之知；「不屬不知」、「不知是無記」，無記是無所識覺的愚魯，此一不許知，而又不許不知，禪宗常以「如愚如魯」形容之，謂非正愚正魯。因在開悟時，不能由思知——由思和知的方法以達成之，思知只是開悟中的過程或階段。二不許行而又不行不能到：人類的行爲造作，均落在無常、變化、壞滅的層次中，禪宗的開悟，是超越這一層次，而至永恆、不變易的境界，這就是洞山良价「何不向無寒暑處去」之意③，人世之間，自不能無寒暑變化，故所指的是開悟後的永恆境界。這一境界，當然非人的行爲造作所可到達，故曰「道不用修」。當然行爲造作尚不可到，何況不修——不修爲造作呢？所以在基本上又不能行爲造作，這也是六祖的「修行頓中漸」之意，雖然矛盾而無奈，然而卻深陷於此一矛盾和無奈之中。三不許言說，而又不能離言說：文字語言爲載道的工具，自悟道的時機及境界而言，誠然不是文字語言所可到，故禪宗常不許說破，視文字語言爲所知障，障蔽道眼，故不立文字。然而又不能離於語言文字，故六祖云「聽法頓中漸」，但極力避免眞心直說，所以揚眉瞬目，豎拂舉頭，甚至手畫圓相，以象徵之。舉此三者，可見禪宗對於悟道之困難，深有體會，故以「蚊子上鐵牛，無下嘴處」以形容之，甚至否定佛教的方法，視爲「定法」、「死法」，無補於開悟。

開悟如此之難，其故何在？良由禪宗之開悟，係求人與道合，證悟、證入此一超越的絕對境界，此一境界，其大無外，其小無內，不爲形體、色彩、動靜所限，如黃檗希運所云：

此心自無始以來，不曾生，不曾滅，不青不黃，無形無相，不屬有無，不計新舊，非大非小，超過一切限量名言蹤跡，當體便是，動念便乖，猶如虛空，無有邊際，不可測度，唯此一心即是佛。（黃檗山斷際禪師傳法心要）

此「一心」是「眞如」、本體，黃檗希運依其體悟之結果，而述說其體悟所如此。此一境界，誠非智知、思維、造作、言說所可及，實無一定的方法和經驗所可到達，故禪宗爲突破佛教的限格，而有不同的方法，以求開悟，非求苟異也，如枯崖圓悟所云：

經是佛言，禪是佛心，初無違背。但世人尋言逐句，沒溺教網，不知有自己一段光明大事。故達摩西來，不立文字，直指人心，見性成佛，謂之教外別傳，非是教外別是一個道理。只要明瞭此心，不著教相，今若只會佛語而不會歸自己，如人數他珍寶，自無半分錢；又如破布裹珍珠，出門還漏卻，縱使於中得小滋味，猶是法愛之見，本分上事，所謂金屑雖貴，落眼成翳。直須打併一切淨盡，方有小分相應也。………（枯崖和尚漫錄卷中）

應是教下、宗門之差異所在的最佳說明。其根本上是禪宗注重精神上、本體上的契合，認爲與佛教並無殊異，故曰「經是佛言，禪是佛心，初無違背」。其後佛教的發展，偏離了這一根本，遠離了自己的開悟大事，故而達摩來華，建立了禪宗，揭櫫了教外別傳之旨，所以禪宗最特別之處，是以自己開悟爲本，而不是數他人珍寶，接受他人的開悟所得和開悟經驗而已。此外只是得「小滋味」和「法愛之見」。

三、佛教修持方法的偏失

佛陀佈教，建立了佛教，基本的架構，是以佛陀證悟所得的佛心、佛性爲基本，形成了佛教的中心思想，是謂之佛；佛陀所說之法，成爲佛教的共同信仰，是謂之「法」；佛陀滅度之後，將佛陀說法佈教，集結爲經，成爲佛法的淵藪；佛陀在世之時，成立了僧團，作爲弘法救世的組織，是謂之僧；此三者佛門稱之爲三寶，是佛法承傳的三大支柱。故而佛教的傳法，不是不注重開悟，而是認爲開悟極難，非如佛陀的器根、智慧、機緣、修持，不可能開悟成佛；佛徒的開悟，要依上述的三寶，即所謂聲聞乘；而開悟的所得和境界，均無以超越佛陀，所以佛弟子所得的果位爲阿羅漢，而不敢成佛；佛教的佈教，既不敢以成佛爲目的，故以能明瞭佛陀的思想和佛法爲滿足，因而被禪人視爲「尋言逐句，沒溺教網」；並將佛教修行之法，視爲「定法」、「死法」，認爲不足「發明大事」，依之修持，將「死水裡浸殺」。

佛教甚重修行，佛陀在世佈教時，修行之法，已形成規範，而見於經論律三藏的律部，綜而論之，修行求悟之法，不外(一)理入：以精研佛教典籍，以明究佛陀所說的法理，理入係以佛陀的經典爲中心，故而疏論講說，深入析說，鉅細靡遺，每一重要經典，都形成龐大系統，甚至爲一宗一派所偏重。(二)行入：即由修行以求入道，佛教無不持戒、修定、修慧，認爲係一定而有效的方法。(三)他得：佛教的得法、傳法，極注意「他得」，不外求佛而得，持經而得，依僧而得，從果報而得，以他得爲主，不敢作「自得」之主張，與禪宗自力成佛的思想，大有不同。上述三者，爲佛教修行的一定方法，禪宗均視之爲「定法」、「死法」，蓋均不能依之而頓悟成佛，而主張「活法」——由無定法以求悟入，故而臨濟將修定打坐的弟子打起說：「打什麼瞌睡」；又將佛經說成是拭不淨故紙；雲門要打殺佛與狗子喫；可見其反對之甚。禪宗也不全然廢棄上述的定法，僅係視爲基本方法，或無方法之方法而已。

四、禪宗之活法求悟與從緣悟達

禪祖師深知開悟之難和開悟之難有定法，故而主張由活法開悟，此意六祖慧能實已開出：

自性自悟，頓悟頓修，亦無漸次，所以不立一切法。諸法寂滅，有何次第？若悟自性，亦不立菩提涅槃，亦不立解脫知見，無一法可得，方能建立萬法。（六祖壇經．頓漸品第八）

佛教重法，定爲可以軌生物解，故有百法之名，萬法之稱，而禪宗則認爲法是假名，「不立一切法」；尤其是自性自悟之時，無一法可得；當然這是開悟後的究竟界境；在求悟的階段，也許不能盡廢，但要由法而臻於忘法，如谷隱禪師云：

此事如人學書，點畫可效者工，否者拙，蓋未能忘法耳。當筆忘手，手忘心，乃可也。（五燈會元卷十二）

谷隱以學書比擬求悟，「點畫可效者工」，謂規矩在前，有法則可効，僅能求其工巧；不依法者則拙劣；其故在未能忘法；惟當筆忘於手，手忘於心，「忘法」之後，方能隨意揮灑，得大自在。與教下的注法思想，迥然不同。兀庵普寧，則點出活法之意：

我宗無語句，亦無一法與人，若有一法與人，亦成斷常之法，非正法也。從上佛佛授手，祖祖相傳，只貴所得所證，正知正見，廓然蕩豁，徹見本源，方謂之正知正見。繩繩有準，法法融通，或於十二分教明得者；或於教外明得者；或有未舉先知，未言先領者；或有無師自悟者。……（兀庵和尙語錄示松島圓海長老書）

兀庵標出了禪宗的特色：「我宗無語句，亦無一法與人，若有一法與人，亦成斷常之法，非正法也」。細味其意，謂於禪人的開悟，無語句予以指授，無一法以與求悟之人，惟悟後所得所證的正見正知，才是佛陀、祖師相傳，徹見本源的正道。並認爲開悟不止一端，「或於十二分教明得者，或於教外明得者……或有無師自悟者」，已寓有活法或無定法求悟之意。其「活意」之說，亦隱有活法的涵義：南院和尙云：「坐卻舌頭，別生見解，參他活意，不參死意」④。「活意」並非求言外之意；或思惟言說，另生別解；而係撥理解、知解，當下悟入，故達觀云：「纔涉脣吻，便落意思，並是死門，故非活路」⑤，「纔涉脣吻，便落意思」，正是思惟擬議，理解知解之意，而云「並是死門」者，顯然不許如此求悟，不許如此參求。證以洞山初禪師之言：「語中有語，名爲死句，語中無語，名爲活句」⑥。「語中有語」，應爲有義語，而爲死句，不許參求；「語中無語」，應爲無義語，而爲活句、許加參求，可以證知參死句不參死句之意矣。故曰「執理元是迷，契理亦非悟」，谷隱與達觀禪師論之云：

良久曰：如石頭云：執理元是迷，契理亦非悟。隱曰：汝以爲藥語、爲病語？師（達觀）曰：是藥語。隱呵曰：汝以病爲藥、安可哉！師曰：事如函得蓋，理如箭直鋒，妙寧有加者？猶以爲病，實未喻旨。隱曰：妙至是亦祇名事理、祖師意旨，智識所不能到，矧事理能盡乎？故世尊云：理障礙正見知，事障續諸生死。師恍如夢覺曰：如何受用？隱曰：語不離窠臼，安能出蓋纏？師嘆曰：纔涉唇吻，便落意思，盡是死門，終非活路。⑦

可見禪宗參活意、活語之意，要心神處滅，心路斷絕，涉及思惟擬議，均乃死語、死意，亦是死法了。禪宗未立活法之名，但唐宋之際，禪門大盛，隱括禪以論詩者，倡活法之說以論詩，可通釋禪宗之活法求悟，呂本中云：

學詩者當識活法。所謂活法者，規矩具備，而能出於規矩之外，變化不測，而亦不背於規矩也。是道也，蓋有定法而無定法，無定法而有定法，知是者則可與言活法矣。⑧

無定法即活法之意，定法者「規矩具備」之謂，禪人修持，不能不由規矩，故理入、行入，均不能廢除；及開悟之時，方避免死句、死意、死法，而以活句、活意、活法爲法門，除了在宗教上的「執理元是迷，契理亦非悟」的特性外，即經過了「規矩具備」的定法階段，而達於「能出於規矩之外」的無定法境界——活法的運用自如。就詩學而言，活法是悟的結果，由定法的突破而獲得，就禪宗的開悟而言，活法是開悟的方法，方可冥達絕對的眞實和超越存在，當然泯絕了法的分別觀念，而無活法、死法了，所以說「亦無一法與人」，縱然如佛陀的佈教說法，亦「法法融通」。

禪宗的活法求悟，可以「從緣悟達」作爲代表，靈雲志勤，以見桃花盛開而悟道，其開悟後的偈語云：

三十年來尋劍客，幾回落葉又抽枝。自從一見桃花後，直至如今更不疑。

靈雲的開悟，是經過三十年的努力，而以「尋劍客」自喻；在三十年長久的時間裡，看見了桃花的落葉、抽枝的變化；然後在見到桃花開花之後，開悟見道了；直至作此詩偈之時，尚不懷疑所見。他的開悟境界和所見，經過潙山靈祐的勘驗，而且與之符契，然後「印可」道：「從緣悟達，永無退失，善自護持」。潙山認爲靈雲的見桃花而開悟，爲「從緣悟達」，可惜無進一步的釋說；其「見桃開悟」，雖成爲參究的公案話頭，但於「從緣悟達」，並無著語，僅止於靈雲偈詩的參究⑨；而印度外道雖有「從緣顯了宗」，乃執持「聲」或「法」的體爲恆常，須藉衆緣而始彰顯，係本體上的問題，爲佛法所斥破，與「從緣悟達」，自無關係；所以「從緣悟達」，應從靈雲的開悟過程中尋求確切的意義和解答。由見桃悟道的可能性而言，桃花的開落，是現象界的「有」和本體界的「空」的顯示，「空」「有」一如，由「空」而「有」，由「有」而「空」，不斷地交替進行，故靈雲能見「色」明「心」——由現象界的「有」，證悟本體界之「空」；但是這一事象，不限於桃花，任何花卉均有此可能。而且在靈雲的看「桃花」的三十年過程之中，年年均有可能，何必待「三十年」之後呢？當然這是一種偶然性和突發性，一方面是「時至自悟」，一方面是「可遇而不可求」，這是「從緣悟達」的外層意義；就靈雲的開悟過程而言，是經過「三十年」的尋求過程，氣機具於內，是爲開悟的「主因」，見桃花而開悟，桃花只是引發的外緣，這與阿基米德在洗澡時發現了浮力定理，其原因相同。洞山良价的因過水覩影而開悟，正係「從緣悟達」一類的例證，洞山的偈詩云：

切忌從他覓，迢迢與我疎，我今獨自往，處處得逢渠。渠今正是我，我今不是渠。應須任麼會，方得契如如⑩

「切忌從他覓」，即悟以往外求之非，蓋道不遠人，全由己得，正如影之隨形。可見求道的氣機，時時具於心，方可待「過水覩影」之外緣，而爲引發。又香嚴智閑的擊竹開悟緣由，更詳細而具體，可見「從緣悟達」的另一意義：

山（溈山）問：我聞汝在百丈先師處，問一答十，問十答百，此是汝聰明靈利，意解識想。生死根本、父母未生時，試道一句看？師被一問，直得茫然，歸寮，將平日看過底文字，從頭要尋一句酬對，竟不能得，乃自嘆曰：畫餅不可以充饑。屢乞溈山說破，山曰：我若說似汝，汝已後罵我去！我說的是我的，終不干汝事。師遂將平昔所看文字燒卻，曰：此生不學佛法也，且作箇長行粥飯僧，免役心神。乃泣辭溈山，直過南陽，覩忠國師遺跡，遂憩止焉。一日芟除草木，偶拋瓦礫擊竹作聲，忽然省悟，遽歸沐浴焚香，遙禮溈山，讚曰：和尚大慈，恩逾父母，當時若爲我說破，何有今日之事？乃有頌曰：

一擊忘所知，更不假修持。動容揚古道，不墮悄然機。處處無蹤跡，聲色外威儀。諸方達道者，咸言上上機。⑪

這一開悟的過程，說明了香嚴先是由文字思惟索解以求，得到的是非常豐富的世間智識和佛法的知識，但是無自己的體悟，故被溈山一問，茫然無解；屢乞求溈山，爲他解說，溈山「以我說的是我的」之理由，加以拒絕；香嚴在心灰意冷之餘，放棄了尋求心，而行腳他方，深符臨濟所云：「佛法無用功處，祇是平常無事，屙屎送尿，著衣喫飯，困乃即臥」和「無一念心，希求佛果」的境界，於是時至自悟，在偶拋瓦礫擊竹作聲的「從緣悟達」的情況下，而發時「大事」，「一擊忘所知」，正誦明了此一背景——由石瓦擊竹作聲之中，忘卻了心識意解的知識意解，冥然與「本體大全」契合，方知「此事」非假借做作之外在修持工夫所能得到。這是息歇思惟擬議，不假修持，不事外求之後的「從緣悟達」的例證。此外如越山師鼐的赴官齋時忽覩日光而豁然洞曉；神照本如以四明尊者的「汝名本如」而領悟；分庵主聞階司「喝侍郎來」而忽大悟；楚安方禪師的在舟中，聞岸人操鄉音厲聲云「叫那」於是有省；皆「從緣悟達」者，有何定法可從？所以禪人的行腳參請，即在覓此機緣，有時在彼而不在此，例如藥山惟儼的參石頭、馬祖，即係如此。五燈會元卷五云：

澧州藥山惟儼禪師……。首造石頭之室，便問：三乘十二分教，某甲粗知，嘗聞南方直指人心，見性成佛，實未明了，伏望和尚慈悲指示。頭曰：恁麼也不得，不恁麼也不得，恁麼不恁麼，總不得，子作麼生？師罔措。頭曰：子因緣不在此，且往馬大師處去！師稟命躬禮馬祖，仍伸前問，祖曰：我有時教伊揚眉瞬目，有時不教伊揚眉瞬目，有時揚眉瞬目者是，有時揚眉瞬目者不是，子作麼生？師於言下契悟，便禮拜。祖曰：你見甚麼道理便禮拜？師曰：某甲在石頭處，如蚊子上鐵牛。祖曰：汝既如是，善自護持。

這是藥山惟儼先參石頭希遷，以機緣不在，故而未能契悟、石頭未有任何進一步的解說，只告以「子因緣不在此」，而命其參訪馬祖道一，考石頭和馬祖的問話，語異而意同，均係就「眞如」、「本體」的如何體會而致問，而藥山於石頭之語，則如「蚊子上鐵牛」；於馬祖之言，則豁然契悟，何以有如此之不同，乃「從緣悟達」之故，許多禪人的行腳不已，參訪不休，即在覓此悟達的機緣，如臨濟義玄的初參黃檗，三問如何是祖師西來的之意，而三度遭打，終無所得。後黃檗希運，令參高安大愚，於問大愚，三問黃檗三遭打，不知過在什處時，大愚答以「黃檗恁麼老婆，為汝得轍困，猶覓過在？」而於言下大悟。亦遂機緣不在黃檗之故。這一類的「從緣悟達」，不在自然景事的引發，而在禪祖師的誘啓。另外極罕有者，乃有意的情景安排，造成人為的「從緣悟達」：

無為軍吉祥元實禪師……。自到天衣，蚤夜精勤，脅不至席，一日偶失笑喧眾，衣擯之，中夜宿田里，覩明星粲然有省，曉趨方丈，衣見乃問洞山五位君臣如何語會？師曰：我這裡一位也無。衣令參堂，謂侍僧曰：這漢卻有箇見處，奈不識宗旨何？衣預令行者五人，分序而立，師至俱召實上座，師於是密契奧旨，述偈曰：

一位纔彰五位分，君臣叶處紫雲屯。夜明簾卷無私照，金殿堂堂顯至尊。⑫

天衣以吉祥不明曹洞宗的五位宗旨，尤其是洞山良价的君臣五位，乃以自己及五僧扮演之，雖敘說簡略，詳情無法細知，但係以人為的安排，形成了「從緣悟達」的條件，使吉祥能了達「奧旨」，「一位纔彰五位分」，「君位」代表「眞如」、「本體」，在這一位顯示了從體起用之後，便五位分明——有正中偏、偏中正、正中來、兼中至、兼中到，獲得契悟的實際。禪人的用棒用喝，亦應歸入這人爲情景機緣安排的一類。「從緣悟達」，有此三類的不同，實概括了禪宗祖師開悟的大部分，教外別傳的意義，因而有了進一步的宣明，禪宗在基本上是拋棄了佛教的定法求悟，而以無定法的活法——「從緣悟達」，作爲有效的替代。其後竟將達摩的「行入」、「理入」，亦加棄置而不道，非無原因，因爲他們自信掌握了開悟的核心、更彰顯了禪宗的精神，也壓倒了教下各派。

五、結論

上敘的「從緣悟達」，是無定法的活法，也是無法之法，故神秘而不可思議，足以說明「無心合道」的眞諦。當然「從緣悟達」，有其極基本的條件，大約可以用馬祖道一的平常心是道說明之。馬祖云：

若欲直會其道，平常心是道。何謂平常心？無造作，無是非，無取捨，無斷常，無凡聖。……不知聖心本無地位因果階段，心量妄想，脩因證果，住入空定，八萬刧，二萬刧，雖即已悟，悟已卻迷。……

道不用脩，但莫汙染，但有生死心，造作趨向，皆是汙染。……（見馬祖道一禪師語錄）

所謂「平常心是道」，即不起一切的分別、貪求、造作的純潔、純一之心，與臨濟的「無位眞人」，永嘉眞覺的「絕學無爲閑道人，不除妄想不求眞」，同一意義；「道不用脩，但莫汙染。」乃不以著意的脩持做作，而又不受生死心、造作趨向等汙染之謂，於是自然精純；如果不能達到這一境界，只有由佛教的戒，定、慧等法以求了，以期由有修有證，而達於無修無證的「莫汙染」地步，以求悟入，由「從緣悟達」以得悟，即時至自悟也。所有的行脚參訪，都是在尋求這種機緣，以爲開悟的觸發。大概由於以後的禪人，太過重視「從緣悟達」的方法，漠視了「平常心是道」，「道不用脩，但莫汙染」的實際和應有的努力，喪失了這重要的根本，徒由「從緣悟達」以求開悟，亦無開悟的可能了，例如未開眼的禪人，而用棒用喝，豈不是一場胡鬧？復因這一無定法、活法求悟的失效，只有重返佛教定法修行的一路，因而教下、宗門復合，禪宗的眞精神喪失了，故而聲銷釆散。是以「從緣悟達」，是宗門開宗立派和大振宗風的重要原因。

【附　註】

① 見宋釋普濟五燈會元卷四，溈山靈祐與弟子仰山慧寂合創「溈仰宗」。以未具載溈山詰問之語，故不知二人所悟相符契者爲何？
② 見釋道原景德傳燈錄卷二。此爲南泉普願告趙州從諗語。南泉乃馬祖法嗣。趙州爲南泉弟子。
③ 見佛果圓悟碧巖錄第四十三則。僧問洞山：「寒暑到來，如何迴避」，洞山答以此語。
④ 見洪覺範林間錄卷上。南院和尙，生平不詳。
⑤ 同注③。
⑥ 同注③。

⑦ 見釋普濟五燈會元卷十二。石頭指石頭希遷，爲青原行思之法嗣，六祖之再傳弟子。其所云「執理元是迷……。」見參同契，相傳爲石頭之作。又「事如函得蓋，理如箭直鋒」，景德傳燈錄卷三十之「參同契」作「事存函蓋合，理應箭鋒拄」，較合理。

⑧ 見劉克莊江西詩派小序，引載呂紫薇夏均父詩集序。紫薇乃呂本中之字。

⑨ 依靈雲「見桃悟道」參究而開悟的，有覺海法因，見五燈會元卷十八；何山守珣，見五燈會元卷十九；覺海法因云：「巖上桃華開，華從何處來？」何山守珣云：「莫道靈雲不疑，只今覓過疑處，了不可得。」均未道及「從緣悟達」。

⑩ 見釋道原景德傳燈錄卷十五，釋普濟五燈會元卷十三。全詩的解釋見拙著「禪學與唐宋詩學」第二三〇頁。

⑪ 見五燈會元卷九。潭州溈山靈祐禪師語錄。偈詩的解釋，請參閱拙著「禪學與唐宋詩學」第三三〇頁。

⑫ 見五燈會元卷十四。天衣指天衣懷義，屬曹洞宗之法系。洞山五位君臣，乃由洞山良价所開出，以君位表示正中偏——乃修行階段；臣位表示偏中正——乃求悟階段；君視臣代表正中來——悟道後的行道階段；臣向君代表兼中至——體用一如的階段；君臣道合代兼中到——功德圓滿，人與道合，證入寂靜涅槃。偈詩解釋，請參閱拙著「禪學與唐宋詩學」。

伍、禪宗的教育法與現代教育法之比較

前言

禪宗是佛教中的特殊宗派，以「教外別傳，不立文字，直指人心，見性成佛」爲宗旨，發展的結果，摒棄了佛教入道求悟的方法——「理入」和「行入」，所謂「理入」，是由因明入手，精研佛典，以明無上要道；所謂「行入」，是以修持的力量，守戒求定，以得菩提智慧。禪宗於達摩來華的初期，雖然未偏離這一方向，但已有了革變，到了五宗二派，更是各有「門庭設施」的不同，所以禪宗的「教育」方法——悟道方法，實在值得我們重視，與現代的教育方法相比較，應該有重大的發現和貢獻。

一、禪宗的教育宗旨在於悟道

禪宗的教育宗旨在於悟，悟是禪宗弟子惟一的目標，因爲悟則成聖，迷則滯凡，聖凡之別，全在此一悟字，以求明心見性，心性者何？即係「大全」，本體，至道之意，佛家則名爲佛性、自性、佛心、或質言之爲心性：

何期自性，本自清淨，何期自性，本不生滅；何期自性，本自具足；何期自性，本無動搖；何期自性，能生萬法。……（六祖壇經）

諸佛與一切衆生，唯是一心，更無別法，此心自無始以來，不曾生，不曾滅，不青不黃，無形無相，不屬有無，不計新舊，非大非小，超過一切限量名言蹤跡，當體便是，動念即乖，猶如虛空，無有邊際，不可測度，唯此一心是佛。（黃檗山斷際禪師傳法心要）

法身無窮，體無增減，能大能小，能方能圓，應物現形，如水中月，滔滔運用，不立根栽，不盡有爲，不住無爲，有爲是無爲家用，無爲是有爲家依。……（馬祖道一禪師語錄）

一物上拄天，下拄地，黑似漆，常在動用中，動用中收不得。（洞山悟本禪師語錄）

綜括以上四位禪宗祖師的話，可見這一「心」「性」——本體的特性：㈠無形無質，不生不滅。㈡非空非有，亦空亦有，能大能小，應物現形，爲萬物萬法之主。㈢無是無非，無善無惡，無嗔無喜。㈣作用不絕，攝兼動用，動用中收不得。㈤超過一切限量、名言、蹤跡，不可智知，不能理求。要證悟這至上妙道，其難可知。以現代各國的教育宗旨而論，無非是藉教育的力量，造就有效率的國民，或者德智體群均能均衡發展的健全人，但是比之於禪宗的教育宗旨——悟，未免小巫見大巫，其難易相差不可以道里計了。

二、禪宗的教育方法

禪宗的宗旨在悟，而其悟的方法是活法，無定法，綜其大要，不外下述數者：

㈠**注重天賦**：人人具有佛性，此佛家之通見共識，可是不是人人均可見性成佛，最基本的是人有器根利鈍的不同，所以才說：「香象非載，非蹇驢所堪。」「千鈞之弩，不爲溪鼠發機。」眞是「天才論」的最好註腳，全豁禪師說得最明白：

見過於師，僅堪傳授，見與師齊，減師半德。（景德傳燈錄卷十五）

所以上根利器，才是悟道的俊才，以現代的教育理論而言，有一派主張教育是萬能的，禪宗無異於否決了這種主張，又教育理論上的常態分配，只有上智的少數人，才有接受最高教育，而有成功的可能，正與禪宗的重天賦相符合。

㈡**漸、頓有別的求悟方法**：悟道之法，至神秀、慧能二大師，才有漸、頓之爭，神秀云：

身似菩提樹，心如明鏡臺。時時勤拂拭，莫遣有塵埃。（景德傳燈錄卷三）

事實上神秀大師的偈語，表現的是求道的境界，而不是主張漸修發悟，如洪覺範云：「秀公爲黃梅上首，頓宗直指，縱曰機器不逮，然亦飫聞飽參矣，豈甘自爲漸宗徒耶？」（見林間錄卷上）慧能大師云：

菩提本無樹，明鏡亦非臺。本來無一物，何假拂塵埃。（景德傳燈錄卷三）

偈語所顯示的是悟道的境界，而非主頓悟，因爲六祖亦主頓漸皆立，六祖云：「善知識，我此法門，從上已來，頓漸皆立，無念爲宗，無相爲體，無住爲本。」（見六祖壇經）所謂漸是漸修、小悟，所謂頓是俊才頓悟，古德所謂小悟數百回，頓悟數十回，可見頓悟雖懸「一了百了」爲目標，要到達這一境界，殊非易易，更非由小悟至大悟不可。教育上的「漸、頓」，是學與思的問題：孔子云「學而不思則罔，思而不學則殆。」已說明了二者的重要，學是思的材料，思是學的貫通，孟子的所謂「一旦豁然貫通焉。」即是學思無礙的思想領悟的結果，禪宗之悟與教育的領悟，結果甚有不同，錢默存云：

由學思所得之悟，與人生融貫一氣，可落言說，可見應用。而息思斷見之悟，則隔離現世人生，其所印證，亦祇如道書所謂視之不見，聽之不聞，搏之不得，佛書所謂不可說不可說而已。（談藝錄第三四二頁）

當然，這也是宗教、學問別異的所在。禪宗的頓悟，是入道手段，學問上的貫通，是思想上的領悟。

㈢**無定法的求悟**：佛教的悟，不外理入與行入，無論因明的運用，打坐持戒，禪宗視之，都是定法，也是死法，以之求悟，都有死水裏的浸殺的危險。所以禪宗主張活法，六祖云：「若悟自性，頓悟頓修，亦無漸次，所以不立一切法，諸法寂滅，有何次第？」兀庵普寧云：「我宗無語句，亦無一法與人，若有一法與人，亦成斷常之法，非正法也。」（兀庵和尚語錄）凡是誦經、打坐、持戒的一定法，禪宗在根本上都反對，惟保持心靈的不污染，如愚如魯，以待時節因緣，機境至時的頓悟，故而見桃悟道，聞雷聞蛙、聞喝道聲可以入道，甚至曬太陽，嗅廁所臭味，涉水見影，瓦片擊竹，均可開悟，係無定法之故。今日我們的教育，如果能使學者，存疑致難，如貓捕鼠，如雞伏卵，念茲在茲，亦必有豁然貫通之時也。

(四)行腳參訪的求悟：學貴師承，禪亦貴傳授，聖人無常師，禪宗最得此意，所以以轉益多師為貴，於是在修持至一程度之後，即離師參訪，行腳天下，廣謁老宿，參訪求道，如果針芥不投，就拂衣而去，認為因緣不在此；如果水乳交融，則終身不離，承紹衣鉢。在參訪之時，有的是問法，叩問疑難；有的是印可，驗正所見的邪正，細閱傳燈等燈史，禪祖師很少是守一師父之教，由一個老師處得悟的，今日各級學校教師之多，校際交換學生，頗有禪宗行腳參訪之意，可惜多向人求，不重己悟己得。

(五)反詰答問：學者疑則思問，禮記學記專論善問與善答問之法，禪人在參求至道之時，常多疑問，必待師友之切磋，如雛雞出殼時之碎啄相似，但是禪人的問答，不是直接的釋說，而是間接的開示導引，六祖云：

說一切法，莫離自性，忽有人問汝法，出語盡雙，皆取對法，來去相因，究竟二法盡除；更無去處。

若有人問汝義，問有將無對，問無將有對，問凡以聖對，問聖以凡對，二者相因，生中道義。

（六祖壇經）

這種問答法，似乎是答不在問處，牛頭不對馬嘴，可是在引發問者的思慮悟解，答仍在問處，只是多了一層曲折。又禪祖師答語之時，常以反詰之法，反問問話之人，窮其根源，語盡疑除，使其自然發悟，這種開示法，如果用之於教學，眞是大靈動了，最能引起學者的興趣。

結論

以上所舉，不過禪宗「教學」的大端，就禪宗與一般教育的差異而言，一在開悟，一在求學問，開悟難而求學易，頓悟無階梯可循，如蚊子上鐵牛，無下嘴處；求學則有一定的課程進度，有講習討論，可觀摩示範，自易按期求成。可是現代教育偏差，在離心求知識，多學寡靜思，禪宗以心傳心多重心法的施教，冀能補偏救弊，對現代教育或有增益。

（中華民國七十三年七月九日至十一日第四屆國際佛教教育研討會論文）

陸、壇經「心」「性」探義

提要

《六祖壇經》乃我國佛門最殊勝之書，尊之為經，可與佛陀說法媲美；究其實際，乃語錄之體，亦與天竺相類。《壇經》之內容，包括甚廣，僅就其與心性相關者，試加探論，蓋此乃六祖「人與道合」之後，有關「本體」領悟之宣示，在曹溪一枝，獨芳寰宇之後，其影響極為深遠。

本論文首段略敘六祖之生平、求法、開悟之經過，並介紹《六祖壇經》，惟於成書之版本考證，已有定論，故不涉及。次段歸納《壇經》所宣示之「心」「性」，加以歸納，以見六祖「心」「性」涵義之究竟，並證以燈史所語，以求其周密。第三段則由六祖所證悟之「心」、「性」，以探明頓漸之義，以平議頓漸之爭，以明禪人修持時之最佳求道途徑。第四段論六祖「心」「性」之影響，而以馬祖、石頭為重點，蓋五宗二派由此而開展，以明其領悟是否有異同？與宗派之異，是否有關涉？結論則究明「人與道合」之「心」「性」意義，與哲學家有何不同？六祖「心」「性」論殊勝的意義為何？

《六祖壇經》，乃我國佛教最殊勝、最特別之書，尊之爲經，意謂可以與佛陀說法媲美，非其他教派祖師所可比論；究其實際，亦乃語錄之體，爲門弟子所記，與天竺相類。《壇經》之內容，由行由、般若、疑問、定慧、坐禪、懺悔、機緣、頓漸、護法、付囑諸品所組成。一生之求道、悟道、說法、修行主張、以至滅時的附囑，均包涵無遺，僅就其述「心」論「性」及其相關者，試加探論，蓋此乃六祖人與道合之後，有關「本體」領悟之宣示。於其傳授法要之弟子，自有根本之影響，在曹溪一枝，獨芳宇宙之後，此一影響更廣大而深遠。

一、六祖之生平、求法及開悟

惠能大師，俗姓盧，名惠能，因其初生，有二異僧爲命此名，出家後即以爲法名，此於佛門，極爲罕見。父諱行瑫，母李氏，本籍范陽（河北涿縣），後左遷降職，流於嶺南（今廣東），故落籍新州（廣東新興縣），幼喪父，隨母移居南海（廣東南海縣），生長於艱辛貧乏的環境中，長大之後，竟倚賣柴爲生，可見未受過基本的教育，不能識字研讀佛典（見《六祖壇經》行由品）。而其領悟，係由胸中流出，非由知識思慮所得，而係超越知識思慮的天然智所致。此一背景，誠如王維的六祖惠能禪師碑銘所云：

> 名是虛假，不生族姓之家；法無中邊，不居華夏之地；善習表於兒戲，利根發於童心。（《全唐文》卷三百二十七）

惠能大師，不生於名門望族，而又遠居邊陲之地，加上「耕桑之侶」的出身，故而益具傳奇性。

惠能大師生於貞觀十二年二月八日子時，與佛誕生同日，誕生之時，著有祥瑞，法海記其事云：

時毫光騰空，異香滿室。黎明，有二異僧造謁，謂師之父曰：「夜來生兒，專爲安名，可上惠下能也。」父曰：「何名惠能？」僧曰：「惠者：以法惠施眾生；能者：能作佛事。」言畢而出，不知所之。夜遇神人灌以甘露。（見《六祖大師法寶壇經》略序、《全唐文》卷九百十五）

這些祥瑞，乃宗教家所謂懸記、預言之類的神奇傳說，根據法海所記，惠能大師應名惠能才是，法海爲六祖弟子，當無誤記之理。六祖之開悟，未假任何修持，《六祖壇經》云：

於市賣柴，時有一客買柴，使令送至客店，客收去。惠能得錢，卻出門外，見一客誦經，惠能一聞經語，心即開悟。遂問客誦何經？客曰：「金剛經！」復問：「從何所來？持此經典？」客云：「我從蘄州黃梅縣東禪寺來！其寺是五祖忍大師，在彼主化。門人一千有餘，我到彼中禮拜，聽受此經。大師常勸僧俗，但持《金剛經》，即自見性，直了成佛。」（《六祖壇經》．行由品，以下省稱《壇經》）

是六祖未經剃度出家，有僧師的傳授；亦未修持參訪，有實踐求道的功夫；更未經歷長期的追尋，如佛陀的備嚐艱辛；且未讀書識字，聞人誦持《金剛經》，即能悟入，此六祖開悟奇特之處，在佛禪史上，得未曾有，乃天生聖者。至於與禪宗有關者，弘忍大師時，已改變了以《楞伽》傳宗的事實，而用《金剛經》，殆更爲簡易之故；弘忍大師，禪宗已門庭大盛，勢力已流入嶺南，六祖方有此因緣。

至於開悟之年齡，則爲二十四歲，法海云：「既長，年二十有四，聞經悟道，往黃梅，求印可。」（同上）證以《壇經》所云：「自心常生智慧，不離自性。」可見已經開悟。而酬和神秀的法偈，所顯示的亦係悟道的境界：

菩提本無樹，明鏡亦非臺；本來無一物，何處惹塵埃。（同上）

所顯示的，已體悟到道體虛無，不懼污染，無從污染的境界，可是《壇經》又云：

三鼓入室，祖以袈裟遮圍，不令人見。爲說《金剛經》，至應無所住而生其心，惠能言下大悟。一切萬法，不離自性。（同上）

是其徹底開悟，在五祖弘忍爲說《金剛經》之時，似五祖非祇印可而已也。六祖開悟之年，據法海所記，爲二十四歲。五祖付以法衣，令嗣祖位，爲唐高宗龍朔元年（西元六六一），時惠能大師，尙無僧侶身分，未曾祝髮受戒，爲免衣鉢之爭，遭人迫害，故遵五祖之囑「逢懷則止，遇會則藏」（見《壇經》），懷謂懷集，屬廣西蒼梧，會即四會，屬廣東肇慶府，經十六年之久，方則出世說法，事實上惠能大師南歸乃由大庾嶺至曹溪，被惡人尋逐，乃至四會，未曾入廣西而止於懷集。王維六祖碑銘云：

禪師遂懷寶迷邦，銷聲異域，衆生爲淨土，雜居止於編人，世事是廣門，遇商農於勞侶，如此積十六年。（見《全唐文》卷三百二十七）

而《六祖壇經》則云十五載，可能係計算方法不同之故。出世轉法輪，方薙髮出家，地點在廣州法性寺，因印宗法師講《涅槃經》，時風吹旛動，一僧曰：「風動。」一僧曰：「旛動。」議論不已，六祖曰：「不是風動，不是旛動，仁者心動。」語驚四座，這一公案，也傳播叢林，印宗延之上座，詰問奧義，知是黃梅衣鉢弟子，得五祖付囑，遂爲祝髮，並以師事六祖，遂大開法門（見《六祖壇經》行由品）。

綜上所述，可見六祖乃禪門傳奇人物，所顯示之重大意義如下：㈠純然以自力悟道，無師資指授然後開悟。㈡六祖未曾讀書爲學，故其開悟非由思惟、學問而得。㈢未有修持參訪功夫，而能自悟自證。㈣五祖傳以衣鉢，立爲六祖，時惠能大師尙無僧伽身份，可見在法不在資格，五祖深具知人之明。㈤六祖求法印可之時，破柴踏碓，是具行亦禪，勞作亦禪之意，毋須特別凝壁觀心。㈥六祖隱於四會，避難獵人隊中，是不必居於伽藍精舍，嚴守戒律。禪宗由是深具生活世間化意義。㈦六祖退隱十六年始說法入世，非徒然避禍而已。乃悟道後之保任期間。

二、《壇經》所顯示之「心」「性」意義

《六祖壇經》，爲六祖弟子法海所記，謂之《壇經》者，其壇爲劉宋求那跋陀羅三藏創建，立碑謂後當有肉身菩薩於此受戒，梁天監元年，知藥三藏植菩提樹一株於壇畔，預誌後一百七十年有肉身菩薩於此樹下開演上乘法，度無量衆生，六祖得法後受戒於此，最初說法於此，故謂之《六祖壇經》。此書流傳至廣，有不同的版本。逮敦煌文物出土，胡適之博士得《神會語錄》等文卷，大張荷澤一宗，

謂《壇經》爲僞出，兼致疑於六祖，其言頗震動一時，但經羅香林氏、印順法師等人之考證，已得眞實。構成《壇經》之主要部分，則諸本大體相同，惟附錄部分，則有別異，因集錄之先後不同，記錄之人復有異之故（詳見印順《中國禪宗史》第六章）。茲根據丁福保之《六祖壇經》箋註，探求其「心」「性」之意義，蓋此書所記，乃六祖悟道後有關「本體」領悟之宣示，乃六祖以後禪人求道的根本依據。

㈠**六祖悟道，乃人與道合之顯示**：禪人求悟道，即求人與道合，此自佛陀以來，無不以此爲最高目的。自哲學家而言，乃認知此本體；以佛禪大師而論，則證悟而冥合此本體，人道不離。其最大之不同，哲學家乃以思維推論得之，故多模糊影響之論；而宗教家則由心靈上超思維的直接領悟而得，故言之最爲眞實明澈。六祖不具世俗學問知識的出身，更足以證明此一特性，他於聞人唸《金剛經》時開悟，故見五祖時云：

弟子自心常生智慧，不離自性，即是福田，未審和尚教作何務？（見《壇經》行由品）

五祖接見惠能，令隨衆作務，六祖乃作此回答。時六祖已開悟，能不離自性，而心常生智慧，即已人與道合的境界，所謂「未審和尚教作何務？」實具意義，謂無工夫可做。六祖聞人誦《金剛經》而開悟，乃當下的直接領悟，非思惟可得，如五祖所云：

思量即不中用，見性之人，言下須見。（同上）

因爲禪祖師所領悟之道，即係「本體」，其大無外，其小無內，自然係泯絕「對待」、「差別」，故無主賓之別及思惟擬議之可能。

(二)《壇經》所顯露的「心」「性」意義：

《壇經》係記錄六祖說法時的語錄，於不可思惟擬議的本體，常有「眞心直說」之處，蓋不如此，則無以教人度人，使知根本。六祖於五祖爲說《金剛經》而大悟時，對自性有極明白的詮說：

惠能言下大悟，一切萬法，不離自性。遂啓祖言：「何期自性，本自清淨；何期自性，本不生滅；何期自性，本自具足；何期自性，本無動搖；何期自性；能生萬法。」(同上)

「一切萬法，不離自性，」是自性有「主宰」、「本體」的意義，五祖更云：「自古佛佛，惟傳本體」(同上)，可見「自性」實有本體之意。「何期自性，本自清淨」，雖然清淨、煩惱，是相對立的，「自性」包涵了「淨」、「穢」、「清淨」、「煩惱」在內，但悟道之時，所達的境界，是清淨而不是煩惱，自然也無懼污染，更不能污染，所以六祖偈云：「本來無一物，何處惹塵埃。」「何期自性，本不生滅」，說明了「自性」的恆常性和不變易性，所以又說：「何期自性，本無動搖」。「何期自性，本自具足」，乃就自性的本自具足而言，「一即一切，一切即一」，就衆生而言，亦本無欠少。「何期自性，能生萬法」，指出「自性」是萬法的根本，「能爲萬主，不逐四時凋」。所以就哲學的意義而論，「自性」即形而上的「本體之道」，是超越萬有之上的存在，無任何形相、形跡可尋，六祖云：

猶如虛空，無有邊畔，亦無方圓大小，亦非青黃赤白，亦無上下長短，亦無瞋無喜，無是無非，無善無惡，無頭尾。……(同上)

足以說明「本性」是形而上的，不落入任何形而下的具體存在，實哲學家所謂的形而上的「本體之道」，故圭峰宗密的《禪源諸詮》云：「亦是萬法之源，故名法性。」自佛教的宗教觀而論，自性即是佛或佛性，《壇經》云：「本性是佛，離性無別佛。」佛即是覺者，能直接證悟此本性，不能離此自性而有佛，故圭峰宗密云：『亦是諸佛萬德之源，故名「佛性」。』衆生人人具此佛性，才有悟道的可能，六祖云：

善知識！一切般若智，皆從此自性而生，不從外入，莫錯用意，名爲眞性自用。一眞一切眞。（同上）

衆生人人皆有佛性，即指具有此自性，依此自性而生的「眞性自用」，才能得一切般若智，故圭峰宗密云：『亦是衆生迷悟之源，故名如來藏藏識。』六祖對此有更詳細的垂示：

向者三身佛，在自性中，世人總有。爲自心迷，不見內性，外覓三身如來，不見自身中有三身佛。汝等聽說，仿汝等於自身中見自性有三身佛，從自性，不從外得。……（《壇經》懺悔品第六）

三身佛指清淨法身佛、圓滿報身佛、自性化身佛，六祖謂人之一體中，有此三身自性佛，「皆從自性生」，不從外求得。六祖就自性與衆生的關係，闡明清淨法身佛云：

何者清淨法身佛？世人性本清淨，萬法從自性生。思量一切惡事，即生惡行，思量一切善事，即生善行。如是諸法在自性中，如天常清，日月常明，爲浮雲蓋覆，上明下暗，忽遇風吹雲散，上下俱明，萬象皆現，世人性常浮游，如彼天雲，善知識，智如日，慧如月，智慧常明，於外著境，被妄念浮雲蓋覆自性，不得明朗，若遇善知識，聞眞正法，自除迷妄，內外明徹，於自性中萬法皆現，見性之人，亦復如是，此名清淨法身。（同上）

六祖於清淨法身與自性關係，闡述極明白，㈠衆生性本清淨，故人人具有悟證成佛的能力，故此身即是清淨法身佛。㈡萬法從自性所生，衆生由思起行，有善有惡，仍爲自性所涵攝，如常清之天，常明之月，爲浮雲所蓋覆，散除此浮雲，則內外明澈。㈢衆生悟道，雖貴有善知識的指引，得聞正法，但貴在「自除迷妄」，方能於自性中萬法皆見。以上是六祖所言自性的大要，㈠自性即是本體，爲萬法萬物之主，是形而上的存在，是永恆的、不變異的、不動搖的、而又包涵萬有、無有任何形相、質量、大小、色彩可尋。㈡自性能生萬法，是萬法之本源，所謂「心生則種種法生，心滅則種種法滅，故知一切諸法皆由心造。」（見《傳法心要》）萬有的現象界固由自性所主所成，對萬有的認識，亦以所主所成的自性爲本源。㈢自性既是萬法之本源，也是諸佛的本源，故名爲佛性，「本性是佛，離性無佛。」㈣自性本自清淨，人人具有，故而有開悟成佛，明心見性之可能。㈤自性是衆生迷悟的根本，迷時如浮雲蓋蔽天日，迷是現象；悟時如雲散天日自現，是自性的本來。㈥依據此一自性的體認，而得出求道悟道的法則，「惟論見性不論禪定解脫。」「思量即不中用」，故而反對以思惟擬議，坐禪等爲悟道的方法。這是《壇經》所顯示的「自性」要義。

《壇經》於「心」，在意義上與「自性」的意義無別，如五祖所云：「無上菩提，須得言下識自本心，見自本性。」「心」、「性」同義，如《傳法心要》所云：「大道本來平等，所以深信念生同一眞性，心性不異，即性即心，心不異性，名之爲祖。」六祖云：

善知識！不悟，即佛是眾生，一念悟時，眾生是佛。故知萬法盡在自心，何不從自心中，頓見眞如本性。《菩薩戒經》云：「我本元自性清淨。」若識自心見性，皆成佛道。《淨名經》云：「即時豁然，還得本心。」（見《壇經》般若品）

所謂的「自心見性」，「還得本心」，「心」「性」之義相同，即「自性」之意。自性亦簡省爲性，自心亦簡省爲心；當然亦有將性、心作當時世俗的用法，以與本文探詩自性的「心」、「性」意義無關，故不論及。

三、由《壇經》「心」「性」之義，以明「頓」「漸」之別

由六祖的開悟過程，其悟道顯然是無漸積的功夫，也不是經由小悟數百回，大悟數十回而得的歷程，顯示了頓悟成佛的事實。可是後人因神秀大師的法偈：

身是菩提樹，心如明鏡臺；時時勤拂拭，勿使惹塵埃。（見《壇經》行由品）

而認爲神秀的「時時勤拂拭」，是主張漸修漸悟的。因而有「南頓」「北漸」的看法，牽涉到南北二宗的宗派之爭。可是應由《壇經》「心」「性」的基本觀點加以論斷，方能見其本眞，不會作調和之論，世俗常識性的論說。

頓悟的主張，事實上五祖即有此傾向，「即自見性，直了成佛。」又曰：「見性之人，言下須見。」雖未明言頓悟，然實隱有此意，至六祖依其悟道之過程，提出頓悟的主張，實順理成章，極爲自然，六祖云：

一念愚即般若絕，一念智即般若生。……前念迷即凡夫，後念悟即佛；前念著境即煩惱，後念離境即菩提。（見《壇經》般若品）

正是頓悟主張的說明，一念之間，有凡聖的不同，衆生與佛的差別，非頓悟而何？相形之下，修行用功，是漸修了，六祖又云：

爲一切衆生自心迷悟不同，迷心外見，修行覓佛，未悟自性，即是小根。若開悟頓教，不執外修，但於自心常起正見，煩惱塵勞，常不能染，即是見性。（同上）

是把修行覓佛，貶爲小根，修行當然是積漸之功，依理而言，頓悟亦必須基於漸修才是，然而依《壇經》對「自性」的界定而論，這一包涵萬有，無有任何形相、質量、大小、色彩可尋的至道，誠如「蚊子上鐵牛，無下嘴處」，漸修有用嗎？故唐釋慧海云：

頓悟者，不離此生，即得解脫，何以知之，譬如師子兒，初生之時，即其師子，修頓悟者，亦復如是，即修之時，即入佛位，如竹春生筍，不離於春，即與母齊。

在修行的看法上，正好能作六祖所說的補充。雖然以後的調和論者，有「頓悟資於漸修」的主張，但漸修只能是頓悟的方法之一，而且是無可奈何的方法而已，所以才說「惟論見性，不論禪定解脫。」

修行的主要方法是坐禪求靜求定，以期開悟，這種有爲法，自六祖的「自性」觀念視之，實無關重要。在思想上積思想探索之功，由小悟到大悟，由大悟到頓悟，也是漸修的法門，可是《壇經》云：「思量即不中用。」又六祖告明上座云：「不思善，不思惡。」因爲思善思惡是世俗法，便落於世俗的境界，六祖主張無念，以無念之念，不思之思，泯絕思惟對待，以爲入道之門，六祖告法達偈云：

無念念即正，有念念成邪；有無俱不計，長御白牛車。（見《壇經》機緣品）

這種無念之念，自然不在思惟推理上用功，「不思善，不思惡」當然也不許有惡念在心，惡行在身。故六祖云：

善知識！歸依自性，是歸依眞佛，自歸依者。除卻自性中不善心、嫉妒心、諂曲心、吾我心、誑妄心、輕人心、慢他心、邪見心、貢高心、及一切時中不善之行，常見之過，不說他人好惡，是自歸心。（見《壇經》懺悔品）

所以反對分別心，而從無不善心做起，實無可奈何的方法。故六祖的頓悟，根本上與漸修相反，甚至不相容，與其「自性」的理論，完全符合，可謂「體用一如，顯微無間」。

四、結　論

六祖在禪門是關鍵性之偉人，《六祖壇經》是重要的經典，對禪門的影響極爲重大，由青原行思、石頭希遷而開出曹洞、雲門、法眼三宗；由南嶽懷讓、馬祖道一而開出臨濟、潙仰二宗。青原行思，石頭希遷之禪學，至會昌以後，由於上述三宗的建立，方漸揚顯，二人本爲同學，石頭希遷後承六祖命，從青原行思而繼承之，他有《參同契》之作，他的體境迴互、明暗交參，實即六祖「一即一切，一切即一」的發揮！

竺立大仙心，東西密相付。……靈源明皎潔，枝派暗流注，執事元是迷，契理亦非悟，門門一切境，迴互不迴互，迴而更相涉，不爾依位住。……當明中有暗，勿以暗相遇，當暗中有明，勿以明相睹。明暗各相對，比如前後步。……（見《景德傳燈錄》卷三十）

自性即所謂的「靈源」，「自性清淨」，故云：「靈源明皎潔。」「枝派暗流注」萬有的世界，無不係「自性」作用的原故，即六祖「自性能生萬法」之意。「執事元是迷，契理亦非悟」，謂不能由事求悟，不能由理入道，此「自性」超越萬有之故，暗合六祖之主張。

南嶽懷讓與馬祖道一，亦稱為洪州宗，圭峰宗密云：

洪州宗者，先即六祖門下傍出，謂有禪師姓馬名道一，先是劍南金和尚弟子（金之宗源即智詵，亦北非南。）高節至道，遊方頭陀，隨處坐禪，乃至南嶽，遇讓禪師，論量宗教，理不及讓，方知傳衣付法，曹溪爲嫡。乃迴心遵稟，便住處州、洪州，或山或郭，廣開供養，接引道流，後於洪州開元寺弘傳讓之言旨，故時人號爲洪州宗也。讓即曹溪門下傍出之派徒（曹溪此類，數可千餘），是荷澤之同學，但自率身修行，本不開法，因馬和尚大揚其教，故成一宗之源。（見《禪門師資承襲圖》）

宗密出於荷澤神會一系，故於南嶽懷讓、馬祖道一，暗加貶抑，稱之爲「傍出」，又謂「曹溪此類，數可千餘」，有無足輕重之意。然六祖、懷讓僅有類似「印可」之公案，至馬祖道一倡「平常心是道」，「即心即佛」，實深六祖之影響，馬祖云：

夫求法者，應無所求，心外無別佛，佛外無別心。不取善，不取惡，淨穢兩邊俱不依怙，達罪性空，念念不可得，無自性故。（見《江西馬祖道一禪師語錄》）

這是馬祖「即心成佛」的理念，實與六祖「本性是佛，離性無別佛」的主張，並無別異，不過以「心」代「性」字而已，「平常心是道」，更是泯絕「對待」「差別」之意，與六祖「不思善，不思惡」，語別而意同。馬祖高弟百丈懷海，懷海有黃檗希運，希運有臨濟義玄，以後禪宗，幾全係「臨濟兒孫」，故黃檗的「心」「性」體認，實居重要地位，黃檗云：

諸佛與一切眾生，唯是一心，更無別法。此心自無始以來，不曾生，不曾滅，不青不黃，無形無相，不屬有無，不計新舊，非大非小，超過一切限量名言蹤跡，當體便是，動念便乖，猶如虛空，無有邊際，不可測度，唯此一心即是佛。（見《傳法心要》）

這與六祖論「自性」的性質，大體相同，意境上毫無乖隔，只是更具體，更深入，更明確而已，除了自悟之外，當亦受《壇經》的影響。

六祖以後，禪宗有五宗二派的開出。各有建樹，只是方法上的殊異——「門庭設施，各自不同」，可是開悟的禪人，常說「佛法無多子」，指的是「自性」的意境而言，與《壇經》所示「心」「性」的意義，並無乖違，意境容或有高下之分，但法乳義脈，決無迥異之處。至於「方法」的不同，佛果圜悟云：

逮曹溪大鑒，詳示說通宗通，歷涉既久，具正眼大解脫宗匠，變格通塗，使久滯名相，不墮理性言說，放出活卓卓地，脫灑自由妙機，遂見行棒行喝，以言遣言，以機奪機，以毒攻毒，以用破用，所以流傳七百餘年，枝分派列，各擅家風，浩浩轟轟，莫知紀極，鞠其歸著，無出直指人心，心地既明，無絲毫隔礙，去勝負彼我是非知見解，透到大休大歇安穩之場，豈有二致哉。

可見所變者在方法，其所以有變格，亦正由曹溪大鑒（六祖之謚號）的「說通宗通」，有了使人墮入理性言說的傾向，故而有用棒用喝等方法的出現，應是《壇經》的反面影響。但於「自性」的意境上，卻無乖背。

近代研究哲學的學者，可能受西方哲學的影響，以「本體論」，析論講說我國各家之學，然頗有誤解者，馮友蘭認爲禪宗無形上學：

禪宗所注重，大端在修行方法。……禪宗雖無形上學，而其所說修行方法，實皆有形上學之根據，蓋其所說之修行方法，爲如何使人與宇宙合一之方法，必其心目中有如此之宇宙，然後方講如此之方法也。（見《中國哲學史》第二篇第九章）

馮氏所云，實是對禪宗最大的誤解，而且無知地顚倒了因果是非。㈠禪宗開悟的大宗匠，均有形而上學，六祖的「心」「性」，即是其形上學的本體論，而且體用一元，精妙無誤。㈡馮氏殆不明「心」「性」的眞正意境，故而誤認爲無形上學。㈢禪人悟證之後，心目方有如此之宇宙，非心目先有如此之宇宙。尤有進者，禪人的形上學，乃人與道合之後而形成，故明白而確定，前人所悟，後人所證，意境內涵，均不相違；而哲學家乃由思考、認識而得，古語多含糊，不能得其眞實。各家的思考、認識的結果，致多有不同，故於本體的主張各別，前聖後聖，無相同者。如張載以「誠」爲本體，程子以「仁」爲本體，朱子以「理」「氣」爲本體，王陽明以「良知」爲本體，孰爲眞？孰爲妄？往往此「是非」彼「是非」難於判定，較之禪人，似相去一籌矣！

（民國七十九年一月十日於佛光山世界禪學會議宣讀，發表於此次會議「實錄」中）

柒、臨濟棒喝與楊岐、黃龍之禪學

一、前　言

禪宗五宗之中，以臨濟獨大。開派宗師爲臨濟義玄，因其說法於河北鎭州之臨濟院，所以世稱臨濟宗。考其法系，出於南岳懷讓和馬祖道一，而嗣法於黃檗希運，因其得黃檗之指點而開悟，其實其開悟機緣，係大愚禪師。義玄籍山東曹州，少年出家，即隨黃檗。黃檗會下一首座，知係青年「法器」，敦勉向黃檗問法，乃問：「如何是祖師西來的的意？」黃檗便打，三問而三遭打。失望而「諸方行腳」，黃檗遂往參大愚禪師。參訪時稟告三問三遭打之經過，並請問大愚：「不知過在什麼處？」大愚指點云：「黃檗老婆心切，爲汝得徹困，猶覓過在？」意謂黃檗之打臨濟，不是世俗之懲頑愚而施夏楚，乃是太過慈悲（老婆心切）藉打而除其情識癡妄，使其陡然徹悟，有何過失可覓？臨濟遂大悟道：「元來黃檗佛法無多子！」大愚下座搊住問道：「適來又道不會，如今卻道黃檗佛法無多子！你見個什麼道理？速道速道！」臨濟並未答話，便向大愚脅下築打三拳，以表示其不可言說之悟境。大愚托開云：「汝師黃檗，非干我事。」（見景德傳燈錄卷十二）這是臨濟悟道之過程，頗爲奇特，顯示出不由「理入」，「行入」之特性，以後臨濟宗之禪風，與此大有關係。臨濟卒於唐懿宗咸通八年，會昌法難，正係其開法傳禪之時。禪宗除臨濟外，多弘法於南方，殆以臨濟係北人之故。傳至兩宋，分出楊岐、黃龍兩派，現今叢林多是「臨濟兒孫」，日韓亦不例外。

二、臨濟之無位真人

臨濟倡唱無位眞人，揆其實義，乃馬祖道一「平常心是道」之形像化，臨濟上堂云：

赤肉團上有一位無位眞人，常從汝等諸人面門前出入，未證據者看看。時有僧出問，如何是無位眞人。師下禪床把住云：道！道！其僧擬議，師托開云：無位眞人，是什麼乾屎橛。（臨濟慧照禪師語錄）

臨濟於無位眞人，當時未下名言詮釋，蓋恐落於情識意想，言語窠臼之中，然事過境遷，仍有釋說，臨濟云：

若是眞正道人，終不如是，但能隨緣消舊業，任運著衣裳，要行即行，要坐即坐，無一念心，希求佛果，緣何如此，古人云：若欲作業求佛，是生死大兆。大德，時光可惜，祇擬傍家波波地學禪學道，認名認句，求佛求祖，求善知識意度：莫錯，道流，爾祇有一個父母，更求何物？爾自返照看？（同上）

求道之禪人，若思凡思聖，求佛求祖，學禪學道，則起分別心，落於階級果位，無位眞人之意，正在反此分別心，撥除此階級果位觀念，所謂「聖諦亦不爲，落何階級」？此之謂無位眞人，或眞正道人。其要訣在「隨緣消舊業，任運著衣裳，要行即行，要坐即坐，無一念心」。蓋求無念、無心合道。臨濟所云與馬祖「不知聖心本無地位因果階級」之意相合。無地位因果階級，正足以釋明無位之意，「眞人」正是「聖心」一詞之形像化，臨濟又云：

道流，佛法無用功處，祇是平常無事，屙屎送尿，著衣喫飯，困來即臥，愚人笑我，智乃知焉。古人云，向外作工夫，總是癡頑漢，爾且隨處作主，立處皆眞，境來回換不得，縱有從來習氣，五無間業，自爲解脫大海。……

山僧見處，無佛無眾生，無古無今，得便者得，不歷時節，無修無證，無得無失，一切時中，更無別法。………（同上）

此不異述其冥達無位眞人之法。夫「隨處作主，立處皆眞，境來回換不得」，不作意，而又不離本位，不爲外境換奪，與馬祖所言：「何謂平常心，無造作，無是非，無取捨，無斷常，無凡聖」言異而恉同，故亦同主「無修無證」，蓋有修有證，即係有爲法，落於「造作」、「是非」、「取捨」、「斷常」、「凡聖」之中也。「無修無證」亦係以不修爲修，而達「無形無相，無根無本無住處，活潑潑地，應是萬種設施，用處祇是無處」之境。臨濟復云：「若人修道道不行，萬般邪境競頭生。智劍出來無一物，明頭未顯暗頭明。所以古人云，平常心是道」。其無位眞人之恉，可以概見矣。

基於以上之意境，臨濟勇於除滅名相理念，經論偶像，以其障「道眼」也：

學人不了，爲執名句，被他凡聖名礙，所以障其道眼，不得分明，祇如十二分教，皆是表顯之說，學者不會，便向表顯名句上生解，皆是依倚落在因果，未免三界生死。（同上）

十二分教既係表顯之說，執之則障道眼，故泯除之，方無縛無事：

乃至三乘十二分教，皆是拭不淨故紙，佛是幻化身，祖是老比丘，爾還是娘生已否？爾若求佛，即被佛魔攝，爾若求祖，即被祖魔攝，爾若有求皆苦，不如無事。（同上）

視三乘十二分教爲拭不淨故紙，則無文字理念障矣，視佛爲幻化身，祖爲老比丘，則無偶像之障，進而去此求佛求祖之「魔攝」，其用無他，在求無事。去縛去障之極，在掃除一切造作意念名相：

爾欲得如法見解，但莫受人惑，向裏向外，逢著便殺，逢佛殺佛，逢祖殺祖，逢羅漢殺羅漢，逢父母殺父母，逢親眷殺親眷，始得解脫，不與物拘，透脫自在。（同上）

佛祖已死，非殺其人，乃掃除此名相。佛、祖、羅漢乃聖諦觀念，父母親眷乃世諦觀念，去聖去俗，方不陷於名相拘滯，而得透脫自在。苟不了此意，則臨濟之語，非狂即瘋。尤有進者，禪宗此時已漸與教合，將喪失其精神；又宗門語錄之刻流，達百餘種，禪亦行將「教」化，故矯激而欲挽救之，細察臨濟語錄，不引經論，不引祖語，可以見其意矣。臨濟「居於講肆，精究毗尼，博頤經論」。非不知此解此也。

臨濟之禪學，綜而論之，不外以上所述，可謂「臨濟佛法無多子」矣。惟其如此，故接引禪人之方法特多，蓋其掃除佛祖經論言句，名相理念，是不主「理入」矣；而又主張「無修無證」，亦不主

「行入」矣，乃於一般佛禪「理入」「行入」之外，自抒心機，獨出方法，式樣翻新，層出不窮，有四料簡、三句、三玄三要、四喝、四賓主、四照用、八棒，後更有三哭、三笑、七事隨身、四事隨身、四大勢、八大勢、三訣、六病藥、十三種句……皆屬此宗之教授方法，其中三玄三要，古今諍論甚多，難規定說，三句及四料簡，以屬詩語，將於後章釋說，特就四喝八棒試加探論，以見其接引方法之一斑。

三、臨濟棒喝的意義

棒喝是臨濟宗接引學人的常用手段，不但用喝用棒，有時棒喝齊施。此固然與臨濟問話三問而三遭打有關。乃復以無言之教，顯示其否定情識臆想，使人陡然悟入也。考禪宗用喝，始於馬祖，使百丈懷海三日耳聾，至臨濟而盛，用棒始於六祖，盛於德山，至臨濟而棒喝交用，其自述用四喝云：

臨濟一日問僧：我有時一喝如金剛王寶劍；有時一喝如踞地獅子；有時一喝如探竿影草；有時一喝不作一喝用。汝作麼生會，僧擬議，濟便喝。（同上）

禪人落於理路言詮，自縛自纏，情見不忘，便與一喝，此一喝如金剛王之鋭鋒利劍，凡物迎刃而斷，割除情見縛纏，臻於言語道斷之境。三山來釋之云：

金剛寶劍者，言其快利難當，若遇學人纏腳縛手，葛籐延蔓，情見不忘，便與當頭截斷，不容粘搭，若稍涉思惟，未免喪身失命也。（五家宗旨纂要）

其言頗是。禪人參求，沉空滯寂，有體無用，或有用無體，乃予一喝，如踞地獅子，爪牙突出，不容邪偏，三山來云：

踞地獅子者，不居窟穴，不立窠臼，威雄蹲踞，毫無依倚，一聲哮吼，群獸腦裂，無你挨拶處，無你迴避處，稍犯當頭，便落牙爪，如香象奔波，無有當者。（同上）

僅言其一吼之威，及無可迴避之處，未言及此一喝用意所在也。夫禪人參悟有得，行腳叢林，不但求宗師之印可，亦有以辨正當代禪人之偏正，賓主相見，機鋒相拄，高下以分，清濁以明，臨濟即用此一喝，以勘驗學人之深淺，知醜知好。三山來云：

探竿影草者，就一喝之中，具有二用，探則（測）勘驗學人見地如何，如以竿探水之深淺，故曰探竿在手，即此一喝，不容窺測，無可摹擬，不待別行一路，已自隱迹迷跡，欺瞞做賊，故曰影草隨身。

臨濟之意，當不外此。至於一喝不作一喝用，則未立名言，難知意指，殆此一喝除以上三種情境外，不主故常，有義無義，隨機施爲，或意不在喝中，三山來云：

一喝不作一喝用者，千變萬化，無有端倪，喚作金剛寶劍亦得，換作踞地獅子亦得，喚作探竿影草亦得。如神龍出沒，舒卷異常，迎之不見其首，隨之不見其尾，佛祖難窺，鬼神莫顚意雖在一喝之中，而實出一喝之外，此四喝之中，最玄最妙者。（同上）

其解說太過玄微，然亦可備一解，惟臨濟用喝，語錄中所記不詳，無法就此四喝以求徵知，殊爲可惜。至於八棒，臨濟未有釋明，殆後人歸納所得也。八棒之中，有罰棒，有賞棒，有瞎棒，有正棒等類，罰棒在以警學人之過失，賞棒在嘉勉學人之見知，如：

師聞第二代德山垂示云：道得也三十棒，道不得也三十棒。師令樂普去問：道得爲什麼也三十棒？待伊打汝，接住棒，送一送，看他作麼生。普到彼如教而問，德山便打，普接住送一送，德山便歸方丈。……（鎭州臨濟慧照禪師語錄）

道不得也三十棒，此乃罰棒，禪人癡愚，不能因風觀浪，乃棒打之。道得也三十棒，此乃賞棒，蓋向上一路，只可直覺領受，不可智知言傳，用棒者，懲其智知言傳，而又寓有獎勉之意，賞其能道中此事也，巴壺天先生云：一棒兼賞罰二意者，譬如主人宴客，誡侍婢不得著語，客賓談樹木何者葉子大，有云梧桐葉大者，有云椰樹葉大者，侍婢云：芭蕉葉大，主人責之，責其違命插嘴，有賞獎之意者，喜其道著也。足以釋賞棒之義矣。瞎棒者乃宗師亂打，有目如盲之謂，正棒者謂掃除凡聖擬議，直落根源，八棒之名稱及作用，三山來釋之如下：

如宗師置下一令，學人不知迴避，觸犯當頭，支離玄旨，宗師便打，此是罰棒。（五家宗旨纂要卷上）

禪人參禪，於向上一路，切忌道著，如龍牙參臨濟，問如何是祖師西來意，師云：與我過禪板來，師接得便打。牙云：打則任打，要且無西來意。臨濟打龍牙，以所問爲向上路，不可言說，故棒打，此爲罰棒，以其「觸犯當頭」也，龍牙亦知此意，故云「打則任打」，復知臨濟此一棒無西來意之提示，故云「要且無西來意」也，已知用棒之落處。又師問一尼，善來惡來？尼已知臨濟此問，乃辨其凡聖、是非之禪境，故便喝，以示不能言說，泯除凡聖是非對待之意，臨濟已肯之，師復拈棒云：更道！更道！尼又喝，師便打。臨濟之更道更道，乃欲其於不落凡聖是非之禪境外，再作表顯，此尼仍以一喝爲酬，不但不領此旨，且落前一喝之窠臼，「支離玄旨」，故臨濟打之，此乃罰棒。此類棒名爲觸令支玄棒。第二棒爲接機從正棒，三山來云：

如宗師應接學人，順其來機，當打而打，謂之從正，此不在賞罰之類。（同上）

三山來之言，頗嫌含混，如師問樂普云：「從上來一人行棒，一人行喝，阿那箇親？」普云：「總不親！」師云：「親處作麼生？」普便喝，師乃打。臨濟以行棒行喝，何者能使人明見心性，樂普認此二者與明心見性無干，故云總不親，臨濟許之，問以證悟時如何，故云：「親處作麼生？」樂普以此意境能直知而不可言說，故出以一喝。樂普未「觸犯當頭」，亦未「支離玄旨」，而以棒打之，乃印可之意，殆接機從正之例矣。第三類爲靠玄傷正棒，三山來云：

如學人來見宗師，專務奇特造作，倚靠玄妙，反傷正理，宗師直下便打，不肯放過，此亦是罰棒。（同上）

參禪者如耽於聖境，一切以奇特會，玄之又玄，有「玄殺」之虞，故出此棒，如師見僧來，便豎起拂子，僧禮拜，師便打。臨濟豎拂，以代表此「大全」自性，僧會其意而禮拜，本無違失，臨濟恐其以奇特會，落入「玄窟」之中，故除其奇特造作，乃以棒打之。應屬正棒。第四類棒爲印順宗旨棒，三山來云：

如學人相見，宗師拈示師旨，彼能領會，答得相應，宗師便打，此是印證來機，名爲賞棒。（同上）

宗門中人，既是一家人，便知一家事，煙山知火，牆角是牛，如：

有座主來相看次，師問座主講何經論？主云：某甲荒虛，粗習百法論。師云：有一人於三乘十二分教明得，有一人於三乘十二分教明不得，是同是別？主云：明得即同，明不得即別！樂普爲侍者，在師後云：座主，這裏是什麼所在，說同說別，師回首問侍者，汝又作麼生？侍者便喝，師送座主回來，遂問侍者，適來是汝喝老僧？侍者云：是。師便打。（鎭州臨濟慧照禪師語錄）

在自性妙體之中，不能有分別同異，故侍者樂普爲座主下轉語，臨濟可之，欲侍者著語，故問云：汝又作麼生？樂普以其不可言說，故出以一喝，臨濟之用棒打，乃係「印證來機」，可而許之，此之謂賞棒。第五類爲取驗虛實棒，三山來云：

如學人纔到，宗師便打，或進有言句，宗師亦打，此是辨驗學人虛實，看他有見無見。亦不在賞罰之類。（五家宗旨纂要卷上）

此類棒用之最多，正同探竿影草之喝，不足多述。第六類爲盲枷瞎棒，三山來云：

如宗師接學人，不辨學人來機，一味亂打，眼亂無珠，謂之盲瞎，此師家之過，不干學人事。

（同上）

此類棒當非臨濟所用，故亦不論。第七類棒爲苦責愚癡棒，三山來云：

學人於此事不曾分曉，其資質見地十分癡愚，不堪策進，宗師勉強打他，是謂苦責愚癡，亦不在賞罰之類。（同上）

此類棒實同朴作教刑之義，以警癡愚懶劣，不足深論。第八類棒爲掃除凡聖棒，三山來云：

如宗師家接待往來，不落廉纖，不容擬議，將彼凡情聖解，一竝掃除，道得也打，道不得也打，道得道不得也打，直令學人斷卻命根，不存枝葉，乃上上提持，八棒中之用，最得妙者，此則名爲正棒。（同上）

此類掃除凡聖棒，即臨濟逢佛殺佛，逢祖殺祖，逢父母殺父母，逢眷屬殺眷屬之意，如：

麻谷到參，敷坐具問：十二面觀音，阿那面正？師下繩床，一手收坐具，一手搊麻谷云：十二面觀音向什麼處去也？麻谷轉位擬坐繩床，師拈拄杖打，麻谷接卻，相捉入方丈。（鎭州臨濟慧照禪師語錄）

麻谷問十二面觀音，阿那面正，蓋欲以聖位居臨濟，以便參拜，一手抬，一手搦，褒中有貶抑，臨濟收卻坐具，不以聖位自居，反問十二面觀音何在，問麻谷之聖境何在也，麻谷欲轉身坐繩床，乃賓主交換，臨濟不許，故用棒，麻谷知臨濟之意，亦不受棒，此泯除凡聖、賓主、是非分別之棒例也。明此四喝八棒，則臨濟其他接引手段，可類推而明。用棒用喝，且可爲臨濟之代表，佛果圜悟云：

是故從上來行棒行喝，一機一境，一言一句，意在鈎頭，只貴獨脫，切忌依草附木，所謂驅耕夫之牛，奪饑人之食，若不如是，盡是鬧泥團漢。（佛果圜悟禪師心要卷上——示裕書記）

臨濟不由理入，不由行入，用棒用喝，情非得已，佛果圜悟又云：

逮曹溪大鑒，詳示說通宗通，歷涉既久，具正眼大解脫宗匠，變格通塗，使久滯名相，不墮理性言說，放出活卓卓地，脫灑自由妙機，遂見行棒行喝，以言遣言，以機奪機，以毒攻毒，以用破用，所以流傳七百餘年，枝分派列，各擅家風，浩浩轟轟，莫知紀極，鞠其歸著，無出直指人心，心地既明，無絲毫隔礙，去勝負彼我是非知見解，透到大休大歇安穩之場，豈有二致哉。………（同上・示隆知藏）

臨濟之行棒行喝，權巧百出，一言以蔽之，求達無位眞人之境，合乎平常心是道之恉而已。

四、兩宋禪學與臨濟禪之轉變

由唐入宋，經五代兵革，考禪宗之發展，似未大受此五十年戰亂之影響，而法眼宗反興創於此時期，可以窺知矣。入宋之際，潙仰傳承幾絕，四宗之中，獨臨濟最盛，楊岐方會與黃龍慧南，二枝雙秀，幾奪諸宗之席，楊岐下出三佛，大慧宗杲，亦甚特出，南宋之時，幾盡楊岐法乳矣。曹洞一宗差堪繼蹋臨濟，龍象輩出，投子義青，芙蓉道楷，天童正覺最爲特出，雲門宗傳持雖盛，惟佛日契嵩、雪竇重顯、大覺懷璉，傑出一時，法眼宗則一傳天臺德韶，歸宗義柔之後，即門庭寂寞矣。宋室既屋，禪宗亦衰，逐漸消失其獨特之聲彩矣。

曹溪禪經各大師及五宗各派祖師等之闡揚，更唐末五代而不衰，佛果圜悟論其盛云：

思讓馬祖石頭，寰宇獨步，德山爇疏鈔，臨濟燒禪板，藥嶠天皇百丈黃檗及五家宗主，各立門風，如布縵天網，垂萬里鉤，莫不透頂透底，有過千萬人作略，出沒卷舒擒縱照用權實，豈只守一途一轍一知一見？存窠臼，立知解，死水裏浸殺？以實法繫綴人？所以遍寰海列刹相望，數百年綱宗不墜，的的相承，源源相繼。（佛果圜悟眞覺禪師心要卷上示慧空知客書）

遍寰海列刹相望，可見其盛，其時禪宗已涵蓋教下諸宗矣。然宗主已逝，人法俱亡，雖有傳承，亦不離文字，未免如圜悟所云「死水浸殺」也。黃龍慧南論當時禪人之弊云：

或前進叉手，或退後長嘘，或當頭喝，末後拍，或現修羅相，或作女人拜，或自識病，擔枷而來，或自具眼，振袖而去，出格入草，埋兵掉鬬，排賓主，列君臣，照用雷奔，機鋒電掣，呈盡藝解，做盡伎倆。因也等閒卻問，我手何似佛手，卻道不得；我腳何似驢腳，不知落處，蓋迷其大法而儱侗瞞頇。……（黃龍南禪師書尺集）

蓋無其證悟而效其行爲，不只如優孟衣冠；滿堂棒喝，且近於嬉弄胡鬧，否則落入死水裏，尋言覓句，求玄求道：

近年以來，禪有多塗：或以一問一答，末後一句爲禪者；或以古人入道因緣，聚頭商確（榷），云：遮裏是虛，那裏是實，遮語玄，那語妙，或代或別爲禪者；或以眼見聞和會，在三界唯心，萬法唯識上爲禪者：或以無言無說，坐在黑山頭，下鬼窟裏，閉眉合眼，謂之威音王那畔，父母未生時消息，亦謂之默而常照爲禪者；如此等輩，不求妙悟，以悟爲落在第二頭，以悟爲誑謼人，以悟爲建立，既不曾自悟，亦不信有悟的。……（大慧普覺禪師書．答張舍人狀元）

大慧普覺爲圜悟克勤之法嗣，此書罵盡雲門三句，法眼別代及援教入禪，參語頭，打坐之默照禪，固可視爲各宗之相互斥排非難，然苟無妙悟，失卻宗眼，縱有各種手段，均無關痛癢，且在體成病，黃龍死心云：

心聞曰：衲子因禪致病者多，有病在耳目者，以瞠眉努目，側耳點頭爲禪；有病在口舌者，以顛言倒語，胡喝亂喝爲禪；有病在手足者，以進前退後，指東劃西爲禪；有病在心腹者，以窮玄究妙，超情離見爲禪；據實而論，無非是病。……（禪門寶訓集卷下）

苟未明心見性，則德山棒臨濟喝，無非胡鬧；溈仰圓相，不過指手劃腳；曹洞宗旨，落在玄窟；法眼以言語開悟，雲門三句及機鋒接人，均成多事。禪宗人亡法息之後，乃傾向教下，一言以蔽之，禪已佛教化，融合禪教如法眼文益與天臺德韶固無論矣，即其他各宗，不以專修禪定之默照爲禪，即以參話頭爲禪，夫坐禪自六祖至馬祖及臨濟無不反對，以爲係有爲法，即參話頭者，雖表面視之，不失禪宗宗旨，實際上亦係從文字語言見道，無形中走入佛教精究經論之理入途徑矣。其中不乏禪門宗匠，警醒提撕，然勢之所趨，亦難扶挽也。

五、楊岐方會之禪學

宋代各宗，雖多龍象，觀其所樹立，多不出前代祖師所牢籠，亦創新極變之後，難以爲繼也。諸宗之中，惟楊岐方會，黃龍慧南，較爲卓特，二人皆出於慈明楚圓，楚圓嗣法汾陽善昭，時人推之，謂「河東有昭，湖南有圓」，楚圓雖嗣臨濟，而旁通諸家：

馬大師即心即佛，當人未悟；盤山非心非佛，只成戲論；雪嶺輥毬，誑謼小兒之作；雲門顧鑑，笑煞旁觀；少室自傷，一場大錯，德山入門便棒，未遇奇人；臨濟入門便喝，太煞輕薄，黃梅呈頌，人我未忘，更言祖祖相傳，遞相誹謗。………（石霜楚圓禪師語錄）

儼然臨濟訶佛罵祖，此即使乃其倒言反語，非剖剝諸家，然非僅知臨濟一家之事也，其頌曹洞五位正偏，亦不失宗旨，茲錄其都頌五位偈詩，以見大要：

偏中歸正極幽玄，正去偏來事理全。須知正位非言說，朕兆依稀屬有緣。兼至去來興妙用，到兼何更逐言詮。出沒豈能該世界，蕩蕩無依鳥道玄。（同上）

取以細校洞山所言，可謂玄旨已得，不相悖違也，則楚圓非守一家之言矣。章倧序楚圓等四家語錄云：

慈明負卓絕逸峯之韻，氣呑祖佛，鎚拂之下，鍛鍊凡聖，………其嗣子楊岐，跨三脚驢，踏殺天下人，而白雲東山繼紹其宗，以無字印，印破天下衲僧面門，正法眼藏，向者瞎驢邊滅。………（同上）

楚圓之學，由楊岐方會而發揮，白雲守端、五祖法演，法法相傳，至佛果、佛眼、佛遠出而門庭日大，楊岐一脈，凌壓諸家。方會俗姓冷，江西宜春縣人，以居袁州楊岐山普通禪院，故而稱楊岐派，卒於慶曆六年。其禪學之要，在主空有一如，楊岐云：

一即一切，一切即一。

繁興大用，舉步全眞，即立名眞，非離眞而立；立處即眞，者裏須會，當處發生，隨處解脫。

（古尊宿語錄卷十九）

一謂空界，亦謂自性妙體，一切即是有，即森羅萬象，色即是空，空即是色，現象與本體即一不異，由「一」而大用繁興，一切即一，故舉步即達本體之眞界，眞亦假名，但一切非離眞而立，此亦馬祖即心即佛之義也。楊岐更由此而建立其悟道之方，由於「立處即眞」，故主當機悟入，見色明心，以有悟空，所以云：「者裏須會」。又云：「當處發生，隨處解脫」。香嚴擊竹而開悟，靈雲見桃花而不疑，洞山涉水見影而明心，「隨處解脫」之例也。故答僧云：

問如何是佛？師曰：三腳驢子弄蹄行。曰：莫祇這便是麼？師曰：湖南長者。……（同上）

此殆將其所見予以形相化，驢以喻自性妙體，三足謂有、空、亦空亦有也。故當時禪人謂其跨三腳驢，踏殺天下人，而以馬祖目之。因此又有楊岐三句：

楊岐一言，隨方就圓，若也擬議，十萬八千。

楊岐一語，呵佛叱祖，明眼人前，不得錯舉。

楊岐一句，急著眼覷，長連床上，拈匙把筯。（同上）

隨方就圓，一即一切也；拈匙把筯，一切即一也。呵佛叱祖，乃「舉步全眞，繁興大用」之謂。其禪學之要，殆盡於此，至於接引學人，少用棒喝，而就機撕提，隨境拈弄，近於法眼之隨流得妙，其頌三妙三訣，乃自明其權實予奪之門風，亦不多論矣。

六、黃龍慧南之禪學

黃龍慧南，俗姓章，江西上饒人，十一歲從定水院智鑾出家，以居隆興府之黃龍山，而爲開派主。與楊岐爲同學，然本出身雲門，後方入臨濟門庭。就其經過，亦可見宋代禪學之「佛教化」矣。

（慧南）依泐潭澄禪師，分座接物，名振諸方，偶同雲峯悅禪師游西山，夜話雲門法道，峯曰：澄公雖是雲門之後，法道異矣！師詰其所以異，峯曰：雲門如九轉丹，點鐵成金，澄公藥汞銀，徒可玩，入煅則流去。師怒以枕投之，明日峯謝過，又曰：雲門氣宇如王，甘死語下乎！澄公有法授人，死語也，死語即能活人乎。………（五燈會元卷十七）

未明心見性，只記禪人語句，則爲死語，禪宗之不立文字，詆毀經論，其意亦在此，雲門之打殺佛陀，氣宇如王，泐潭懷澄，出五祖師戒，以其有法授人，則如教下以經論求佛，故將雲門之禪學而「佛教化」，由記言句之理入而入手矣。慧南從雲峯文悅之勸，而參慈明楚圓，開悟之後，教化一方，其禪學亦近楊岐：

法身無相，應物現形，般若無知，隨緣即照。……

摩尼在掌，隨眾色以分輝，寶月當空，逐千江而現影。……（黃龍慧南禪師語錄）

「法身無相，應物現形」，「摩尼在掌，隨衆色以分輝」即一月在一切水，「一即一切」之意也，惟慧南不主「一切即一」而產生「即地解脫」之悟入方法，殆認爲無由「舉步全眞」，由一切以入「一」，遂與楊岐同幹異枝，慧南云：

摩尼在掌，隨眾色以分輝，寶月當空，逐千江而現影，諸仁者，一問一答，一棒一喝，是光影，一明一暗，一擒一縱，是光影；山河大地是光影，日月星辰是光影；三世諸佛，一大藏教，乃至諸大祖師，天下老和尚，門庭敲磕，千差萬別，俱爲光影。且道何者是珠，何者是月，若也不識珠之與月，念言念句，認光認影，猶如入海算沙，磨磚作鏡，希其數而望其明，萬不可得，豈不見道，若也廣尋文義，猶如鏡裏求形，更乃息念觀空，大似水中捉月，衲僧到此，須有轉身一路。……（同上）

認爲一切係「一」之光影，不能由此悟入，且不主由文字及默照入道，以「是法非有作思惟之所能解，非神通修證之所能入，不可以有心知，不可以無心得」。故重回至臨濟之「無位眞人」，「無事人」及馬祖「平常心是道」之禪學，慧南云：

道體安樂，一夜長連床上，展腳縮腳，不由別人，天明起來，餬餅餕餡，橫咬豎咬，飽即便休，當與麼時，不是古，不是今，不思善，不思惡，鬼神不能尋其跡，萬法不能爲其侶。……（同上）

乃欲由此無事，以達不思善不思惡之意境，使清淨自性自然顯靈，以此入道，故亦不主修持，而由息心以得之：

道不假修，但莫污染，禪不假學，貴在息心，心息故心心無慮，不修故步步道場。……（同上）

智海無性，因覺妄而成凡，覺妄元虛，即凡心而見佛。……（同上）

凡心應係「平常心」而非凡人之心，其不假修，亦以不修之修，以求不污染此清淨自性也，慧南且以「智海無性」等語。爲其本師懷澄所不喜，致與雲門一宗「舊好絕矣」，亦可慨也，可見凡有門庭設施，分宗立派者，未有不相排斥也。慧南之開悟，由慈明教勘趙州勘婆公案話頭而悟入，並作頌云：

傑出叢林是趙州，老婆勘破有來由。而今四海清如鏡，行人莫與路爲讎。呈慈明，明頷之。（五燈會元卷十七）

其後接引學人，亦用公案話頭：

（祖心）徑回黃檗，方展坐具。檗曰：子已入吾室矣！師踴躍曰：大事本來如是，和尚何得教人看話，百計搜尋。檗曰：若不教你如此究尋到無心處，自見自肯，即吾埋沒汝也。……（五燈會元卷十七）

黃龍祖心，爲其嗣法高弟，時慧南住黃檗道場，故以黃檗稱之。其教祖心參公案話頭，乃在以達「無心」境界，與尋言覓句，沉於智性者有異，非自違其說也。是以其言曰：「諸佛無心，故證無上道，凡夫有心，故墮在生死」。可以見其主張「無心」之意矣。黃龍之禪，播於叢林者則爲三關：

師室中常問僧曰：人人盡有生緣，上座生緣在何處？正當問答交鋒，卻復垂手曰：我手何似佛手？又問諸方參請宗師所得，卻復垂腳曰：我腳何似驢腳？三十餘年，示此三問，莫有契旨，脫有酬者，師未嘗可否。叢林目之爲黃龍三關。師自頌曰：

生緣有語人皆識，水母何曾離得蝦。但見日頭東畔上，誰能更吃趙州茶。

我手佛手兼舉，禪人直下薦取。不動干戈道出，當處超佛超祖。（林間錄當處作自然）

我腳驢腳並行。步步踏著無生。會得雲收日卷，方知此道縱橫。

（總頌）生緣斷處伸驢腳，驢腳伸時佛手開。爲報五湖參學者。三關一一透將來。（同上）

慧南三關，並非無有契其旨者，黃龍云：「已過關者，掉臂徑去，安知有關吏，從吏問可否，是未透關者」。設慧南無四頌偈詩，則誠無迹兆可尋，有此四偈，則著迹可見。由其總頌而言，則三關之順序爲生緣而我腳驢腳而我手佛手，生緣爲初關，所緣所生，乃「有」界之事，以喻由生緣之「有」界而知其爲妙有，「水母何曾離得蝦」，水母喻體，蝦喻用，二者不能相離。「但見日頭東畔上」，謂已知有此自性，惟落在一邊，故比之爲日在東畔上，既知有爲妙有，俗諦之中有眞諦，則誰能吃趙州存諗之罰茶乎。我腳驢腳爲重關，以喻由妙有至眞空，乃由行履而至，撥除有見，方入眞空，所以云「生緣斷處伸驢腳」也；至證入眞空之時，一念不生，不思惡不思善，行履至此無生地步，如雲去日卷，一切無礙，縱橫是道矣。我手佛手爲牢關，此時已無空有之見，與此如如性體合而爲一，佛手我手，喻披衣上座以接人，體用一如之後，而由體起用，爲世作舟航，當此之時，禪人如能直下領薦，不動念擬議，如世間之不動干戈，而能道出合道，則與佛祖無別，故云「當處超佛越祖」也。

世人皆知楊岐黃龍之分派，然罕有言其禪學之所以異別之處，故試綜述大略如上。又當時各宗，流風未沫，非無可稱，以無卓異特立之處，難一一指述矣。

七、結論

南宋之後，禪學有默照與看話，默照乃坐禪之異名，看話乃參公案、語錄者，以後二者又相合流，而重返佛教「理入」、「行入」之定法，而喪失活法悟道之基本宗風矣。

禪宗以無一法以與人，故不立任何有爲法，所謂佛語心爲宗，無門爲法門，然細察之，可以立無定法之法，而不能謂不立一法也，夫以禪之向上一路而言，空有一如，明暗交參，事理兼帶，正偏雙挾，究其極至，有固非實有，空亦非頑空，一即一切，一切即一，「一」不待一切而有，不住於一切，然不可謂無一切也，由此一切可以入「一」，此一切爲無定法則可，謂無一法則有礙矣。就向下而言，禪人之接引學人，就才性之高下，見知之遲疾，有應病與藥，以指指月之言，然藥與指皆法也，達摩之禪法，已難明，但坐禪壁觀則可信也，及其成爲定法，故六祖非之，以至於行喝行棒，揚眉豎拂，畫圓相，機鋒轉語，初皆爲無定法，用之既久，皆成定法，皆在訶斥之列，以其已成爲死水死句死法故也。在一切手段方法皆用盡之際，故又回至佛教各宗之共法禪定之上，以其坐禪而觀心默照，故曰默照禪，揆其實際，乃行入之法也。另有由禪祖師入道開悟之公案，或垂示之法語，參究求入者，謂之看語禪，乃理入之途也，二者皆因窮盡變化之後，不能再出新奇，乃由無定法歸於有定，亦無可奈何之事也，而宋之禪者，爲此諍論無已，殆由未深思之故。

主張坐禪求悟，不始於曹洞之宏智正覺，而始於臨濟楊岐一系之佛果圜悟，其心要云：

悉心竭力，不憚寒暑，刻意尚行，向三條椽下死卻心猿，殺卻意馬，直如枯木朽株相似，驀地穿透，豈從他得，發覆藏，然暗室明燈，擬梯航於津要，證大解脫，不起一念。（示一書記書）

主張由坐禪以達死卻心猿，殺卻意馬，使言語道斷，心行處滅，一念不起，入定起慧，其傳法心要又云：

金色頭陀雞足峰論劫打坐，達磨少林面壁九年，曹溪四會看獵，大溈深山卓庵十載，大梅一住絕人迹，無業閱大藏，古聖翹足七晝夜，贊底沙，常啼經月鬻心肝，長慶坐破七箇蒲團，是皆爲此一段大因緣，其志可嘉，終古作後昆標準，便使致身在長連床上，亦不過冥心體究，但令心念澄靜，紛紛擾擾處正好作功夫。（示良盧頭禪人）

列舉佛祖之坐禪以爲例證，無非明此坐禪能澄心靜念，然後照察一切，如枯木再生，寒灰再燄，其心要又云：

惟離念絕情，迥超常格，大根大智，以本分力量，直下自根腳下承當，如萬仞懸崖撒手，放身更無顧藉，教知見解礙倒底脫去，似大死人已絕氣息，到本地上，大休大歇，口鼻眼耳，初不相知，識見情想，皆不相到，然後向死火寒灰上頭頭上明，枯木朽株間，物物斯照，乃契合孤迿迿峭巍巍，更不須覓心覓佛，築著磕著，元非外得，古來悟達百種千端，只這便是，是心不必更求心，是佛何勞更覓佛。……（示璨上人）

此無異自述其禪定開悟之經過，乃以此爲標月之指，癒病之藥，以引接後學，與曹溪之禪風異矣，故日本尼如淨跋佛果圜悟心要云：「曹溪戒坐禪，所以顯其性，圜悟勸坐禪，所以治其病，所謂禹稷顏回同道者耶！」有以得其用心矣，蓋圜悟著眼，乃在由坐禪以達即心即佛之境，故亦自知雖不合曹溪所禁，必自信能合曹溪之心，乃敢以此接引其門下禪人。案圜悟之開悟，亦有得於公案，但非認定僅公案話頭可以入道，圜悟云：「所謂善學柳下惠，終不師其迹，是故古人道：一句合頭語，萬劫繫驢橛」。而認爲看話頭在參活句，又云：「他參活句，不參死句，活句下薦得，永劫不忘，死句下薦得，自救不了」。由此可知圜悟於坐禪看話頭，至少認爲兩不相妨，至其傳人大慧普覺則因曹洞宗之宏智正覺倡默照禪，責論無已，而獨倡看話禪，以後禪人之求悟，竟不外此二端，最後二者合流，即默照禪而兼看話，一旦成爲定法，而禪宗之風格大變，更促進禪教融合，融禪入教矣。

宏智正覺，嗣法於丹霞子淳，爲洞山後第十代，曹洞一宗之中興龍象，王伯庠記其行業有云：「嘗訪師，自小白捨舟，道松陰二十餘里，雄樓傑閣，突出萬山之中，固已駭所未見。入門，禪毳萬指，默座禪床，無謦欬者」。可見其以坐禪爲宗風之盛況矣。其坐禪箴云：

佛佛要機，祖祖機要，不觸事而知，不對緣而照。不觸事而知，其知自微；不對緣而照，其照自妙；其知自微，曾無分別之思，其照自妙，曾無毫忽之兆；曾無分別之思，其知無偶而奇；

曾無毫忽之兆，其照無取而了；水清澈底兮魚行遲，空闊莫涯兮鳥飛杳杳。（天童正覺禪師廣錄卷八）

「佛佛要機，祖祖機要」，與佛果列舉佛祖之坐禪其義無殊，「不觸事而知」，非落在情識意想中，「不對緣而照」，非有對治而緣以返照，無分別之思，無取而照，亦非外求外得，而係自薦自明，與佛果大休大歇，枯本再生之意相通，其默照銘又云：

默默忘言，照照現前，鑒時廓爾，體處靈然，靈然獨照，照中還妙。……妙存默處，功忘照中，妙存何存？惺惺破昏，默照之道，離微之根，徹見離微，金梭玉機，正偏宛轉，明暗因依，依無能所，底時回互。……默唯至言，照唯普應，應不墮功，言不涉聽，萬象森羅，放光說法，彼彼證明，各各問答，問答證明，恰恰相應。照中失默，便見侵凌，證明問答，相應恰恰。默中失照，渾成剩法。……（同上）

按其所云，默乃禪定之義，照乃慧現之義，乃合定慧為一，由禪定而慧現，故曰「妙存默中」，以「透出一切礙境」，「惺惺破昏」，而得「體處靈然」也；由慧現以「照破一切法空」，能知「萬象森羅，放光說法」，故曰「功忘照中」，「照中還妙」也。「默而失照」，則為枯禪，故曰「渾成剩法」也，「照中失默」，情隨物轉，故曰「便見侵凌」，是知默照雙運，定慧雙收之意也。其後曹洞坐禪默照之法，隨道元禪師於南宋理宗之際傳入日本，西傳至日本瑩山紹瑾，其坐禪用心記云：

夫坐禪者，直令人開朗心地，安住本分，是名露本來面目，露本地風光，身心俱脱落，坐臥同遠離，故不思善不思惡，能超越凡聖，透過迷悟之論量，離卻生佛之邊際，故休息萬事，及放下諸緣，一切不爲，天根無作，這個是阿誰？不曾知名，非可爲身，非可爲心，欲慮慮絕，欲言言窮，如痴如兀，山高海深，不露頂，不見底，不對緣而照，眼明於雲外，不思量而通，宗朗於默說；坐斷乾坤，全身獨露，沒量大人，如大死人，無一翳遮眼，無一塵受足，何處有塵埃？何物爲遮障，清水本無表裏，虛空終無內外，玲瓏明白，自照靈然。色空未分，智境何立？從來共住，歷劫無名，三祖六祖且名爲心，龍樹尊者假名爲身，見佛性相，表諸佛體，此圓月相，無缺無餘，即此心者，便是佛也。

誠足以盡默照禪之義，而足補宏智正覺之說，其所欲達之境：「欲言言絕，欲慮慮忘」。與「如大死人」，即佛果「大休大歇」，「死灰寒灰」之意也，惟所云「天根無作，這個是阿誰？非可爲身，非可爲心」，則已有合默照看話禪爲一之趨向，以其同於參「狗子無佛性」之無字公案也。

大慧普覺，與宏智正覺並世，嗣法於佛果圜悟，係由參公案而得悟入者。正覺主默照，既已聳動，大慧普覺乃出而斥之。一則斥其爲杜撰：

近年以來，禪道佛法衰弊之甚，有般杜撰長老，根本自無所悟，業識茫茫，無本可據，無實頭伎倆收攝學者，教一切人如渠相似，黑漆漆地，緊閉卻眼，喚作默而常照。（大慧普覺禪師書卷上答劉寶學）

大慧斥其爲杜撰長老，以曹溪禪風言之，固不過分。二則斥其爲病：

眾生狂亂是病，佛以寂靜波羅蜜藥治之，病去藥存，其病愈甚，拈一放一，何時是了，靜鬧兩邊，都用一點不得，莫道鬧處失者多，靜處失者少，不如少與多，得與失，靜與鬧，縛作一束，送放他方世界，卻好就日用非多非少，非靜非鬧，非得非失處，略提撕看，是個什麼？（同上答劉通判彥沖）

就坐禪而言，誠屬有爲法，苟枯坐蒲團，不能悟入，誠有如大慧所云者，然大慧殊未深究宏智默照之義，幾如各說各話。三則斥坐禪不能應物：

左古做靜勝工夫，積有年矣。於開眼應物處，得心地安閑否？若未得安閑，是靜勝工夫未得力也。若許久猶未得力，當求個徑直得力處，方始不孤負平昔許多工夫也；平昔做靜勝工夫，只爲要支遣個鬧底，正鬧時卻被鬧底聒擾自家方寸，卻似平昔不曾做靜勝工夫一般耳。……擬欲起心動念承當渠，早已蹉過十萬八千了也。（同上）

以坐禪求靜，以靜遣喧，誠難做到動靜一如，開眼應物時安閑穩當，而不爲事物聒擾，事物聒擾尚不能免，何能當下頓悟，承當大事乎！大慧之非默照禪，其要不外如此。宏智正覺於大慧之非難，迄無辯解，示寂之際，反馳書以後事囑托大慧，殆有心以此弭止二派之爭論，免成水火也。

大慧普覺於攻排默照禪之同時，便極力伸張其看話禪之主張，大慧普覺云：

乍被邪師輩指令靜坐，卻見省力，便以爲是，更不求妙悟，只以默然爲極則，某不惜口業，力救此弊，今稍稍有知其非者。願公只向疑情不破處參，行住坐臥，不得放捨，僧問趙州：狗子還有佛性也無。州云：無。遮一字子，便是破生死疑情的刀子也，遮刀子欛柄，只在當人手中，教別人下手不得，須是自家下手始得，若捨得性命，方肯自下手；若捨性命不得，且只管在疑不破處崖將去，驀然自肯捨命一下便了，那時方信，靜時便是鬧時地，鬧時便是靜時底，語時便是默時底，默時便是語時底。……（同上答陳少卿季任）

大慧所云，不外朝夕參之，聚精會神，以達如愚如魯，心行處滅之境，然後懸崖撒手，捨命求入，如大死人，豁然頓悟，大慧細舉看話頭之要云：

巖頭云：纔恁麼便不恁麼，是句亦剗，非句亦剗，遮個便是外息諸緣，內心無喘地樣子也，縱未得啐地折曝地破，亦不被言語所轉矣。見月休觀指，歸家罷問程，情識未破，則心火熠熠地，正當恁麼時，但只以所疑底話頭提撕，如僧問趙州，狗子還有佛性也無？州云：無。只管提撕舉覺，左來也不是，右來也不是，又不得將心等悟，又不得向舉起處承當，又不得作玄妙領略，又不得作有無商量，又不得作眞無之無卜度，又不得坐在無事甲裏，又不得向擊石火閃電光處會，直得無所用心，心無所用之時，莫怕落空，卻是好處，驀地老鼠入牛角，便見倒斷也。……（同上答張舍人狀元安國書）

以上已道盡看話頭之理論及修爲方法，並非落在言語窠臼之中，而是以一話頭，提撕參究，以臻無所用心，「外息諸緣，內心無喘」之境，然後頓悟有分。大慧類此之言甚多，舉此二則，可以概括矣。

參公案、看話頭，不起於臨濟宗，亦非此一宗所擅用，相傳黃檗希運，即有此一法，並有甚詳細之說明以接引學人：

若是大丈夫漢，看箇公案，僧問趙州狗子還有佛性也無？州云無。但二六時中看箇無字，晝參夜參，行住坐臥，著衣喫飯處，屙屎放尿處：心心相顧，猛著精彩，守箇無字，日久歲深，打成一片，忽然心華頓發，悟佛祖之機。……（明袾宏輯禪關策進筠州黃檗運示衆）

若非附會，則黃檗希運已有此主張，其論亦甚周密，看話頭參公案，且非一家之事，至於坐禪，雖爲曹溪所呵，各宗亦未廢也，惟不專主，使成死法而已，即大慧之五祖法演祖師，不惟主看話，且主坐禪，坐禪看話，已形合一：

若是做功夫，須要時時檢點，刻刻提撕，那裏是得力處，那裏是不得力處，那裏是打失處，那裏是不打失處，有一等、纔上蒲團，便打瞌睡，及至醒來，胡思亂想，纔下蒲團，便說雜話，如此辨道，直至彌勒下生，也未得入手，須是猛著精彩，提箇話頭，晝參夜參與他撕捱，不可坐在無事甲裏，又不可蒲團上死坐，若雜念轉鬪轉多，輕輕放下，下地走一遭，再上蒲團，開兩眼，捏兩拳，豎起脊梁，依前提起話頭。（同上・東山演禪師送徒行腳。）

看話與坐禪並行之情，昭昭可見，然則大慧之反默照，除恐落於北宗之「寂而常用，用而常寂，即用即寂，寂照照寂，寂照者因性起相，照寂者攝相歸性」一邊去之外，則有宗派之爭之意義在內。總之以坐禪爲基本之默照禪，不外修定修觀，以看話爲基本之看話禪，不外觀心之法，參話默照之禪興，而禪宗之眞面目滅失矣。

然而何以有此劇烈同異之爭，蓋有此悟道之機緣，故崇之信之，而力主之；苟用之而不見功，行之而益於悟，自必反對攻排，故而相責相爭。垂傳到今，參公案，打禪七，仍其遺風定法也。禪宗難有新變矣。

（見禪學與唐宋詩學第一章・民國六十五年十月初版。民國八十一年元月改寫）

捌、臨濟的無位眞人及其否定效應

一、「一葉」獨秀的臨濟宗

禪宗自菩提達摩來華建立，傳法始於梁武帝的普通年間，後成爲中華初祖。雖然有關達摩的生平身世，在華活動，如何創立禪宗，仍然有不小的問題和疑義，但其開宗立派的地位，已係不爭的事實。禪宗經一葉單傳的弱勢時期，至五祖弘忍之後，其先有牛頭禪的「旁出」，其後有南北二宗的競秀，終於展開多頭弘傳的局面。尤其南能北秀之後，惠能大師，止衣砵而不傳，不再立「祖」位，顯然是廢止了禪宗的「教主」制度，於是禪宗的多頭弘傳，在「在法不在衣」的變革下，才有五宗繼起的可能，不然永遠只有「一宗」，或者分裂爲旁枝餘派，決無「一花開五葉」的盛況。禪宗的五宗，大多建立於中晚唐之際，曹洞、臨濟，同時並起，溈仰、雲門、法眼，隨後挺秀，臨濟一宗，其後獨大。禪宗由建立及發展的結果，形成了中國佛學的特質在禪，一方面是禪宗在佛教各宗之中，一宗獨大；一方面是臨濟在禪宗五宗之中，一葉獨秀，形成臨濟兒孫遍天下的局勢。因爲入宋之後，臨濟分出了黃龍、楊岐二派，並傳入韓、日，只有曹洞，差堪匹敵。

二、臨濟義玄的開悟及臨濟宗的建立

臨濟宗的建立者，爲臨濟義玄禪師，他係河南曹州南華人，以居河北鎭州臨濟院說法，故開宗立派之後，稱爲臨濟宗。義玄落髮受戒，即歸心禪宗，故在黃檗希運會下，三年之久，「行業純一」，時睦州道明，勉令參請時問話，義玄乃問黃檗：「如何是祖師的的意？」黃檗便打，如是三問、三遭打。失望之餘，遂辭黃檗，黃檗得到首座的報告，遂指示往參高安大愚，因而開悟，其過程如下：

愚問：什麼處來？曰：黃檗來！愚曰：黃檗有何言教？曰義玄親問佛法的的意，蒙和尚便打，如是三問三遭被打。不知過在什麼處？愚曰：黃檗恁麼老婆，爲汝得徹困，猶覓過在！師於言下大悟。云：元來黃檗佛法無多子！大愚搊住云：者尿床鬼子，適來又道不會，如今卻道黃檗佛法無多子，你見箇什麼道理！速道！速道！師於大愚肋下築三拳！大愚托開云：「汝師黃檗，非干我事」。

師遂辭大愚，卻迴黃檗，黃檗云：汝迴太速生？師云祇爲老婆心切，便人事了！侍立次，黃檗云：大愚有何言句？師遂舉前話。黃檗云：這大愚老漢！待見，痛罵一頓。師云：說什麼待見，即今便與，隨後便打黃檗一掌。黃檗云：這風漢卻來這裡捋虎鬚。師便喝。黃檗云：侍者！引這風師參堂去。（見《景德傳燈錄》卷十二．臨濟玄章）

這是臨濟大師開悟的過程，所顯的意義如下：㈠過程短暫而突然，極具戲劇化。㈡開悟不由修證，不係理入，不關行入，而爲「隨緣悟達」，或「時節因緣」。㈢悟前尋言覓解，迷蒙無知，悟後玄微難測，機鋒銳敏。㈣開悟之時，年事甚輕，故被稱爲「尿床鬼子」。㈤悟後並無精言妙語，所悟所得，俱以實際行動顯示其境界。有關開悟的過程，以後禪宗的燈史以至語錄公案，都依據景德傳燈錄，差異無多，只有加密加甚的補充或發揮。然而發現甚晚而早於《景德傳燈錄》五十年之《祖堂集》①，則有不同之記載：

黃檗和尚告衆曰：余昔時同參大寂②，道友名曰大愚，此人諸方行脚，法眼明徹，今在高安，願不好群居，獨棲山舍，與余相別時叮囑云：他後或逢靈利者，指一人來相訪。于時師在衆聞已，便往造訪。（見卷十九）

是臨濟之往參高安大愚，非黃檗之特別推薦，且往參之前，並無問法而三遭打之記載，又其開悟之過程，亦大有不同：

既到其所，具陳上說。至夜間，於大愚前說《瑜伽論》，譚唯識，復申問難，大愚畢夕，峭（悄）然不對。及至旦來，謂師曰：老僧獨居山舍，念子遠來，且延一宿，何故夜間於吾前，無？慚，放不淨。言訖，杖之數下，推出，關郤門。師迴黃檗，復陳上說，黃檗聞已，稽首曰：作者如猛火燃，喜子遇人，何乃虛往。師又去，復見大愚，大愚曰：前時無慚愧，今日何故又來？言訖便棒，推出門。師復返黃檗，啓聞和尚，此回再返，不是空歸，黃檗曰：何故如此？師曰：於一棒下，入佛境界，假使百劫，粉身碎骨，項擎（頸）遶須彌山，經無量帀，報此深恩，莫可酬得。黃檗聞已，喜之異常，曰：子且解歇，更自出身。師過旬日，又辭黃檗，至大愚所，大愚纔見，便擬棒師，師接棒子，則便抱倒大愚，乃就其背，毆之數拳，大愚遂點頭曰：吾獨居山舍，將謂空過一生，不期今日，卻得一子。先（師）招慶和尚舉終，乃問師演侍者曰：既因他得悟，何以卻將拳打他？侍者曰：當時教化全因佛，今日威拳總屬君。……自後師於鎮府匡化，雖承黃檗，常讚大愚。（同上）

這一記載，應合情實，臨濟參訪大愚，三度遭打，並非問佛法的的意三問而遭黃檗三打。臨濟於「大愚前說瑜伽論，譚唯識」，可見於佛家名相、理論，甚有研究；復申問難，而首遭大愚棒打，經過黃檗的點明「如猛火燃」，蓋大愚乃以棒打為指點，臨濟的論說申難，只是思惟擬議，流於多嘴阿師，「如猛火燃」，乃在摧除這些。於是臨濟在第二次棒打之時乃能大悟，「於一棒下，入佛境界。」不勝得法之喜，回稟黃檗，得到「印可」的鼓勵，於是三參大愚，大愚欲棒打之時，竟能反客為主，抱到大愚，拳擊其背，這一悟道的進程，較為詳細而合理。且載明此一悟道公案為本書作者「靜」、「筠」二禪師之先師招慶所舉，招慶為寺名，在泉州府晉江縣，稱寺而諱其名，應指招慶文僜。黃檗山在福建福州府，道場本名般若堂，後改稱建福寺，為臨濟宗之大道場；黃檗寺在江西南昌府之武寧縣，別名報恩光孝寺、靈鷲寺，黃檗希運弘法於此，二地密邇，且宗風相承，其記載應較景德傳燈錄為可信。二書所記各殊，然所顯示之臨濟悟道原本，則無殊異，臨濟係由用棒悟道，其悟道非由「理入」，亦非「行入」，而係「時節因緣」之頓悟，悟後均顯示出機鋒敏銳之境界。所別異者，根據《祖堂集》所記，臨濟於《瑜伽論》、《唯識論》，深有研究，能申問難，與禪宗之守《楞伽經》與《金剛經》，頗有不同；《祖堂集》雖仍以臨濟爲黃檗法嗣，卻推尊大愚，且有兼承大愚之意，故云：「不期今日卻得一子」。研究臨濟禪學者，皆依據《景德傳燈錄》爲基本資料，今特依《祖堂集》而闡述其同異，當有助於臨濟義玄之研究。

臨濟悟道之後，宣化於河北鎮州（正定縣）之小院，位於滹沱河側，後號臨濟院，當時禪宗大師如普化、龍牙、洛浦、麻谷、鳳林，爲同參，故而轟動一時，其法嗣更多龍象，如灌溪志閑、幽州譚空、興化存獎、三聖慧然、寶壽沼等，各宣化一方，入宋以後，更形壯盛，成爲中國禪宗之主流，蓋其禪風自由而活潑，引接學人，方法繁多，非其他各宗所能匹敵。

三、臨濟之「無位真人」

臨濟開悟之後，便言「黃檗佛法無多子」，似乎係狂言或戲論，實際上只有「迷」「悟」之別而已。固然以禪人之悟道而言，迷則滯凡，悟則成聖，聖凡之別，雖然是「毫釐有差，天地懸隔」，但悟與不悟，亦只此毫釐之差耳！如學者之所謂一旦豁然貫通，貫通之後，亦可以說只此毫釐之差。而且自人與道合之悟道所得而言，亦不能以多少能量計，故亦可云「黃檗佛法無多子」，即此移論義玄，亦可云「臨濟佛法無多子。」臨濟開悟之時，於其悟後，並無言語論說，其後開宗立派，開示學人時，則有透露追述。臨濟云：

道流出家兒，且要學道，秖如山僧，往日曾向毘尼中留心，亦曾於經論中尋討，後方知是濟世藥，表顯之說，遂乃一時拋卻，即訪道參禪，後遇大善知識，方乃道眼分明，始識得天下老和尚，知其邪正，不是娘生下便會，還是體究練磨，一朝自省。……（見慧然《鎭州臨濟慧照禪師語錄》。以下省稱《臨濟語錄》）

此乃臨濟求道及悟道經過之總說明，「毘尼」乃律之意，謂留心戒律，而且曾於「經論中尋討」，可見下過「行入」的修行功夫，和「理入」的研究經論的歷程，證以延沼所作〈臨濟慧照禪師塔記〉：「及落髮受具，居於講肆，精究毗尼，博頤經論，俄而嘆曰：『此濟世之醫方也，非教外別傳之旨。』即更衣遊方，首參黃蘗，次謁大愚。③」開悟之時，方知是「濟世之藥」，「表顯之學」，而非根本。開宗立派後，其所提倡建立的是以「無位眞人」爲根本：

上堂云：赤肉團上有一無位眞人，常從汝等諸人面前出入，未證據者看看！時有僧出問：如何是無位眞人？師下禪床把住云：道！道！其僧擬議，師托開云：無位眞人，是什麽乾屎橛，便歸方丈。（《鎭州臨濟慧照禪師語錄》）

臨濟提倡之「無位眞人」，乃馬祖「平常心是道」之形象化，「眞人」用的是道家的名相，「無位」乃無階級、凡聖果位之意，佛家開悟，有阿羅漢果和佛位之分，無位眞人，是要泯除這種差別心，而以「平常心合道」，馬祖云：

若要直會其道，平常心是道。何謂平常心？無造作、無是非、無取捨、無斷常、無凡無聖。經云：非凡夫行，非聖賢行，是菩薩行④。

平常心乃對分別心而言，如果有是非、取捨、斷常、凡聖，都是分別心，而非平常心，有了上述的分別心，自然落入世俗觀念之中，由分凡分聖，而求超凡入聖，落入貪瞋癡慢之中而不自覺。所以臨濟的「無位眞人」，即是馬祖「非凡夫行，非聖賢行，是菩薩行」之意，而其根本理論則係無心合道。臨濟亦自揭露此一根源：

古人云：路逢達道人，第一莫向道。所以言：若人修道道不行，萬般邪境競頭生，智劍出來無一物，明頭未顯暗頭明。所以古人云：平常心是道。……（《臨濟語錄》）

臨濟之「莫向道」，並非「不修道」、「不知道」，而是泯除此修道之分別心，所以拈出「平常心是道」。臨濟於「無位眞人」，當時並無釋說，但其後仍有開示：

若是眞正道人，終不如是，但能隨緣消舊業，任運著衣裳，要行即行，要坐即坐，無一念心，希求佛果，緣何如此？古人云：若欲作業求佛，是生死大兆。……（《臨濟語錄》）

這一「眞正道人」，應是「無位眞人」的同義詞，而所謂「隨緣消舊業，任運著衣裳，要行即行，要坐即坐，無一念心，希求佛果」，正是其冥合「無位眞人」的方法。而且拈出「平常無事」，說明其意義：

師示眾云：道流！佛法無用功處，祇是平常無事，屙屎送尿，著衣喫飯，困來即臥。愚人笑我，智乃知焉。古人云：向外作功夫，總是癡頑漢，爾且隨處作主，立處皆眞，境來不換，縱有從來

習氣，五無間業，自爲解脫大海。……（《臨濟語錄》）

臨濟揭出的「平常無事」，不是不識不知的愚昧無知，而是以不起心動念、分凡分聖，以及有意修行造作之意，而其前提在「隨處作主，立處皆眞，境來回換不得。」這一禪境，似易而難，尤難言語解說，臨濟依其開悟之經過及所得而開示云：

約山僧見處，無佛無衆生，無古無今，得者便得，不歷時節，無修無證，無得無失，一切時中，更無別法。設有一法過此者，我說如夢如化，山僧所說皆是。道流！即今目前孤明歷歷地聽者，此人處處不滯，通貫十方，三界自在，入一切境差別，不能回換。一刹那間透入法界，逢佛說佛，逢祖說祖，逢羅漢說羅漢，逢餓鬼說餓鬼，向一切處游履國土，教化衆生，未曾離一念，隨處清淨，光透十方，萬法一如。……（《臨濟語錄》）

「無位眞人」的修道根本，是無心合道，而其方法，又在「無修無證」，「無修無證」，表面上是「平常無事，屙屎送尿，著衣喫飯，困來即臥。」然而決非世俗人不修不證的生活，而是不起分別心去有意做作修持，以求「無心合道」。如果世俗的過惡都不能免，還能開悟嗎？所以根本上要做到「隨處清淨」，「隨處清淨」，亦即馬祖「道不用修，但莫污染」之意：

示衆云：道不用修，但莫污染。何爲污染？但有生死心，造作趣向，皆是污染。……（《馬祖語錄》）

馬祖所云，乍視之極爲簡便輕易，細察之甚爲深微困難，以學佛悟道而論，無不是求了生死，入清淨涅槃，所謂「但有生死心」，已是污染了；持戒、坐禪，不是「造作趣向」嗎？這也是污染，那任何的貪求、分別心，更是污染了。可見不污染的境界甚難。心不污染，方能清淨，可見臨濟、馬祖所見，禪理禪境，極爲吻合。當然任何學佛求道而開悟之人，決不可能無修無證，然而修證只是歷程與方法，而非究竟，而且任何的修證，都是有爲法，不能無心合道，以臨濟的悟道情境而言，無論是「於一棒下，入佛境界。」或者是大愚的「黃蘗恁麼老婆，爲汝得徹困，猶覓過在？」都不是修持而悟。此一頓悟——「入佛境界」，更顯示了「得者便得，不歷時節」。所以臨濟的「無位眞人」，不是無意義的提出，而是結合其悟道經驗，非由修證而得，非從經論研究而獲。故而以無一念心的平常心，以平常無事的無心用功，爲入道之門。而後世之言臨濟禪，特從其用棒用喝，四料揀、三句、三玄、三要、四照用、四賓主而加論說研究，其實這是臨濟接引人的手段，所謂的「濟世藥」，「表顯之學」。

四、臨濟的否定接引方法

禪人悟道，乃求人與道合，其所謂「道」，乃宇宙萬物之本原，爲一「絕對」而超越之存在，乃宇宙「全體」、「大全」之意，筆者曾約而論其要義云：

㈠禪人隨言說的方便，謂「心」「性」「體」、「一物」，都是本體的異名。

㈡本體是無是無非、無善無惡、本自清淨。

㈢本體超過一切限量、名言、蹤跡，不可智知，不可理求。

(四)本體無形質、不生不滅、不來不去，沛然充塞於宇宙之間，常依體起用。

(五)本體乃非空非有，亦空亦有，能大能小，應物現形，爲萬物萬法之主，體與用因而有不二的關係。

(六)本體係作用不絕，攝兼動用，動用中收不得，不盡有爲，不住無爲，而又能無不爲。

(七)本體於人，係在凡愚而不減，在聖賢而不增，不斷不常，不亂不寂，用處祇是無處。（見〈禪宗的體用研究〉）

以上所敘，就本體的究竟，只是文字戲論，但係根據禪人悟道以後的言說，加以歸納，而得出上述的要點。面對這一超越萬有的存在，如何悟道？如何教人以方法而求其入道開悟，當然是極大的困難，因爲世間的知識，不外耳目鼻口等的感覺之知；思惟推理的理性之知；實踐篤行的經驗之知；而禪人開悟，乃潛符默證，悟解心開的自性境界，不可感受，不可智知，只許領會，所以主張不起分別心的平常心是道，其故在此。要達到平常心，必須由掃蕩人的情識意想，名相執著入手，臨濟於是大用否定之法，而倡殺佛殺祖。臨濟云：

> 爾欲得如法見解，但莫受人惑。向裡向外，逢著便殺。逢佛殺佛，逢祖殺祖，逢羅漢殺羅漢，逢父母殺父母，逢親眷殺親眷，始得解脫。不與物拘，透脫自在。（《臨濟語錄》）

佛教持戒，戒殺爲五戒之首，臨濟的「殺」，是「殺生」、「殺人」之義嗎？當然不是，所謂「殺」，乃掃除名相執著，如果指眞實的「殺生」或「殺人」，能有殺父母親眷的僧人嗎？縱然能殺父母親眷，又何能殺已成佛作祖的佛祖和羅漢呢？所以佛祖羅漢，是代表聖諦的聖位；父母眷屬，是代表俗諦的俗念，破除這種分別心和陷溺，才是「無位眞人」，合乎無造作、無是非、無取捨、無斷常、無凡無聖的平常心。臨濟又云：

乃至三乘十二分教，皆是拭不淨故紙，佛是幻化身，祖是老比丘，爾是娘生已否？爾若求佛，即被佛魔攝，爾若求祖，即被祖魔縛，爾若有求皆苦，不如無事。（《臨濟語錄》）

臨濟否定三乘十二分教的經論，不是否定佛經的價値，而是認爲佛教典籍，不過表顯之學，能表顯佛理或道，但不能使人悟道，就悟道而言，佛、祖一念住於心，向佛向祖求法求悟，便被「魔攝」或「魔縛」，產生如臨濟所云：「學人不了，爲執名句，被他凡聖名礙，所以障其道眼。」此一「道法」，不能由言語文字求，臨濟又云：

云何是法？法者是心法，心法無形，通貫十方，日前現用，人信不及，便乃認名認句，向文字中求，意度佛法，天地懸殊。（《臨濟語錄》）

可見臨濟的將三乘十二分教，視爲拭不淨故紙，除了怕「凡聖名礙，所以障其道眼」之外，還恐怕「認名認句，向文字中求」，產生誤解，而產生意度佛法，天地懸殊的嚴重後果。除了以否定法，掃盪情識意想，名相執著之外，亦不許以坐禪求靜爲方法。臨濟云：

大德！山僧說向外無法，學人不會，便向裡作解，便依壁坐，舌拄上齶，湛然不動，取此爲祖門佛法也。大錯。是爾若取不動清靜境爲是，爾即認他無明爲郎主。古人云：湛湛黑暗深坑，實可怖畏，此之是也。爾若認他動者是，一切草木皆解動，應可是道也，所以動者是風大，不動者是地大，動與不動，具無自性。爾若向動處捉他，他向不動處立；爾若向不動處捉他，他向動處立，譬如潛泉，魚鼓波而自躍。大德！動與不動，是二種境，還是無依道人，用動用不動。……（《臨濟語錄》）

在修行上也否決了坐禪求靜，而是要用動，也用不動。從各方面否定了凡情聖解，乃見眞實。臨濟云：

僧云：如何是焚燒經像？師云：見因緣空、心空、法空。一念決定斷迥然無事，便是燒經像。大德！若如是達得，免被他聖凡名礙。（《臨濟語錄》）

破除了聖凡名礙的虛妄，才有得到「眞實」，因而開悟的可能。如是才不受名相言議所惑，如臨濟所云：「自達摩大師西來，祇是覓個不受惑底人。」

五、否定接引所產生的效應

臨濟基於他的開悟及其禪學，因而以否定接引法，接引學人，樹立門庭，形成活潑自由，而又激烈生動的宗風，也光大了這一宗派，更使中華禪學大異於印度，其否定法的使用，形成了極大的效應。

佛陀說法，雖然應病與藥，權實兼用，但以言語解說，理論分析爲主，到了中國禪宗建立以後，不惟語極簡易，進而到了破除文字的境界，所以才說「不立文字」，雖然終究不能脫離文字，然已由「言語道斷，心行處滅」而顯示了破除文字的精神。因爲「得意忘言」，「得魚忘筌」，只能用之於求理的瞭解，而不能開悟或使道能傳承，究其極致，不外表顯之學，臨濟之使用否定法，在掃除這種名相和語言的執著和迷悟。此外否定法，又可產生否定一層，得一層進境的效果。所以六祖便明言：「佛法二輛，問凡以聖對，問聖以凡對，問有以空對。」（見《六祖壇經》）當然臨濟使用否定法，富有這種意義，破「妄」便能顯「眞」，掃除「聖凡名礙」，便有見道之眞實的可能。然使用否定法，由負面否定，即凡邪見、惡見，明言斥除，以知其非，乃常用之法，如問「凡以聖對」，問「有以空對」，然而臨濟卻多用正面否定，主張殺佛殺祖、殺父母殺親眷，三乘十二分教爲拭不淨故紙，當然是指名相語言，非眞實不妄之道，且有容易形成「偶像」、「教條」，產生誤導的後果，所謂「一片白雲橫谷口，幾多飛鳥盡迷巢。」仍然是以破爲立，破一方之妄，有以顯一方之眞。但有時卻兩邊否定，如上舉「殺佛殺祖」以破「聖」，殺父母殺親眷以破「凡」，乃「聖」「凡」兩俱否定，因爲具非「眞實」；有時破「有」亦破「空」，以生「中道」。

師見僧來，便豎起拂子，僧禮拜，師便打；又見僧來，亦豎起拂子，僧不顧，師亦打。（《臨濟語錄》）

僧見豎起拂子，認爲代表佛、或聖位而禮拜，臨濟棒打，似責其有「聖」見」或「有」見；另一僧見豎起拂子而不禮拜，臨濟亦加棒打，似責其不知有「有」，不起「聖見」，實乃雙邊否定之法。甚至全面否定者，臨濟云：

師問僧：有時一喝如金剛寶劍，有時一喝如踞地獅子，有時一喝如探竿影草，有時一喝不作一喝用。汝作麼生會？僧擬議，師便喝。（《臨濟語錄》）

一喝如「探竿影草」，乃探測禪人悟道之虛實，餘外均爲否定方法，尤其是僧人欲擬議答話時，臨濟予以一喝，乃不容其擬議答話而全面否定之。可見其運用否定法之靈活。實際上臨濟不主張坐禪，不以經論解說，明示學人求法得悟，而以不具形而上修道意義的棒喝等接引禪者，即已否定了文字語言的教導功能，棒喝本身也是一種否定方法，更可見這是不得已的方法，沒有方法的方法。亦是臨濟的巧心和特識，進而形成八棒四喝的妙用。臨濟一宗，大多以此接引方法，形成其宗風，使脫出守戒、禮佛、唸經的佛教，進入生動、靈活的求悟和傳授境界，而別開生面，另有成就，個別言之，是臨濟的慧識使然，整體而言，乃中國人慧識的凝結所致。

喪失了「無位眞人」的禪境，失落了使用否定法接引學人的眞精神，於是而用棒用喝，不是兒戲和胡鬧了嗎？不如安禪的寂靜，守戒的得力，故而入宋以後，臨濟兒孫演變成了默照禪和看話禪，其原因在此。

六、結論

臨濟開悟之時，年歲極輕，而其開悟，非由博頤經論，亦非持戒守律所致，而係由於「時節因緣」，內具求悟之氣機，時時體驗，經由外境之觸動，故而悟道。悟道之後，結合其開悟所得，而提倡「無位眞人」，實即馬祖「平常心是道」之形象化。在提倡「無位眞人」時，於其內涵雖無釋說，蓋恐學人執著於言語名相，而形成理障，而於語錄之中，仍多透露，綜合比論，實同於馬祖之「平常心合道」。

「平常心合道」，不主「理入」、「行入」，然亦不廢「理入」、「行入」，在馬祖則以不污染爲主要方法，臨濟雖亦不違反，然接引學人，則常以「殺佛」「殺祖」之否定法，以求去妄破迷，掃除文字語言之理障，亦斥破以禪定求悟之死法，其多用棒喝，棒喝殊無禪境上之實際意義，雖有賓主之機鋒互陳之時，然以除妄破迷，體現眞際爲目的，仍深具否定意義。蓋不主經論，不主持戒安禪，此外實難有接引學人之有效方法，故常以棒喝，以除其妄，破其迷，迷妄悉除，方有慧光閃露之發悟時機，如雲開霧散之後，方有杲杲日光之出現也。故其用棒用喝等，實乃不得已之手段，亦乃臨濟開悟經驗之結合，因其開悟，固曾遭棒責也。

言語文字，乃載道之器，有不可得而廢者，臨濟之用否定法，雖極力掃除因語言文字形成之理障，但於其禪學，非止於棒喝等，惟其使用語言文字之時，雖揭露釋說其禪學禪境，然常諄諄誘說，務使學人不落於理障之中，以障其「道眼」。然於未開悟之人而言，則不免迷頭藏影，陷入彷彿依稀之虛幻中，實以至道精微，語言文字不足以傳達，故佛說「不可說！不可說」。「得意忘言」，僅能透過語言文字，得他人之意，他人所說之理，而不能舉述「其大無外，其小無內」之「至道」、「本體」。臨濟致力掃除語言文字之理障，其用意在此，然不能不用語言文字，用語言文字之餘，仍不能無偏失，其原因亦在此。

臨濟之大用否定法，其意義亦可得而言，因爲掃除成見主見之後，方可接受新的知見，否定一重境，方能再進一重境；就悟道之實際而言，必去妄而後眞顯，迷去而後悟來，故而全力以否定法，不斷去妄、除迷，所以有雙面否定，全面否定，不斷否定，以為手段。臨濟之大用否定法，而且方法無窮，以佛教之接引學人為比較，佛教諸宗，多偏於正面灌輸，臨濟則常用反面否定。正面灌輸，容易得到知識和理論的引領，然於求道悟道而言，則常形成所知障；反面否定，雖易斥破名相理障，但常流於魯莽，如無修持的基礎，佛法的認知，而無止境的用否定法，則流於粗狂、戲論，所以有狂禪之弊，例如沒有開眼的禪人，而用棒用喝，根本沒有否定的目標和機鋒，豈不是一場胡鬧？何況不能接受此一否定方法的，亦不能有所領悟而有所抗拒，例如：

龍牙問：如何是祖師西來意？師云：與我過禪版來！牙便過禪版與師，師接得便打。牙云：打則任打，要且無祖師意！牙後到翠微問：如何是祖師西來意？微云：與我過蒲團來！牙便過蒲團與翠微，翠微接得便打。牙云：打則任打，要且無祖師意。牙住院後，有僧入室請益云：和尚行腳時，參二尊宿因緣還肯他也無？牙云：肯則深肯，要無祖師意。（《臨濟語錄》）

龍牙深知臨濟、翠微禪版、蒲團責打之意，但不接受這一否定方法，堅定表示「要無祖師意」——換而言之，與他參請的問題沒干涉，又無解答；但是深肯臨濟的禪悟。可見此一方法，亦有時而窮，無以發揮作用。因這些原因，黃龍、楊岐之後，便鮮用棒喝，揚棄了否定的接引法，回到正面接引上，而有默照禪和看話禪，因而宗風大變。

眞實不妄之知，確切不疑之悟，全然經得起否定法的考驗，以臨濟悟道後為例，具有眞實不妄之領會，故而在大愚、黃蘗否定法之考驗下，不惟收放自如，且能反賓為主，且於他人使用否定法時，知其著眼，有以對治：

師聞第二代德山垂示云：道得也三十棒，道不得也三十棒。師令樂山去問：道得爲什麼也三十棒？待伊打汝，接住棒、送一送，看他作麼生？普到彼如教而問，德山便打，普接住送一送，德山便歸方丈。普回舉似師。師云：我從來疑著這漢，雖然如是，汝還見德山麼？普擬議，師便打。（《臨濟語錄》）

所謂「道得也三十棒」，謂答語對了，或說對了，打三十棒；責其爲「多口阿師」，不應該言語論說之故；「道不得也三十棒」，說錯了也打三十棒；此爲兩面否定。臨濟卻使樂普予以勘驗，在德山棒打之時，「接住棒送一送」，其所代表的意義不明，應是面對兩面否定時不落過失的機鋒，考倒了德山。所以臨濟的用棒喝，不止是機鋒，更是否定法的靈活應用。簡而言之，臨濟的使用否定法，乃撥迷得悟，除妄歸眞的接引方法，與其開悟所得，實係極爲密切。

【附註】

① 《祖堂集》二十卷，係五代南唐保大十年（九五二）泉州招慶寺靜、筠二禪德所編。未收入《大藏經》內，韓國高宗朝翻印《大藏經》列爲附錄而刊刻。日本花園大學有藏本，中文出版社在日本先刊印原文，後刊索隱，民六十一年交臺北廣文書局出版。

② 大寂，乃馬祖道一之諡號。黃檗法系出自百丈懷海，懷海出自馬祖道一。以年代考，黃檗自可參訪馬祖，以

傳法之法統而言，則越百丈而稱參大寂，則頗有可疑。

③ 見《全唐文》九二〇。又見《禪學大成》第二冊，《鎮州臨濟慧照禪師語錄》後附刊之略傳。以下略稱《臨濟語錄》。

④ 見《禪學大成》第一冊，《江西馬祖道一禪師語錄》。以下略稱《馬祖語錄》。

玖、宋代理學與禪宗之關係

一、前　言

全祖望於宋元學案廬陵學案云：「楊文靖公言：佛入中國千餘年，祇韓歐二公立得定耳。說者謂其因文見道，夫見道之文，非聖人之徒，亦不能也。」佛教傳入中國之後，由魏晉以迄於宋，經過長期間與中國固有學術思想，相激盪、相排斥之後，而產生了相融合、互爲影響的作用，在中國的學術思想方面，起了全面而深入的影響，注入了新的內容，楊文靖認爲韓歐二公在這一巨流衝擊之下，立得定，只是就韓愈的原道及諫迎佛骨表，歐陽修作本論以反佛，修新唐書時把舊唐書中有關佛教活動的記載，全部刪去，二公在行動及思想上，有攘斥排阻之功。然而歐陽文忠公晚年自號六一居士，韓文公貶斥於潮州時與大顛禪師往返，則非與佛教絕無淵源，亦非毫不受影響。時至今天，佛教幾絕於其發源的本土，而傳入中華之後，卻各宗並起，大盛於我國，並進而東傳日韓，影響於世界，如果我們超出文化上的國界及地域觀念，予以正確的評估，以發現其正確的價值和貢獻，當爲從事學術研究的切要之事。

二、禪宗的「佛教中國化」

佛教影響中國文化甚深，尤以禪宗爲甚，宋代的理學，更是在禪宗的刺激下，吸收了禪宗的部分內容而形成的。因爲禪宗是南傳佛教的各宗派中，最中國化的一宗，從下列各項的探討，可以得到確切的證明：

㈠**在體道及境界而言，與莊子合源**：禪宗在思想的根源上雖不背大乘佛教的基本原理，從體道方面來說，已與莊子合流，印順的中國禪宗史論牛頭宗云：

無住、無著、無欲、無所執、無所得、無分別，這些都是佛法所常說的（小乘經也不例外）。佛法說因修得證：第一義不可安立，無修無證，無聖無凡，而世俗諦——緣起如幻（唯心者依心安立）中，一切都是成立的。所以佛法方便，是「不依世俗諦，不得第一義」；「第一義皆因言說」；依言說得無言說，依分別入無分別，由觀慧而達境智並冥，由心境而達不能（心）不所（境）。這樣，才能理會「聞思修」在佛法中的必要意義。牛頭禪的「無心合道」、「無心用功」，是從道體來說的。以爲道是超越於心物，非心境相對所能契合，不能發現分別觀察的必要意義，不能以分別觀察爲善巧方便，但見心識分別的執障，於是「無心合道」、「無心用功」——發展出一種無方便的方便。其實，這是受了莊子影響的。莊子說：玄珠（喻道體），知識與能力所不能得，卻爲象罔所得。玄學化的牛頭禪，以「喪我忘情爲修」。由此而來的，如

『絕觀論』說：「高臥放任，不作一個物，名爲行道。不見一個物，名爲見道。不知一個物，名爲修道。不行一個物，名爲行道。」發展所成的，南嶽、青原下的中國禪宗，與印度禪是不同的。印度禪，即使是達摩禪，還是以「安心」爲方便。印度禪蛻變爲中國禪宗——中華禪，胡適以爲是神會。其實，不但不是神會，也不是慧能。中華禪的根源，中華禪的建立者，是牛頭。應該說，是「東夏之達摩——法融」。

這種改變不管是屬於禪宗的那一宗派，但其改變確係受了莊子的影響（此一問題，除了宗教與哲學上的異同之外，可作如此認定）。莊子天地篇第十二云：「黃帝遊乎赤水之北，登乎崑崙之丘，而南望還歸，遺其玄珠，使『知』索之而不得，使『離朱』索之而不得，使『喫詬』索之而不得也，乃使象罔，象罔得之，黃帝曰：異哉，象罔乃可以得之乎！」象罔謂若有形若無形，而能得此玄珠。所謂道——（玄珠）宇宙的本體，哲學家都認爲是㈠是無對待的絕對體，㈡是有恆的、無限的，㈢是自因的。我們面對此一「絕對體」，只能直觀體受，不能論說云爲，故言語道斷，心行處滅之餘，只能於無形無象中求之。

就修行悟道的境界言，禪宗有三關之說，蓋由「凡」入「聖」爲初關，自「聖」入「凡」爲重關，不滯於「聖」「凡」，而「聖」「凡」俱泯爲牢關，故五燈會元有三關之說：「一鏃破三關」。莊子應帝王篇云：

鄭有神巫曰季咸，知人之生死存亡，禍福壽夭，期以歲月旬日若神，鄭人見之，皆棄而走，列子見之而心醉，歸以告壺子，曰：始吾以夫子之道爲至矣，則又有至焉者矣。壺子曰：吾與汝既其未文，未既其實，而固得道與？衆雌而無雄，而又奚卵焉，而以道與世亢。必信。夫故使人得而相女，嘗試與來，以予示之。明日，列子與之見壺子，出而謂列子曰：嘻！子之先生死矣！弗活矣！不以旬數矣！吾見怪焉，見溼灰焉。列子入，泣涕沾襟，以告壺子。壺子曰：鄉吾示之以地文，萌乎不震不正，是殆見吾杜德機也（此爲第一示）。嘗又與來。明日，又與之見壺子，出而謂列子曰：幸矣！子之先生遇我也有瘳矣！全然有生矣！吾見其杜權矣！列子入以告壺子，壺子曰：鄉吾示之以天壤，名實不入，而機發於踵，是殆見吾善機也（此爲第二示）。嘗又與來，明天又與之見壺子，出而謂列子曰：子之先生不齊，吾无得而相焉，試齊，且復相之，列子入以告壺子，壺子曰：鄉吾示之以太沖莫勝，是殆見吾衡氣機也，鯢桓之審爲淵，止水之審爲淵，流水之審爲淵，淵有九名，此處三焉（此爲第三示）。嘗又與來，明日，又與之見壺子，立未定，自失而走，壺子曰：追之。列子追之不及，反以報壺子曰：已滅矣！已失矣，吾弗及也。壺子曰：鄉吾示之以未始出吾宗，吾與之虛與委蛇，不知其誰何，因以爲弟靡，因以爲波流，故逃也（此爲第四示）。

巴壺天先生於藝海微瀾中的禪宗三關與莊子一文中析之云：

莊子應帝王篇中四示一段，頗具有三關意義，唐西華法師成玄瑛，明憨山大師釋德清，清末楊仁山（文會）居士，及民國胡淵如（遠濬）教授等所爲注疏，均曾抉微發隱，……按壺子四示，以本文所用名相釋之，則第一示即空，第二示即有，第三示即雙照之中，第四示即雙遮之中，雖有四示，實爲三關，此與禪宗三句，可謂巧合。

禪宗的三關，與其他各宗的四禪八定，以至證阿羅漢果所顯示的境界，層次意義，頗有不同，頗堪注意。

㈡**修行生活的平民化**：佛教的各宗，必立修行之所於名山勝境，伽藍精舍，清淨道場，由外在的環境，以協助內修，故僧人不事操作，而受八方的布施供養，完全沿襲了印度的方式，可是至禪宗卻改變了這種方式，如宋吳泳鶴林集卷二十六徑山寺記所云：

予嘗聞瞿曇氏之爲教也，旅泊三界，木下一宿，穴土爲廬，編茅爲庵，達磨之不屋也，德山之無殿也，包攝之不設佛像也，楊岐之不蓋僧堂也，風穴之不葺破院也，林洋泰布衲之不飾，寺塔不占檀那地也。瓦石擊竹無非道，山桃花開無非禪，地上水、庭下柏無非佛，安得有宮殿之華哉！

釋迦矣尼求道時，是沒有道場的，可是成道以後，跟隨的僧徒，乃是貴族階級之一，故有宮殿樓觀之屬傳來中土，佛寺之華麗，媲美帝王宮闕，一至禪宗，禪客不僅是穴居巖處，而且有隱於市廛的，其事多見於景德傳燈錄，不止於吳泳所言而已。這顯出了禪宗的精神，悟道在內心的修持，不受環境的影響，也不必借助於佛像經卷梵唱頌佛等等他力的依恃，而顯示了不受形式拘束、不迷信木偶的眞精神。雖然百丈懷海確立了清規，爲禪宗建立了禪堂及僧衆的管理制度，但這一基本精神，仍未喪失，百丈更跳出了僧眾受人布施供養的圈子，一日不做，一日不食，修行不只是坐禪入定行之，亦可在勞作中行之，這種最根本的改變，可以說是禪的中國化，或平民化。也因爲這樣，在會昌毀佛之後，其他各宗因寺廟被毀，經像消亡，無法修鍊，禪宗反能不受影響，乘時發展，如果毀佛的時間再長些，可能其他各宗，完全消亡，只有禪宗仍然屹立。

㈢**名相的中國化**：一家哲學的發展，與其使用的「名言」——也就所謂名相之學相關甚大，佛教東傳，譯經的工作隨之急速的展開，無論意譯、音譯、或音意合譯，所形成的譯名，多少會離於文字的原來意義，例如佛經使用最多的：心、性、無住、有、空、眞如、如如，往往不能以我國約定俗成的意義來了解，而形成了文字上的障礙。可是禪宗闡揚宗風教義時，除了根本的名相，是承之於佛經的譯述，而大多數的名言，幾已全面中國化，一方面由於禪宗的基本經典甚少，一方面由於其主張「教外別傳，不立文字」，對於名相的使用，認爲是不得已的事，故在使用的時候，極力求爲對方所懂，所以都是中國的、當時的，就禪宗留下來的語錄來考察，除了特殊的少數幾種理論性的著作如師資承襲圖、宗鏡錄而外，都是當時人所能了解的名相文字，即使紀錄成書的人，已予以相當的美化，但仍然不能改移這種事實。名相的中國化，袪除了一層神秘的外衣，減少了知解的障蔽，也消除了這種哲理是「外來的」的歧視心理。更有甚者，禪宗大師們的開示人，不但從實際的生活事物取材，而且對於歷史的故事，共知共曉的事例，不避引用，在語言的「色彩」上，已全與中國文化合而爲一，遺憾的是語錄公案都是以當時的口語紀錄而成，可是由於後世語言的變化甚大，影響了後人的了解，當非禪宗的過失，現引古尊宿語錄一段，以明禪宗使用名相的中國化，下面所引乃是南嶽懷讓與大鑑和尚會晤的記載：

（師）乃直詣曹溪，禮六祖，六祖問：什麼處來？師云：嵩山安和尚處來。祖云：什麼物與麼來！師無語。遂經八載，忽然有省，乃白祖曰：某甲有箇會處。祖云：作麼生？師云：說似一物即不中。祖云：還假修證也無？師云：修證即不無，污染即不得。祖云：此不污染即諸佛之護念，汝既如是，吾亦如是……。（卷一）

㈣佛理表達的形相化與詩語化：哲學家將人類的知識分為三大類，一類是感性知識（合實踐知識），一類是推理知識，一類是直覺之知識。感性知識由感覺器官攝取外境存在具體事物而得，推理知識經過邏輯推理而得，直覺之知，是由直覺體驗而得。佛教的理論，雖是由釋迦牟尼的直覺開悟而得，可是佛的宣化，完全是以推理的知識形式而說法，佛教的經、論、律，幾乎無例外，所以佛典中特有因明，因為這是了解佛經佛理的鎖鑰，可是禪宗在中國發展的結果，已違離推理知識的途徑，其說法教人，已走上直覺之知，例如古尊宿語錄所引：

馬祖居南嶽傳法院，獨處一庵，唯習坐禪，凡有來訪者都不顧，師（懷讓）往，彼亦不顧，師觀其神宇有異，遂憶六祖讖，乃多方而誘導之，一日，將甎於庵前磨，馬祖亦不顧，時既久，乃問曰：作什麼？師云：磨作鏡。馬祖云：磨甎豈得成鏡？師云：磨磚既不成鏡，坐禪豈能成佛。祖乃離座云：如何即是？師云：譬牛駕車，車若不行，打牛即是？打車即是？又云：汝學坐禪，爲學坐佛，若學坐禪，禪非坐臥，若學坐佛，佛非定相，於無住法，不應取捨，汝若坐佛，即是殺佛，若執坐相，非達其理。……（卷一）

懷讓和尚以磨磚不能成鏡，喻坐禪不能成佛，又以牛駕車，以車喻身，以牛喻心，而均脫去喻說的形式，乃佛理表現不走邏輯推理而走直覺之知的緣故，所以揚眉瞬目，豎拳揚拂，捧喝交馳，幡動鴨飛，乃成爲悟入之途，外人觀之，固駭怪而視爲神秘不可思議，就其實際觀之，乃其佛理形相化，如傳法寶紀僧（慧）可傳所說：「隨機化導，如響應聲，觸物指明，動爲至會。」觸物指明，正是佛理形相化的最好說明。這種情形，據楞伽師資記所說，則已起於禪宗傳入之初：

求那跋陀羅，「從師而學，悟不由師，凡教人智慧，未嘗說此，就事而徵。」

菩提達摩大師又指事問義：但指一物喚作何物，衆物皆問之，迴物換名，變易問之。

同書記載禪宗北派的神秀大師，也已應用此類方法：

又云：汝聞打鐘聲，只在寺內有，十方世界亦有鐘聲不？

又云：未見時見，見時見更見（不）？

又飛鳥過，問云：是何物？

由此上溯，僧肇的肇論云：

苟能契神於物，斯不遠而可知矣！

道遠乎哉！觸事而眞。聖遠乎哉！體之即神。

再佛說法時，天雨花，發金光，拈花微笑，不可說，不可說之記載，亦係佛理形相化，雖然如此，黃河之始，其源不過濫觴，但是佛不過以此顯示一種境界，求那跋陀羅的就事而徵，菩提達摩的指事問義，與僧肇的觸事而眞，乃是就事明理，與佛理之形相化不同。因爲前者是悟道開化的工具，而後者是寓道的本體。柯羅齊在美學原論第一章將人類的知識總歸納爲二類云：「人類的知識總不外產生心象的和產生概念的兩種。」而禪宗乃以產生心象智識的直觀方式——借形相化的語言，以表達由論理而產生的概念知識，這確實是一大轉變。

隨著佛理形相化而來的，就是形之於文字而寓禪理於詩。佛經之中，原自有偈，形式近於詩，然爲概念的表現，而非心象的表達，質言之，不過說理文的韵文化而已。可是禪宗卻不然，根據禪宗的多種書籍的記載，由達摩以至六祖，在傳付心法心印之際，皆有詩偈，五祖以前，其偈與佛經之頌偈無異，至六祖之後，乃以禪喻詩，已達「文質」相齊，詩味禪趣相等了，詩家哄傳的神秀六祖之作，不過肇其始端而已：

身是菩提樹，心如明鏡台，時時勤拂拭，莫使有塵埃。（神秀詩）

身非菩提樹，心鏡亦非台，本來無一物，何處有塵埃。（六祖詩）（據祖堂集）

二詩已用「比」的方法，有含蘊有文采，與達摩至五祖所傳法偈不同：

本來緣有地，因地種華生。本來無有種，華亦不曾生。（慧可偈）

華種雖因地，從地種華生。若無人下種，華地盡無生。（僧燦偈）

華種有生性，因地華生生。大信與緣合，當生生不生。（道信偈）

有情來下種，因地果還生。無情既無種，無性亦無生。（弘忍偈）（據景德傳燈錄卷一）

以禪寓詩，六祖而後，文采日彰，聲律益嚴，不加諦審，甚至有不知其爲寓禪之詩：

一擊忘所知，更不假修治。動容揚古道，不墮悄然機，處處無蹤迹，聲色外威儀，諸方達道者，咸言上上機。（智閑擊竹開悟偈）

摧殘枯木與寒林，幾度逢春不變心。樵客見之猶不顧，郢人何得苦追尋。（曹山本寂卻南平王鍾延諸偈。）

金鴨香銷錦繡幃，笙歌叢裏醉扶歸。少年一段風流事，祇許佳人獨自知。（圜悟呈法演悟道偈）

尤其是最後二首，置之唐宋人詩集中，亦係最好的詩，一方面是受唐宋近體詩發展的影響，一方面是禪宗的佛理形相化的緣故，才借詩喻禪。

三、禪宗與宋代理學的關係

以上是禪宗將佛教的佛理，由意境內容，形式中國化的緣故，所以禪宗乃爲中國人所樂於接受，尤以智識份子爲甚，是以韓文公雖排佛而與大顚禪師相交接，不是無原因的，因而禪宗對中國唐宋的學術思想，產生了極大的影響，宋代理學的產生，尤最直接，如果下一「無禪宗即無宋代理學」的斷語，似亦不爲太過。

宋代理學的發展，宋元學案，全祖望以爲係始於安定（胡瑗）泰山（孫復），宋元學案序錄云：

宋世學術之盛，安定泰山爲之先河，程朱二先生皆以爲然。安定沉潛，泰山高明，安定篤實，泰山剛健，各得其性稟之所近，要其力肩斯道之傳則一也。

站在以人爲主而編定學案的立場而言，全氏之言，自甚允當，然就以學術思想的流傳蛻變言，則全氏所言，頗嫌短狹，理學的發展，勢必推至李唐以上，僅就學術典籍的一方面而言，亦足以證明。

一、禪宗於經籍的影響：唐以前士大夫最注重的是五經，但至佛教東傳，至唐大盛，諸宗並起，禪宗挺秀之後，因佛氏皆言心言性，而心性之談，形成士大夫最注意的問題。然在五經之中，談心性的問題最少，是以韓愈推崇孟子、荀子，因孟荀二書言心言性最多，可以與佛書抗，由是因書及人，孟子的地位，由與先秦諸子相等的地步而躋升於孔子之次，荀子以言性惡，故受擯落，至宋更將禮記中的大學中庸，提與孔孟的二書相等，列爲經學要典，壓倒諸經。平心論之，中庸大學，除了在內容上偏重心性之談和較有系統外，其重要絕不會超過儒行、大同、檀弓等篇，故馮友蘭中國哲學史第十章云：

㈠韓愈於此（原道一文）極推尊孟子，以爲得孔子之正傳。此爲宋明以來之傳統的見解。而韓愈倡之。周秦之際，儒家中孟荀二派並峙，西漢時荀學爲盛，僅楊雄對孟子有相當之推崇，此後直至韓愈，無有力之後繼，韓愈一倡，此說大行，而孟子一書，遂爲宋明道學家之重要典籍焉。蓋因孟子之學，本有神秘主義之傾向，其談心談性，談「萬物皆備於我，反身而誠」以及「養心」、「寡欲」之修養方法認爲可與佛學中所討論，時人所認爲有興趣之問題，作相當之解答，故於儒家典籍中，求與當時人所認爲有興趣之書，孟子一書，實其選也。……

㈡韓愈於此特引大學，大學本爲禮記中之一篇，又爲荀學，自漢以後至唐，無特別稱道之者，韓愈以其中有「明明德」，「正心」，「誠意」之說，亦可認爲與當時所認爲有興趣之問題有關，故特提出……此後至宋明，大學亦爲宋明道學家所根據之重要典籍焉。

由上所述，可見由五經至十三經，雖係學術研究，隨時代而繁殖，但某些經籍的忽受重視，則顯係此一宗教因素之故，然此一因素，尚可委歸於整個佛教，而非禪宗一宗之力，但於經學內容之改變，其影響則非禪宗莫屬。

由漢至唐初，以孔穎達等人注各經正義，其解經之精神，無不在維護經說，篤守師說家傳，所表現的事實，乃係注不悖經，疏不悖注，注於文字名物的訓釋，疏於義理的尋求，故儒家之學，光彩銷歇，道家盛於魏晉，佛盛於南北朝及唐宋，非無內因，禪宗大盛之後，以其主自力成佛，不立文字，明心見性，頓悟成佛，敢視佛經爲拭瘡紙，以佛的偶像作用大，使人迷執，故敢呵佛罵祖，要打殺佛與狗吃，佛是乾屎橛，達摩是碧眼胡，知識份子接受了這種影響，於是對經籍的內容及注釋由絕對的崇信，改爲相對的懷疑，如衡麓學案中的領袖胡寅所說：

……惟鄒魯之學，由秦漢隋唐，莫有傳授，其間名世大儒，如佛家者流，所謂戒律講論之宗而已，至於言外傳心，直超佛地，則未見其人，是以聖道不絕如線，口筆哀哀，異乎身踐，其書

徒存，猶無書也。……（斐然集進先公文集序）

胡氏欲以禪宗「言外傳心，直超佛地」的精神，視秦漢隋唐的注疏成就不屑一談，認爲猶無書也，其實，反對秦漢隋唐的注疏的，柳宗元已肇其端，他已懷疑論語非孔子弟子所記，韓愈答張籍書謂「孟軻之書，非軻自著。」已懷疑注疏家有關作者的記載，至宋歐陽公以迄於朱晦庵，則進而懷疑注疏的當否，經籍內容的可靠性，宋學的形成及蔚爲大觀，一方面是增益了新的內容，一方面是跳出了前人解經說經的窠臼，後者很明顯的是受禪宗的影響。

二、禪宗語錄與宋代理學家的語錄：禪宗主張不立文字，可是哲理的講求傳授，見心見性的悟入，仍不能脫離這載道之器，其後乃下一轉語：不離文字或不廢文字，故禪宗大師語錄之多，代代增益，超凌各宗。禪宗語錄之起，據傳法寶紀僧（慧可）傳云：「隨機化導，如響應聲，觸物指明，動爲至會，故門人竊有存錄。」

據祖堂集的記載，慧可生於魏孝文帝永宜大五年，元寂於隋文帝開皇十三年，案景德傳燈錄所記，二祖出生年月不詳，卒於開皇十三年則與祖堂集同，魏孝文帝無永宜之號，但其僧徒之存錄，當必在隋也，然此一最早之語錄，惜已無存，現禪宗語錄最早之存者，當爲六祖壇經、神會和尚語錄，二者皆見敦煌石室所藏，足爲確證，而語錄的作用，則如古尊宿語錄序所云：

人根有利鈍，故機語有開斂鍼砭，藥餌膏肓，頓起縱橫展拓，太虛不痕，雖古人用過，時無古今，死路活行，死棋活著，觀照激發，如龍得水，故曰言語載道之器，雖佛祖不得而廢也。

這與胡宏與彪德美書所云，異曲同工。胡氏云：

又形而上者謂之道，形而下者謂之器，更曾細觀語錄，入思慮否？陰陽亦形而下者，此語如何，理趣須是自通，慣隨人言語，是不可也，某見侯先生說，此句信以爲是，更不敢思前日頓省猶未是也。……（五峯集）

禪家的閱語錄，在死棋活著，理學家在細觀語錄，以入思慮，言殊而指歸則一。惟胡宏所指爲理學家之語錄而已。或者以爲論語孟子，亦語錄耳，然而在古文質，書寫工具不便之世，論語孟子乃記孔孟思想學術之大綱，自與理學家語錄不同，況語錄之重起，又在去孔孟二聖近二千年之後乎；所以近人錢穆氏斷定理學家的語錄，起於禪宗，錢氏云：

……最著名的如「傳燈錄」，禪宗各祖師思想的傳授、分派、分宗都在這裏。宋代的理學受了禪宗很大的影響，至少如宋代理學家的語錄，便是從禪宗祖師們的語錄轉來。（見文藝復興第三十期黃梨洲的明儒學案．全謝山的宋元學案）

錢氏雖混傳燈錄與各家語錄爲一體，但理學家的語錄，出於禪宗祖師的語錄，則所見甚確。也是說宋理學家的語錄典籍，受禪宗的影響而興，當不爲武斷了。

三、禪宗的公案與理學家的學案：禪宗有了語錄之後，方有公案。以後的禪師，披閱了以往祖師的語錄，對坐化的大德的哲理，入道的門徑，表示了不同的看法，藉以垂訓後學，或者令門徒就某禪祖師的語示故事，參究其內容，明白其理意，有助於自己的開悟，才形成公案，例如碧崖錄第二則公案的趙州至道無難——有下面的記載：

不見僧問香嚴，如何是道？嚴云：枯木裏龍吟。僧云：如何是道中人？嚴云：髑髏裏眼睛？

僧後問石霜，如何是枯木裏龍吟？霜云：猶帶喜在。如何是髑髏裏眼睛？猶帶識在。

僧又問曹山，如何是枯木裏龍吟？山云：血脈不斷。如何是髑髏裏眼睛？山云：乾不盡。什麼人得聞？山云：盡大地沒有一個不聞。僧云：未審龍吟是何章句？山云：不知是何章句，聞者皆喪，復有頌云。……

案香嚴智閑屬潙仰宗，系出百丈懷海↓潙山靈祐↓仰山慧寂而香嚴智閑。石霜慶諸禪師系出青原行思↓石頭希遷↓藥山惟儼↓道吾圓智。曹山本寂禪師屬曹洞宗，爲開宗派之人物，系出洞山良价，他們對同一句語，作了不同的解釋，更有互相否定，以見道眞的。禪宗祖師這些橫說豎說，不可啐啄的語句，即是公案，蓋如法曹案例，各自據款了結，其作用則如碧巖錄卷一所云：「所以道，參則一句透，千句萬句一時透。自然坐得斷，把得定。古人道：粉骨碎身未足酬，一句了然超百億。」

這是公案的精神和作用，傳燈錄等書，不過是禪宗祖師語錄的縱的彙編，首揭公案之名，而最爲禪林所重的，當推圜悟禪師的碧巖錄了。其序云：「百則公案，從頭串穿來。」其成書在宣和七年，出書在建炎二年，理學已在發展階段，語錄在形成之中，陸游跋兼山先生易說云：「郭立之從程先生遊最久，程先生病革，猶與立之有問答語，著於語錄。」最早的理學家語錄，當推二程子，而學案則晚至清初，黃宗羲明儒學案序云：「於是爲之分源別派，使其宗旨歷然，由是而之焉，固聖人之耳目也。」

雖然黃氏以前，已有學案一類的書，但仍源於禪宗，錢穆氏（文藝復興第三十期）「黃梨洲的明儒學案全謝山的宋元學案」一文云：

今說到學案，其實學案兩字，也就是禪宗裏邊用的字，而語錄起於禪宗，「學案」也起於禪宗，明代人第一個最先做的學案，叫做「聖學宗傳」，寫這書的人是周海明，周海明就是一個學禪宗的人，從周海明的聖學宗傳下面繼起的有孫夏峯的「理學宗傳」，此兩書都在黃梨洲明儒學案之前，明儒學案則是接著此二書而來。……

明人講學，一家有一家的宗旨，其實這也都是跟著禪宗來的。……

禪宗有語錄之後，理學家方有語錄，禪宗有了語錄以後約二百餘年方有專門公案之書，理學家有了語錄之後約二百餘年方有學案之書，當非巧合，顯係受禪宗的影響。

由以上三點，可見禪宗使宋代的學者，轉移了經典的重心，改變了對經籍的態度，並使經學的研究由注疏而趨向於義理的探求，宋代理學的能放一異彩，誰能否定這些由典籍形成的基本因素呢？而這三者全與禪宗有關。

禪宗於宋代理學的關係，並不止於外在的影響，而影響到宋代理學的內容，錢穆氏在文藝復興第三十期有文云：「這種語錄，當然起於唐代的禪宗，所以我們絕不能說宋人的理學和唐五代的禪宗沒有關係。但我們也不能換一句口氣，說宋人的理學即是佛學，或即是禪宗，這話又根本不對，但我們也不能說理學是講孔孟儒家思想的，和佛家禪宗絕無關係，可見一切學問不能粗講，應該有個仔細的分別，此所謂「明辨」。」

錢氏「明辨」的提撕，令後學非常佩服，但其同其異之處何在？也許是問題鉅大，不能在短文內詳明細說，也許別有述作，未能寓目，但個人深信宋代理學與禪宗的關係必有可明辨之處，不致說成亦禪亦儒，或陽儒陰佛。試粗爲探論述說如下：

四、禪宗的宗統與儒家道統說的完成：禪宗自達摩於中華創教，流布迅速，由二祖慧可，至六祖慧能，枝派旁出，惟傳衣付法，迄無爭議，至於六祖，以出身微賤，世俗知識淺陋，不但在僧衲中無地位，且未出家受戒取得僧衲身份，一旦授以宗主之位，不饜衆望，謀奪遂起，以至被逼隱於四會懷集之間，其所以如此，在避奪位的逼害，如神會集所云：

因此袈裟，南北僧俗極甚紛紜，常有刀棒相向。

六祖爲避免逼害，不但隱於獵人之間，而且只在廣韶行化達四十餘年，致讓神秀的北派漸門，大盛於北地，以後由於神會的北上廓清，南派頓門才得行化於北地，後來爲了息止爭端，止衣不傳，至七代以後，改以壇經傳宗。禪宗至少在寶林傳以後，建立了印度二十八祖，中華六祖的說法，神會集記載神會召開的僧俗大會云：

神會今設無遮大會，兼莊嚴道場，不爲功德，爲天下學道者定（宗）旨，爲天下學道（者）定是非。

同時定宗旨、定是非，必涉及宗主、宗派的承襲及旁正，其時北派的普寂，已以七祖自稱，如圓覺經大疏鈔卷三之一所記：

能大師滅後二十年中，曹溪頓旨，沈廢於荆吳，嵩嶽漸門，熾盛於秦洛，普寂禪師，秀弟子也，謬稱七祖，二京法主，三帝門師，朝臣歸崇，勑使監衛。

在這種情形下，神會以宗主的傳遞，宗統的旁正攻之，神會集云：

從上已來，具有相傳付囑，……唐朝忍禪師在山東，將袈裟付囑於能禪師，經今六代，內傳法契以印證心，外傳袈裟以定宗旨。從上相傳，一一皆與達摩袈裟爲信，其袈裟今見在韶州，更不與人。

今言不同者，爲秀禪師教人凝心入定，住心看淨，起心外照，攝心內證。……從上六代以來，無有一人凝心入定，住心看淨，起心外照，攝心內證，是以不同。……我六代大師，一一皆言單刀直入，直了見性，不言頓漸，夫學道者，須頓見佛性，漸修因緣，不離是生而得解脫！

神會取得了這場宗統之爭的勝利後，便立碑鐫銘，形諸文字，以取代北宗普寂的「在嵩山豎碑銘，立七祖堂，修法寶紀，排七代數」的行爲。如宋高僧傳所云：

會於洛陽荷澤寺，樹崇能之眞堂，兵部侍郎宋鼎爲碑焉。會序宗脈，從如來下西域諸祖外，震旦凡六祖，盡圖繢其影，太射房琯作六葉圖序。（卷八）

由是曹溪居禪宗之正統，神秀爲旁出，能大師之學，大播天下，這場宗統旁正之爭，大約是開始於開元二十年而止於天寶十一年，這件禪宗的大事，當時的政要及詩人如宋禮、房琯、王琚、王維都是參與其事的人，後此的韓愈，當不致無所知，故原道一文，有云：

曰：「斯道也，何道也？」曰：「斯吾所謂道也，非向所謂老與佛之道也。」堯以是傳之舜，舜以是傳之禹，禹以是傳之湯，湯以是傳之文武周公，文武周公傳之孔子，孔子傳之孟軻，軻之死，不得其傳矣。……

這與禪宗的排七代祖，又有何區別？不過韓氏的立道統是在排佛老，恐其害道而已！至宋代的理學家們，接受了道統的觀念，不少的學者，更以「爲往聖繼絕學」自負，濂、洛、關、閩的弟子，往往視此五子，認爲能祧聖學的心傳。儒家的道統，乃爲之確定。反觀韓愈氏以前，無有是說，僅孟子五百年必有王者興之說而已。儒家的道統，與禪宗的宗統，主要的差別，前者能隔世相承，後者乃代代傳燈，不但此也，禪宗建立了教外別傳，不立文字的宗風，而理學家們也在建立道統之後，取僞古文尚書的「人心惟危、道心惟微，惟精惟一，允執厥中」爲心傳，於是道統的建立，乃告完成，以時代及學術發生的背景揆之，二者的關係，當非偶然的巧合。

五、禪宗與宋代理學家治學精神及方法之關係：紀昀氏四庫全書總目經部總敘論漢學宋學之別云：

其初（漢京）專門授受，遞稟師承，非惟詁訓相傳，莫敢同異，即篇章字句，亦恪守所聞，其學篤實謹嚴，及其弊也拘。……洛閩繼起，道學大昌，擺落漢唐，獨研義理，凡經師舊說，俱排斥以爲不足信，其學務別是非，及其弊也悍。……

其間雖有「王弼、王肅稍持異議」，似爲學風轉變的過渡時期的現象，然前者稍傾向於援儒合道，後者稍近於違衆自異，皆在古文經學與今文經學爭議大定以後。但宋儒在唐代經學注疏集大成之後，而有這種轉變，實殊堪驚訝，而禪宗影響的痕跡，灼然可見。初唐以前，儒者的治學，在學思並重，在師聖人，聖人已逝，在師其書，可是自禪風流播之後，已主張師聖不如師心，吳興宗九華集論求心云：

儒之師者皆師聖人，師聖人者不如師其心，蓋師聖人而得其心，心得則雖不必聖，未嘗不近聖也。失其心而師其言，雖謂於聖人有得而實無得也。夫先王之道滿門，然聖人傳之，至諸儒失之何也，知求聖言，不知求聖心也。故學者之學，莫非求心，何者？經之光華，可以言遇，而不可以言執也，執之而求聖，則聖淺矣：揚雄無得於論語，而僣論語，東皙無得於詩而僣詩，陸長源無得於易而僣易，王通無得於書禮樂而僣於書禮樂，彼不得於心而大爲之名，故賢者識而譏之，不賢者不識而惑之，嗚呼！於是聖人之門求言過而用力微，若舉一羽之不能，而謂能負九鼎也哉。（卷二十一）

認爲爲學在師心以師聖，不在執經典之言以求聖，求聖在於師心，則爲以心悟得，與宋釋居簡跋誠齋爲譚氏作一字經堂記之言，若合符節，居簡云：

致力於工，成於工師者，庸工也，必得於規矩之外。

致力於書，成於經師者，俗儒也，必得於文字之表，工則良工，名則名儒。（北澗集卷七）

宋代儒者在治學態度上有此轉變，故敢於疑古，敢於創新，而有「擺落漢唐，獨研義理」的成績。所以朱子的大學及中庸章句，敢於磔裂禮記的形式，分章立經立傳。程子敢爲中庸下定義，斷爲孔門之心傳。其言曰：

子程子曰：不偏之謂中，不易之謂庸，中者天下之正道，庸者天下之定理，此篇乃孔門傳授心法，子思恐其久而差也，故筆之於書，以授孟子。其書始言一理，中散爲萬事，末復合爲一理，放之則彌六合，卷之則退藏於密，其味無窮，皆實學也。善讀者玩索而有得焉，則終身用之有不能盡者矣。（四書集註中庸章句序）

試取集註大學中庸章句注釋與禮記原篇比讀，不難見其巨大差異，蓋由師心之求聖，其治學之法，已重於求理，而略於求證，故後人易見其悍，而難見其悟入也。由這，了解的同情，進而窺宋代理學家言心言性，言理言氣，而有異於孔孟之言及先儒的註疏，則將不致過於駭異矣。故朱子弟子度正送徐生遊成都序云：

……至性命之際，輒不能通，遂啓問曰：性相近，習相遠何也？余應之曰：孔子之言，言稟性也，非言性，且性一也，何嘗相近？若稟性則萬殊焉，蓋氣清濁不同也。（性善堂稿卷十）

把孔子所言之性，區分爲本體之性，稟受之性，雖近於悍，然在度正觀之，則必自信其合理，故以之告人而著之文字。與禪宗祖師的雖依據佛經，而敢於發揮經義，殊無二致，如祖庭苑事之教外別傳云：

正宗記曰：其所謂教外別傳者，非謂黃卷赤軸聞言聲字色樅然之有狀者，直與實相無相一也。

亦非果別於佛教也，正其教迹所不到者也。按智度論曰：諸佛斷法，愛不立經書，亦不莊嚴文字。如此，則大聖人其意何嘗必在於教乎。經曰：我坐道場時，不得一法，實空拳誑小兒，以度於一切。是豈非大聖人以教爲權而不必專之乎！又經曰：修多羅教，如標月指，若復見月，了知所標畢竟非月。是豈使人執其教迹邪？又經曰：始從鹿野苑，終至拔提河，中間五十年，未曾說一字。斯固其教外之謂也。然此極且（其）奧密，載之於經，亦但說耳，聖人驗此，故命以心相傳，而禪者所謂教外別傳乃此也。……（卷一）

宋代理學家的治學精神與方法，實與此無殊，既已標月，何必執指，既在得理，何必執言，既在求理，何必守證，此其精神方法之所在，若徒目之爲悍，實不足以服之。若曰關尹子已有師心不師聖之言，先於禪宗，則此書已確定爲僞託（詳見僞書通考子部道家）。不必引辯。

六、禪宗與宋代理學家修為接引方法之關係：

漢唐以前的儒家，雖然希聖希賢，以臻聖賢的境界爲最高目的，但於作聖人的方法，卻付闕如，頂多不過守著孔子告顏淵之言，以克己復禮，非禮勿動，非禮勿聽，非禮勿言爲入聖之途，至孟子則出養氣之說，但無作聖人的具體方法，至宋代理學家，則有具體實踐之途，朱子之說曰：

孔子之所謂克己復禮，中庸所謂致中和尊德性道問學，大學所謂明明德，書曰：人心惟危，道心惟微，惟精惟一，允執厥中，聖人千言萬語，只是教人存天理、滅人欲。人性本明，如寶珠沈溷水中，明不可見，去了溷水，則寶珠依舊自明，自家若知道是人欲蔽了，便是明處，只是這上便緊緊著力主定，一面格物，今日格一物，明日格一物，正如游兵攻圍拔守，人欲自銷鑠去。所以程先生說敬字，只謂我自有一箇明底物事在這裏，把個敬字抵敵，常常存個敬在這裏，則人欲自然來不得，夫子曰：爲仁由己而由人乎哉，緊要處正在這裏。（宋元學案晦翁學案上）

朱子的話，幾乎是宋代理學家作聖理論的總代表，理學家認爲滅人欲以去外物的誘染，心中的蔽障，廓除乾淨，則人所受的本性，自如明珠出於濁水，還於本來的清淨光明，而天理得以存全，其極致則與天地合德，如橫渠正蒙太和篇所云：「聖人語性，與天道之極」，則優入聖域矣。修爲的方法，一在求之於外，格物以明理，一在求之於內，敬靜以明本，如伊川云：「涵養須用敬，進學則致知。」（二程遺書卷十八）

至於內修的功夫，不管是濂溪主靜，二程主敬，朱子的兼敬靜，其基本的著手修治方法，則在靜坐，如宋元學案晦翁學案上云：

問：伯羽如何用功？曰：且學坐，痛抑思慮。曰：痛抑也不得，只是放退可也，若全閉眼而坐，卻有思慮矣！

人也有靜坐無思念底時節，也有思量底時節，豈可畫爲兩途。說靜坐時與讀書時功夫，迥然不同，當靜坐涵養時，正要體察思繹道理，只此便是涵養，不是說喚醒提撕，將道理去卻那邪思妄念，只自家思量道理時，自然邪念不作……。今人之病，正在其靜坐讀書時，二者工夫不一，所以差。

可見理學家對靜坐的重視，靜坐是佛家所謂定的功夫，打坐乃印度佛家及外道的共同法門，傳入中國，道家亦復用之，不過是以後禪宗特別重視，而名之曰坐禪，自不能全算是禪宗的影響，但靜坐靜心，而到達了一個了悟的境界時，則與禪合，如景德傳燈錄卷十所記：

異日（趙州從諗）問南泉，如何是道？南泉曰：平常心是道。師曰：還可趣向否？南泉曰：擬向即乖。師曰：不擬時如何知是道？南泉曰：道不屬知不知，知是妄覺，不知是無記，若是眞達不疑，猶如太虛廓然虛豁，豈可強是非耶？

所謂平常心，即是不思善、不思惡、無擬議、不以理性做作爲之分辨，所以才說「道不屬知不知」，亦即雪竇釋趙州之至道無難云：

至道無難，唯嫌揀擇，纔有語言，是揀擇？是明白？……（見碧巖錄卷一）

但至道亦非爲無知、無知無識則渾渾噩噩，所以才又說「不知是無記」。這與橫渠正蒙正道所云：

氣有陰陽，推行有漸爲化，合一不測爲神，其在人也，知義用利，則神化之事備矣。德盛者窮神則知不足道，知化則義不足云……。

神化者，天之良能，非人能，故大而位天德，然後能窮神知化。

……易謂窮神知化，乃盛德仁熟之致，非智力能強也。神不可致思，存焉可也。化不可助長，順焉可也……。

橫渠的論神化，乃人了徹本體之後，所直感的境界，亦非思慮言語所可擬議，朱子贊橫渠云：「

早悅孫吳，樂逃佛老。」朱子自云：「熹舊時亦無所不學，禪道文章楚辭詩兵法，事事要學。」至少在修治達於極致，與天合德，與禪宗開悟後之境界，則無二致。

漢唐以前之儒者教人，惟重學思，孔子則學思並重，荀子偏重於學，自禪宗頓悟之說大行以後，宋代理學家亦特重悟，如橫渠云：

學貴心悟，守舊無功。

觀書解大義，非聞也，必以了悟爲聞。……

書須成誦，精思多在夜中，或靜坐得之，不記則思不起，但通貫得大原後，書亦易記，所以觀書者，釋己之疑，明己之未達。……（見橫渠理窟）

當然悟亦不能廢學思之功，理學家既以求學者之了悟爲上，如是接引學者的方法，亦如禪宗祖師於日常生活語言行爲之中開悟學者，故揭出隨事觀理之方法，如伊川所云：「隨事觀理，而天下之理得矣。天下之理得，然後可以至於聖人。君子之學，將以反躬而已矣，反躬在致知，致知在格物。」理學家爲使學者開悟，教人有似禪宗祖師之教人參悟公案，如：

林拙齋紀問曰：天游王信伯（蘋）於釋氏有見處，後某因信伯問之，信伯曰：非是于釋氏有見處，乃見處似釋氏。初見伊川，令看論語，且略通大義。乃退而看之，既于大義粗通矣，又往求教，令去玩索其意味。又退而讀之，讀了，又時時靜坐，靜坐又忽讀，忽然有箇入處，因往伊川處吐露，伊川肯之。某因問其所入處如何？時方對飯，信伯曰：當此之時，面前樽俎之類，盡見從此中流出。

先生（王蘋）昔在洛中，晚坐，張思叔誦逝者如斯夫。范元長曰：此即是道體無窮。思叔曰：如是説，便不好。先生曰：道須涵泳，方自有得。范伯達云：天下歸仁，只是物物歸吾仁。先生指窗問曰：此還歸仁否？范默然。（見宋元學案震澤學案）

這與禪宗的參學，又有何分別呢？又如「曾吉甫問文定（胡安國）甚處是精妙處，甚處是平常處。曰：此語説得不是，無非妙處。徐憲曰：亦無非尋常處。」其問答實與禪師們的對答無殊，所差別的，禪家於一件事取決，而理學家則不專守一事而已。如伊川云：

思曰睿，思慮久後睿自然生，若於一事上思未得，且別換一事思之，不可專守著只這一事。蓋人之知識，於這裏蔽著，雖強思亦不通也。

百家謹案，釋氏止於一件上取決，不他換。（見宋元學案伊川學案上）

所謂釋氏，實指禪家，禪師之開悟否，由一件事或一件公案，可以印知，此「一件上取決」之所指也。又：

問：如何是萬物皆備於我？先生（王蘋）正容曰：萬物皆備於我，某于言下有省。

祖望謹案：此亦近禪家指點之語。（見宋元學案震澤學案）

全祖望氏於這一則學案所加的案語是對的，這與指月錄所載的公案，毫無二致：

玄則禪師問青峯：「如何是學人自己？」峯曰：「丙丁童子來求火。」後謁法眼，眼問：「甚麼處來？」則曰：「青峯。」眼曰：「青峯有何言句？」則舉前話。眼曰：「上座作麼生會？」則曰：「丙丁屬火，而更求火，如將自己求己。」眼曰：「與麼會又爭得？」則曰：「某甲秖與麼，未審和尚如何？」眼曰：「你問我，我與你道？」則問：「如何是學人自己？」眼曰：「丙丁童子來求火。」

慈明禪師問翠巖：「如何是佛法大意？」巖曰：「無雲生嶺上，有月落波心。」明瞋目喝曰：「頭白齒豁，猶作這個見解，如何脫離生死？」巖悚然求指示。明曰：「汝問我。」明震聲喝曰：「無雲生嶺上，有月落波心。」

以學人已知已信，再回答學人，也就是以學人所問，作爲答問的答案，無非在加強學人的信心，使其堅信不移，而更契入事理。可知理學家接引後學，常師效禪家的方法。

七、禪宗對宋代理學家的思想影響：宋明理學即近人所謂新儒學，所謂新儒學，乃漢唐以前的儒學，增加了新的內容，故有新的面貌，而有以別於舊學。宋代理學所加入的新內容，乃融合儒釋，而又加入道教中一部分內容，理學家取道教的太極先天之圖而構成太極圖，由周濂溪以至朱子，蓋無不以之構成其宇宙間構，至於其形而上之本體觀念，雖有取於道家，而尤有取於佛教中之禪宗。

(一)禪宗對宋代理學家形而上學的影響：漢代以前的儒學中，雖有形而上的本體觀念，如中庸所云：

天命之謂性，率性之謂道，修道之謂教。道也者，不可須臾離也，可離非道也，是故君子戒愼乎其所不睹，恐懼乎其所不聞，莫見乎顯，莫顯乎微，故君子愼其獨也。

「道不可須臾離」，「戒愼乎其所不睹」，「恐懼乎其所不聞」，已隱約寓有本體不可見、不可聞、無時不存在之意，及後受佛道之影響，而本體的觀念益趨於明顯。至於以人爲的修證，而明徹本體，則漢以前的儒家，似未措意於此，即道教之下者亦不過欲藉燒丹修鍊，以求長生而已。禪宗以不立文字，於形而上學的本體方面，少有推理的論說，而其修行方法，實有形而上學之根據，其所主之頓悟，悟此本體，悟證眞如也，其動作、其語言、其詩偈，無一不在顯示此境界。如此之宇宙本體，禪宗以爲不能講，如圜悟禪師所云：

設使三世諸佛只可自知，歷代祖師全提不起，一代藏經詮註不及，明眼衲僧自求不了。（碧巖錄卷一）

此一眞如，待修行證悟後，自可知之，故不必講，因爲「蓋天蓋地，又摸索不著。」雪竇禪師頌云：「二十年來曾辛苦，爲君幾下蒼龍窟。」可見其探究證悟之功，所以在建立本體的觀念，闡明及顯示上，禪宗並非無特別的成績。尤其在修行證體方面，禪宗的各代祖師，無不是實踐的人，故至宋代的理學家，不但各自在建立其形而上的本體論，而且認爲人可以了徹本體，所以陸象山才說：「宇宙便是吾心，吾心便是宇宙。」（全集卷三十六）而「宇宙不曾隔限人，人自隔限宇宙。」實乃宋儒所共有的概念，去此人隔限宇宙的東西，即可證悟本體，也就是禪宗要去形體的、概念上的執，以還本我來，徹證眞如的意境相同，所以王蘋才說：「當此之時，面前樽俎之間，蓋見從此中流出。」（見上引）又陸象山云：

今一切去了許多繆妄勞攘，磨礱去圭角，浸潤著米精，與天地合其德云云，豈不樂哉。（見語錄）

如果不了解陸氏人可了悟宇宙本體的意境，則他所說：「仰首攀南斗，翻身依北辰，舉頭天外望，無我這般人。」可能會誤爲理學家的神話。被宗朱者詆爲狂禪的陸氏如此，而朱子呢？其論無極之眞云：

詳來諭，正謂日用之間，別有一物，光輝閃爍，動蕩流轉，是即所謂無極之眞，所謂谷神不死，二語皆來書所引。所謂無位眞人，此釋氏語，正谷神之酋長也。學者合下便要識得此物，而後將心想像照管，要得常在目前，乃爲根本功夫。………（答廖子晦書）

以上係朱子引述廖子晦來書之意，無位眞人，正是禪宗公案，朱子雖以「論孟之言，無此玄妙之談。」但不否認此本體，故云：

但推其本，則見其出於人心，而非人力之所能爲，故曰天命，雖萬事萬化之所流出，而實無形象之可指，故曰無極爾。………（答廖子晦書）

此一無極，亦由人心之察體而得，朱子云：

所以明道說，聖賢千言萬語，只是欲人將已放之心，收拾入身來，自能尋向上去。今且須就心上做得主定，方驗得聖賢之言，有歸著自然有契，如中庸所謂尊德性，致廣大，極高明。蓋此心本自如此廣大，但爲物欲隔阻，故其廣大有虧，本是高明，但爲物欲係累，故於高明有蔽，若能常自省察警覺，則高明廣大者常自若，非有所損益之也。………（見宋元學案晦翁學案上）

朱子的所謂「尋向上去」，「自然有契」，非謂人能契入本體乎？故曰：兩宋理學家的本體觀，雖非淵源於禪宗，人可由了悟以明徹本體，則顯係受禪宗的影響。然本體論亦非與禪宗毫無關係，如二程遺書云：

所以謂萬物一體者，皆有此理；只爲從那裏來。「生生之謂易」，生則一時生，皆完此理。人則能推，物則氣理，推不得。不可道他物不與有也。人只爲自私，將自家軀殼上頭起意，故看得道理小了佗底。放這身來都在萬物中一例看，大小大快活！……（下評釋氏）「萬物皆備於我」不獨人爾，物皆然。都自這裏出去，只是物不能，人則能推之。雖能推之，幾時添得一分？不能推之，幾時減得一分？百理俱在，平鋪放著。幾時道堯盡君道，添得些君道多，舜盡孝道，添得些孝道多？元來依舊。

黃百家於宋元學案明道學案此條下加案語云：「此則未免說得太高。人與物自有差等。何必更進一層，翻孟子案，以蹈生物平等，撞破乾坤，只一家禪詮。」黃氏詆其違儒家平正之論，而謂之爲一家禪詮，細玩二條之內容，非無因也。

八、禪宗體用說於宋代理學家的影響：禪家雖少直接論說本體，但證悟後，時時隨機借物，以顯示此義，謂本體與現象，如水如漚，即用顯體，「性」遍周沙界，用亦遍周沙界，故「僧問香嚴，如何是道？嚴云：枯木裏龍吟。」（景德傳燈錄卷十七）香嚴智閑之意，謂道無所不在，而且即體涵用，故香嚴悟道，乃因瓦礫擊石而開悟，就本體涵融一切而言，則如雪峯義存所云：「盡大地撮來如粟米粒大」，就「性」遍周沙界而言，則如洞山守初禪師答僧問如何是佛爲麻三斤，就即體顯用而言，則如「雲在天空水在瓶」。本體誠有：「細細處細如米末，深深處佛眼難窺，密密處外魔莫測。」若非即用顯體，用涵於體，則何以知之乎？如黃檗運禪師所說：

萬類中個個是佛，譬如一團水銀，分散諸處，個個皆圓。（傳心法要）

黃檗禪師的話，與六祖所說：「本無動搖，能生萬物。」若與車合轍，體用的關係，則以馬祖道一說得最透：

體無增減，能大能小，能方能圓，應物現形，如水中月。（見五燈會元）

唐以前的儒家雖已有體用觀念，然不如道家源流的早，可是至宋代理學家，才說得更明白、更具體，如濂溪先生所云：

寂然不動者，誠也。感而遂通者，神也。（通書聖第四）

天道行而萬物順，聖德修而萬民化，大順大化，不見其迹，莫知其然之謂神，故天下之眾，本在一人，道豈遠乎哉？術豈多乎哉？（通書順化第十一）

「不見其迹，莫知其然」乃本體，萬物順、萬民化乃由本體天道所顯示之作用，其太極圖說，由無極而太極，以至萬物化生，即由體以至用也。其後的理學家雖於太極圖說的解釋體認有異，但於體用的觀念則無不接受，關於理學家以陰陽釋道，劉蕺山論之曰：

宋儒之言曰：道不離陰陽。則必立於不離不倚之中，而又超於不離不倚之外，所謂離四句，絕

百非也。幾何而不墜於佛氏之見乎？（劉子全書卷十一）

離四句，絕百非，正禪宗之體用觀，四句謂：空、有、非空、非有。體用不離於空、有、非空、非有之中，亦不住於空、有、非空、非有。更不能執此四句以求，故曰離四句也。宋儒言「道不離陰陽，亦不倚陰陽，則必立於不離不倚之中，而又趨於不離不倚之外。」正與禪宗之離四句相合，至於絕百非，則禪宗之解釋各殊，未有定論，不能碎細拘牽以論，由此可見禪宗的體用觀，影響宋代理學家甚鉅。

九、禪宗言心性與宋代理學家言心性之關係：

禪宗稱爲教外別傳，其宗旨在「不立文字，直指人心，見性成佛。」謂人人皆有佛性，如趙州從諗禪師所云：

金佛不度爐，木佛不度火，泥佛不度水，眞佛內裏坐。（趙州語錄）

禪宗所謂佛性，亦稱自性，眞心、眞如，異名甚多，而審查所謂性的內涵，非指生理上的心，亦非能思辨的心思，性非自然之性，亦非慾念情性之意，而是指微達本原的本體之意，而且人人具足。如傳燈錄所云：「道源不遠，性海非遙，但向己求，莫從他覓，覓即不得，得亦不眞。」這是禪宗所謂心性的意義。我們細讀宋代理學家的哲理著作，其言心言性，均多非常識上、生理上的心性之義，也就是說其涵義已非以往的界定所能包括，無他，只因宋代理學家的言心言性，已有形而上的哲學意義，亦有時與常識上的、生理上的心性之義相混用而已。雖然中庸有天命之謂性，已有哲學上的意味，但仍不明顯，故宋理學家心性的內涵，實另有來源，如橫渠所云：

太和所謂道，中函浮沉、升降、動靜相感之性，是生絪縕相盪勝負屈伸之始。（正蒙太和篇第一）

太虛無形，氣之本體，其聚其散，變化之客形爾。至靜無感，性之淵源。有識有知，物交之客感爾。客感客形與無感無形，惟盡其性者一也。（同上）

其所謂性，均係形而上之本體之謂，爲闡明他所言之性，有以別於釋家，故又云：

若謂萬象爲太虛中所見之物，則物與虛不相資，形自形，性自性，形性天人不相待，而有陷於浮屠以山河大地爲見病之說。此道不明，正由懵者略知體虛空爲性，不知本天道爲用，反以人見之小，因緣天地，明有不盡，則誣世界乾坤爲幻化，幽明不能舉其要，遂躐等妄意而然。

這完全是對佛家言性之攻擊，夫以儒家的實有宇宙觀，來評倫佛家的「緣起性空」的宇宙觀，自然認爲佛家的「形性天人不相待」和「誣世界乾坤爲幻化」之失，但以性爲形而上的哲學內涵，則不相異。同樣朱子之仁說云：

天地以生萬物爲心者也，而人物之生，又各得夫天地之心以爲心者也，故語心之德，雖其總攝貫通，無所不備，一言以蔽之，曰仁而已。……

心之德，既有總攝貫通的能力，自具有形而上的意義，然朱子恐人誤認所說與禪家無異，所以他的觀心說云：

或問：佛者有觀心說，然乎？曰：夫心者，人之所以主乎心者也，一而不二者也，爲主而不爲客者也，命物而不命於物者也，故以心觀物，則物之理得，今復有物以反觀乎心，則是此心之外，復有一心，而能管乎此心也。然則所謂此心者，爲一邪？爲二邪？爲主邪？爲客邪？此亦不待教而審其言之謬矣。……釋氏之學，以心求心，以心使心，如口齕口，如目視目，其機危而迫，其理虛而勢逆，蓋其言雖有若相似者，而其實之不同，蓋如此也。……

朱子之言，實不足以服禪家，因其已誤解禪宗釋心之內涵，觀心調心，乃禪師之修行證悟功夫。況儒者亦有人心道心之分，是一乎？是二乎？朱子又未明言「其言雖有若相似者」之相似之處何在，顯見朱子之觀心說，乃在恐使人認爲理學者之治心功夫，同於禪宗也。然心之存主，亦有偏失，朱子云：

爲學當以存主爲先，而致知力行亦不可以偏廢，縱使已有一長，未可遽恃以輕彼，而長其驕吝克伐之私，況其有無之實，又初未可定乎。凡日用間知此一病，而欲去之，則即此欲去之心，便是能去之藥，但當堅守，常自警覺，不可妄意推求，必欲捨此拙法而別求妙解。（宋元學案晦翁學案上）

存養爲治心之功夫，去心上的驕吝克伐，即禪宗所謂「大生我慢」。而去病之方，朱子乃取禪師之方法。朱子云：

得知如此是病，卻便不如此是藥，若更問何由得如此，則是騎驢覓驢，只是一場閒話矣。騎驢覓驢，傳燈錄云：參禪有二病，一是騎驢覓驢，一是騎驢不肯下，此病皆是難醫，若解下，方喚作道人。又云：不解即心是佛，眞是騎驢覓驢。（宋元學案晦翁學案上）

朱子直以爲「心病」所在即是「心藥」之方，而有取於禪師的方法。

四、結論

由上所述，可見宋代理學家於本體、體用、心性思想發展的痕迹，不能說與禪宗無關，因爲任何一種學術思想的發生及蛻變，均有其內因外緣，「因風起浪」不是無原因的，所以說宋代理學家爲陽儒陰佛，也不是無根之談，不過不直指禪宗，因爲「佛」所代表的較廣泛。

牟宗三氏於心體與性體一書云：

吾今只明言，中國文化生命發展至北宋，已屆弘揚儒家內聖之學之時，此爲歷史運會之自然地所迫至者。因是歷史運會之自然所迫至，故濂溪之學，雖無師承，而心態相應，出語即合。……

……（第二部分論一第一章）

認爲濂溪是面對典籍，「默契道妙」。其原因在「運會成熟，心態相應，一拍即合」。那麼會運成熟，是應包括學術思想發展的條件在內的。牟先生認爲：「凡宗教眞理皆有其廣被性與普遍性。」北宋自仁宗以後，士大夫無不參禪言禪近禪，然濂溪雖無師受，而環境之刺激，禪宗正反方面的引發，因其廣被性已足籠牢士大夫，故方能面對典籍，「默契道妙」，在此以前之王弼，雖有玄思，而未能有此成績者，如牟先生所言，其「心態非儒家型」可能係原因之一，而宗教上無禪宗的思想廣被，則必係其原因之一也。

至於宋代理學家受佛家的影響而反佛家，則如近人所云：

然李翱所說，實亦可爲儒家之說者，因其仍講修身齊家治國平天下，不離儒家之立場也。李翱及宋明道學家皆欲使人成儒家的佛，而儒家的佛必須於人倫日用中修成，此李翱及宋明道學家所以雖援佛入儒而仍排佛也。（中國思想史第十章）

其理頗當，今略去儒家反對佛家反於人倫日用的一方面不談，述宋代理學家受禪宗的影響及關係，以見宋代理學的發展，其因緣會運之有自。

拾、詩情與禪趣的融合

一、禪宗的建立

禪宗這一革命性的佛教宗派，成立不久，便由小宗「附庸」，蔚爲大國。形成了以一宗能與佛教各派抗衡的聲勢，而且予中國的宗教、文學、哲學、藝術，以極大的震動和影響。

㈠**達摩來華**：在梁武帝的時候，菩提達摩由天竺來華，弘法佈道，成立了禪宗，是爲中華初祖。雖然有關他來華的年代，活動的時間，傳法的事跡，仍有很多爭議，但是其禪宗的開宗地位，是毫無問題的。達摩弘法，仍以楞伽經傳宗，又有壁觀婆羅門的稱號，顯示了重經典的「理入」和重修持的「行入」，並不背佛教的基本精神。可是以後的學者稱之爲楞伽宗，如果這一說法成立了，則禪宗創立於達摩時不稱禪宗，禪宗的名號始於何時呢？以後的禪宗大師，將達摩所傳的，稱爲祖師禪；達摩以前，稱爲如來禪；近人又將禪宗融合了中華文化的精萃部份之後，稱之爲中華禪，三者其內容如何？別異何在？雖有頗多的探求，然仍未湛清這基本的問題。當然達摩在佛教大盛之後，而能獨創一宗，自必有其特異之處：⑴修持上的「苦行」。⑵不特重經典。⑶隨機啓導的教學方法等等，應是極基本的原因，隨著這些「特異」的發展，而形成宗派。

㈡**南北二宗**：禪宗三傳到了四祖道信，除了正式將法統傳給五祖弘忍之外，也承認了牛頭法融的地位，不過認是橫出一枝的旁枝。近代印順大師在中國禪宗史一書中，極力推崇法融爲「東方之達摩」，許其爲中華禪的建立者，認爲法融的「無心信道」、「無心用功」，是受莊子「玄珠」爲「罔象」所得，以「喪我忘情爲修」，形成了玄學化的牛頭禪。這一說法極爲新穎而富創見，但仍有極大的問題待解決：⑴莊子所說的，是哲學家哲理上的寓言，如何轉變爲宗教上切實修行開悟的方法呢？⑵牛頭禪可以玄學化，爲何先於他活動在此一地域的其他佛教宗派卻不能呢？⑶法融的悟道，是受道信的開示，是否玄學化已從道信開始了呢？如果這些問題不獲得徹底的澄清，恐怕法融無以承當「東方之達摩」的尊稱。

禪宗五傳至慧能，此後有了極大的發展，但也引發了禪宗分裂的危險。原因起於弘忍大師傳法之時，以在法不在資格的原則，將宗主的地位，傳給了開悟的六祖慧能，而未傳給神秀，當時的六祖，尚未通過唐朝政府的考試，獲得僧侶資格，也沒有獲得度牒，僅係帶髮修行的頭陀。而神秀大師，不但有僧侶資格，而且是弘忍門下的「教授師」，弘忍傳法系於慧能，以衣缽爲信證，引發了門下的不滿和宗主地位的爭奪，所以命六祖往南方逃避遁隱。神秀以後北上，爲武則天所重；慧能大師出世後活動於南方，所以形成了南北二宗相抗的局面，神秀的高弟普寂等，以正宗自居，荷澤神會出而「正是非」，與之爭宗主的地位，由於安史之亂，國都殘破，道場屢受破壞，信徒多逃散，北宗的聲勢已不振，加上神會以「義賣」度牒，幫助郭子儀等政府軍的籌糧餉，獲得了皇室政治力量的支持，於是爭回了南宗的正統地位。神會攻擊北宗時，貶之爲「漸門」——只知漸修，而自許爲「頓門」——提倡頓悟，事實上漸修的目的，即在求頓悟，頓悟的獲得亦不能廢漸修，不過因爲修道器根利鈍的不同，而悟有大小遲速的分別而已。如果一代大師的神秀，連這一根本的道理都不知道，何以能成爲北宗的領導人呢？

㈢**五宗二派**：慧能大師遵照五祖的囑咐，付法之時，不傳衣砵，實際上是無異於廢除了宗主地位，得法之人，均可爲一方之主。事實上四祖的橫出一枝——牛頭法融一系；五祖的得法者十，已有多頭弘傳，不專一人領導的傾向；至六祖廢除了衣砵，而且未明確付法於某人，所以更鼓勵了多頭弘傳，於是有五宗的並起——曹洞、臨濟、雲門、溈仰、法眼，以上五派，大抵成立於唐末，其中法眼最晚，已入南唐了。臨濟宗活動於北方，其他四宗多在南方弘法，臨濟不但在北方取代了北宗的地位，而且以獨特峻烈的門風，趨於獨大，到了宋代，又分出黃龍派和楊歧派，「臨濟兒孫遍天下」，即指此而言。傳至韓國、日本，仍係如此，可以勉強與之抗衡的，只有曹洞宗而已。五宗二派，其所以敢勇於自立宗派，完全是基於「門庭設施」不同，各家的悟道宗旨和方法不同之故，並非標新立異。

㈣**禪宗的普遍影響**：禪宗於中國文化的影響，是多層面的，立即而深遠的影響，仍然是佛教。禪宗聲勢大盛之時，教下不少的高僧，挑著經疏到南方，與禪人作悟道層面上的對決，而結果多是教下高僧，從經論獲得的「知解」，敵不住宗門切實有悟的見道之言，反而歸服了禪宗；多多少少促使各派的「禪化」，禪宗入宋以後，活潑獨特的宗風，慢慢喪失了，也有「佛教化」的傾向，以後中國的寺廟，大多成爲禪林，形成「中國佛教在禪」的特質。其次影響的，是文學，尤以詩爲最，以禪入詩，以詩寓禪，以禪論詩，是最明顯的影響。在哲學上，宋明理學受禪的影響最大，禪宗南北二宗有宗統、宗旨之爭，於是理學家建立了道統之說和道統心傳：禪宗各派因「門庭設施」不同，而各立宗派，宋代學者因而自立學派；禪宗有語錄，其後的理學家亦有禪師形式的語錄；禪宗有公案，理學也有了學案。在藝術上，以繪畫爲例，王維的雪裡芭蕉，實寓禪宗「大死一回」的意境，禪畫源頭，已始於此，以後的董其昌，更借禪的理論，建立畫的理論。中國的水墨，有墨有「五彩」應係根據「曹洞五位」而作此劃分，以「墨色」爲母色，以「白色」爲子色，也是根據曹洞宗的借墨色寓「空」——本體；借白色代表「有」——現象，這一方法的襲用。禪宗影響之大，於此可見。

二、中華禪的特色

中華禪的內涵如何？可能係沒有解決的問題，因爲由所悟的道，到悟道、修持的方法，牽涉甚大，而且有見仁見智的不同。但中華禪的特色，則簡明可見：

㈠**道體的領悟**：中華禪與印度的佛教，當然極有關係，其關係不是建立在某一單純的經論上，而是建立在宗教教理的信仰基礎上，簡而言之，禪宗接受了佛教的形而上學「道」的理論，作爲修行上的依據，以求人與道合。特別要分辨的，禪宗不是經由哲學家的接受方式，由邏輯思考，言論述說，由概念上去領受，所以禪宗大德云：「思而知，慮而解，鬼窟裡作活計。」而是由宗教上的開悟——當下薦取，全部如實地領悟，不許思惟擬議，所以才說「如蚊子上鐵牛，無下嘴處。」每人悟道的過程不同，但開悟後境界的喻說，則無不相合，所謂「佛法無多子」，指的即係此「形而上」的道底部份。

㈡**活法的參悟**：佛教的求悟，幾乎是一致的，以佛、法、僧爲三寶；以戒、定、慧爲三學；人人依此而行，雖然自有其偉大的效果和價値，但禪宗認爲這是定法，也是死法，專守經論，會死在句下；專習禪定，會枯死蒲團上；有佛祖的聖瑞觀念，會「一片白雲橫谷口，幾多飛鳥盡迷巢」；所以禪人注重無定法求悟，無定法即活法之意，所以從緣悟達，見桃花、聞雷、聽青蛙入水、石子擊竹、見日光、聞喝道聲、參公案，甚至廁所聞臭味，均可悟道，中華禪的特異之處，即在此一活法參悟上。

㈢**簡易的民族性**：佛陀說法四十九年，遺留的經典甚多，其說阿含經，長達十餘年，其說妙法蓮華經，也在四年左右，滅度前的說法——涅槃經，也達三天三夜，這些經，乃由集結而成，所記的不是極詳細的內容，只是內容的大要，已足顯示其說理的入微，分析的周密，以後的論疏，更加詳細入微。然而我民族性喜簡易得要，所以達摩付法，認爲楞伽經才適合此土，實以其簡明之故，五祖而後重金剛經，更加簡明，因民族性喜歡簡易之故。由能不能悟道的觀念而論，能悟的話，一二句也就夠了；甚至無言的開示，揚眉、瞬目，能達目的，連言語也屬多餘了。所以禪宗的經典和禪人的語錄、公案，無不顯示了此一簡易精神，實民族性不同有以致之。

㈣**名相的中國化**：「一家的哲學，就是一家的名學」，名相的使用，是哲學最重要的部份。佛教傳入中國，很多的名相，都是根據音讀直譯而來，厥義難求，往往有割肉不相親的疏離感。禪宗則不然，使用的名相，大多中國化，不避俚俗，雅言成語，無不應用，掃除了厥義難求之苦，產生了中國化的親切感。

以上四項，不是中華禪的內容，而是中華禪的特異處。順便要澄清的，禪宗與禪定無關，禪宗的典籍中，沒有一部坐禪一類的經典，可為旁證，雖然不廢坐禪，但決未提倡坐禪，默照禪雖重坐禪，已是禪宗末期了。禪宗不重思惟擬議，所以無因明一類的經典；不死守一經，不拘拘於名相，如果以教下的立場，就禪祖師的一言一語，便判定與某經某宗有關，可能陷於誤斷。

三、詩與禪的融合

詩係文學的園地，禪乃宗教的範疇，似乎冰炭不可同爐。南北朝時，「詩必柱下之旨歸，賦乃漆園之義疏」，引老莊的玄學溶入詩文之中，卻產生了文壞詩衰的結果。可是詩與禪則不然，融合之後，如投水乳於一砵，產生了共濟共美的效果，係文學史上極為奇特的事。詩禪的融合，因素如下：

㈠**詩與禪並盛的時代背景**：唐太宗受孔子論詩：「詩可以興，可以觀，可以群，可以怨」的影響，欲以詩興教，形成移風易俗的效果，於帝京篇序云：「庶以堯舜之風，蕩秦漢之弊，用咸英之曲，變爛熳之音，求之人情，不為難矣。」大有時下「學音樂的孩子不會壞」的意味。所以開科取士，於進士的考試，加考詩賦，而詩又有決定性的作用，加上以詩爲諷諫，獎掖詩人，與之游宴唱和，復以偉大詩人輩出，又値詩歌體裁上近體詩的完成期間，造成了詩的黃金時代。禪宗發展至唐，也進入了黃金時期，牛頭法融，五祖弘忍，活躍於唐初，南能北秀，大振聲勢於盛唐，馬祖道一、石頭希遷等等的繼起，更如日中天，在詩、禪兩盛的時代背景之下，促使二者融合，有了投水乳於一砵的時空條件。

㈡**以詩寓禪**：禪宗傳宗的時候，已有了法偈相傳的事實，但不過形式似詩，句法整齊而已；沒有詩的實質和情味。可是到了五祖傳法，北宗神秀、南宗慧能，均以五言詩表示其悟道的境界，雖然是法偈的繼續，但受了近體詩成熟的影響，於是詩情禪趣，兩極其妙，以後禪人承風，形成以詩寓禪的事實。這不是偶然的巧合，而是比興之詩，於禪有寓托的方便，說而無說——沒有直截了當的說明，使人有自行領悟的含蓄，能「繞路說禪，言滿天下無口過。」以詩寓禪時，於禪理悟境，能「不觸——不直接說出，更能「不背」——未背離此主題，與魏晉的玄理詩，迥然不同，乃詩的表現技巧的進步，禪人示法的觀念的不同，有以致之。

㈢**引禪入詩**：在禪宗傾動朝野的時候，詩人明徹靈動的心靈，是最能感受禪理、禪趣和微妙境界的人。於是與禪人往返，或歸依門下，形成了風氣，感受薰染之餘，便將之入詩，將禪的感受和領會，形成了詩的主題、內容、素材，唐人詩中有禪，是如此形成的。宋人更甚。

㈣**詩禪融合**：經過了禪人的以詩寓禪，詩人的以禪入詩的二種歷程，於是詩禪的融合，不但極爲自然，而且相輔相成，相濟相美。方回云：「詩爲禪客添花錦，禪是詩家切玉刀。」其實詩不止於是禪的錦上添花，而且合乎禪人的「繞路說禪」，使人能領悟自得，寓禪是目的，詩是形似，融合的結果，是禪更有趣，而詩更有味。「禪是詩家切玉刀」，言詩人得禪之助，解決了詩學上某些理論上的問題，如以參禪之法參詩，以參活句的方法學詩，嚴羽的滄浪詩話，其基礎便建立在以禪論詩的上面，至於借禪境以提升詩的意境，更是以禪爲詩的主題、內容、題材以外的最佳效果。禪與詩如此緊密的融合，形成不明禪也無法深明這一類詩的實際。（詳情請參閱拙作「禪學與唐宋詩學」）

四、禪趣詩舉隅

成爲一首爲人所欣賞的好詩，條件很多，但能否有情趣、趣味，是極重要的。故嚴滄浪云：「詩有別趣，非關理也。」寓禪之詩，最重要的在寓禪成趣，否則不如看公案、語錄之能得其理。以此原則，分類舉隅，析賞下面的禪趣詩。寓禪之詩，雖未必首首如此，但是確有詩情禪趣，俱臻佳妙的好詩。

㈠**奇趣類**：東坡論詩，舉出奇趣一類，認爲奇趣之詩，是由「反常合道」而構成，所謂「反常」，是違反事物的常情常理，所謂「合道」，是在違反常情常理的情況下，而實合至道。例如丹霞燒木佛：

丹霞後於慧林寺，遇天大寒，取木佛燒火向。院主呵曰：「何得燒我木佛？」師以手杖撥灰曰：「吾燒取舍利！」主曰：「木佛何有舍利？」師曰：「既無舍利，更取二尊燒！」（五燈會元卷五・丹霞章）

丹霞燒木佛，常人以爲大不敬，如果燒木頭取火禦寒，則係當然之理。「燒取舍利」，指佛而言，「木佛何有舍利」？則不是佛而是木頭，故要再取二尊木來燒，所以反常而合道，構成「奇趣」。

(1)菩提本無樹，明鏡亦非臺。本來無一物，何處惹塵埃？（六祖壇經）

這是六祖和神秀的偈語，其實是極成功的五言絕句。菩提樹、明鏡臺，是實有之物，而六祖卻說：無此菩提樹，明鏡不是臺，否決了二者的存在，是違反常情常理的；可是菩提樹，不過是人所立的假名，如果約定俗成的初始，不命名爲菩提樹，不是無此菩提樹了嗎？何況神秀的「身是菩提樹」，是借喻人有佛性，佛性是假名，而非實有，故云「菩提本無樹」，反常而合道；「明鏡臺」是各種條件湊合之下所成的「假有」，神秀云：「心如明鏡臺」，以比喻心的潔淨，「心」並非明鏡，「明鏡亦非臺」，故亦合道；悟道成佛了，不是眞正的實體的存在，如何會惹得塵埃的污染呢？而成佛的人，也不能污染，更無懼於污染。故此詩因反常合道，而有奇趣。

(2)何處青山不道場？何須杖策禮清涼。雲中縱有金毛現，正眼觀時非吉祥。（景德傳燈錄卷十）

趙州從諗，是當時名重一時的大師。清涼山是文殊菩薩的道場，趙州準備前往參拜，某大德贈以此詩。文殊菩薩無所不在，每一青山，都是他的道場；何必拄杖去禮拜清涼呢？故禮拜文殊，不必到文殊的道場——清涼山，是反常而合道；禮拜時文殊菩薩顯聖了，在雲中騎著金毛獅子出現，這是常人所貴重的祥瑞，可是在悟道的人看來，只知這是祥瑞，正眼觀之，分別凡聖，著意這一瑞像，存聖解於心，何能領悟最上境界呢？恐怕不是吉祥，而是禍事。趙州回答：「作麼生是正眼？」「正眼」是清淨法眼，有了「正眼」，還會出此差錯嗎？

(3)三十年來尋劍客，幾回葉落又抽枝。自從一見桃花後，直到如今更不疑。（靈雲志勤開悟詩，五燈會元卷四）

靈雲見桃花盛而悟道，這是所謂的「時節因緣」，求道的氣機充滿於內，桃花的盛開引發於外，如阿基米德坐入浴缸而實悟數學的定律一樣。其師覩詩加以「印可」云：「從緣悟達，永無退失。」桃花人人在觀賞，惟靈雲能開悟，不是反常嗎？可是「河山並大地，齊現法王身」，道不遠人，靈雲的開懷，不是合道了嗎？

(4)終日看天不舉頭，桃花爛漫始擡眸。饒君更有遮天網，透得牢關即便休。（何山守珣開悟詩，五燈會元卷十九）

守珣是借靈雲的桃花悟道一事，而表明他的悟境。看天能不舉頭嗎？道無所不在，其大無外，如天之容納包涵，故以「終日看天不舉頭」作喻說：「桃花爛漫始擡眸」，他如靈雲一樣，至桃花盛開，方疑情頓釋，「開眼」悟道；到了這一境界，「饒君更有遮天網」，也無法將天遮蓋，使人與道分開；禪宗有「初關」——求道；「重關」——悟道；「牢關」——「成道」的所謂三關，到了「牢關」，就是最後境界，到此便大休大歇了。

㈡**禪趣類**：能寓禪成趣的詩，不必反常合道，構成奇趣。而是以形而下可見知的事物，以寓顯形而上的道，詩情禪趣，兩極其妙。

(1)公案：舉長沙，一日遊山，歸至門首。首座問：和尚什麼處去來？沙云：遊山來。首座云：到什麼處來？沙云：始隨芳草去，又逐落花回。

頌詩：大地絕纖埃，何人眼不開？始隨芳草去，又逐落花回。羸鶴翹寒木，狂猿嘯古臺。長沙無限意，咄！掘地更深埋。（宋覺大師雪竇頌古集）

長沙指長沙招賢禪師，是南泉普賢的弟子，與趙州存諗同輩，他去遊山回來，寺中的首座，在寒暄中逞其機鋒，借遊山所到，問其悟道到何境界，長沙巧妙地回答：「始隨芳草去」，指能由萬有的現象，領悟妙道；「又逐落花回」，寓不「沉空滯寂」，長居聖位，又回到塵世。雪竇重顯，以頌古詩表示了他對這一公案的領會：「大地絕纖埃」，謂河山大地，是此清淨自性的顯示；「何人眼不開？」是誰不開眼？不能領悟呢？長沙招賢正是這一「開眼」的，所以能由色界證入空界——由凡入聖；又不居聖位，由聖入凡。仍借用長沙答話：「始隨芳草去，又逐落花回」的原句，表明此一境界。「羸鶴翹寒木」，是指斥當時惟知坐禪習靜的人，「狂猿嘯古臺」，謂行腳參訪不休之輩，如狂猿覓果，當然不能體會長沙「始隨芳草去，又逐落花回」這一公案的深意了。唉！如窖藏寶物，把長沙的深切寓意，埋藏地下，待有心人的挖掘吧！

(2)公案：舉僧問首山，一切諸佛皆從此經流出，如何是此經？山云：低聲！低聲！僧云：如何受持？山云：不污染。

頌詩：水出崑崙山起雲，釣人樵父昧來因。只知洪浪巖巒闊，不肯拋絲棄斧聲。（空谷集卷中）

首山省念，是臨濟宗的第五傳弟子，他熟精法華經而開悟，法華經信解品云：「一切諸佛祕藏之法，但爲菩薩演其事實」，此僧問首山：「一切諸佛皆從此經流出」之意，首山答以「低聲！低聲！」，意謂不能言語求解，穿鑿說破，是禪宗的機鋒。僧人已明此意，再問如何接受護持？首山告以「不染污」，謂不起貪求、妄想、差別，以純潔無污染之心，即可受持。投子義青以詩頌明「教」「禪」無根本上的殊異：「水出崑崙山起雲」，世界上有山有水，水與山是「根本」嗎？當然不是，以喻說佛教和禪宗，無本源上的不同，均出自「一切諸佛祕藏之法」，如山之與水，乃「本體」作用的結果。佛教、禪宗如近水的漁父，靠山的樵人，昧於本來的原因，執末忘本，拘束於方法，漁父只知洪浪的廣闊，樵子惟見山巒的無窮，不肯拋下所執的釣竿、樵斧，能像首山的「教」、「禪」兩明呢？「含不盡之情，見於言外」，這首詩正有這種意境。

(3)公案：舉僧問百丈，如何是奇特事？丈云：獨坐大雄峰。

頌詩：巍巍峭迥出雲霄，頂鎖水寒勢外遙。坐觀四望烟籠處，一帶青山萬水潮。（空谷集卷下）

百丈懷海，是馬祖道一的高弟，他的百丈清規，替禪宗建立了叢林制度，「一日不作，一日不食」的風範，受到特別的推崇。僧人問的「奇特事」，係問由凡入聖的開悟。百丈答以「獨踞大雄峰」，係就地取材，大雄峰乃百丈山的山名，獨踞大雄峰，不是高高在上，迥異常流的聖者氣概嗎？投子義青的詩，正是以此立意。「巍巍峭迥出雲霄，頂銷水寒勢外遙」，正是頌明這一聖境的孤高絕塵，與「高山仰止」的感受；可是這一聖位，不是割斷一切，而是與萬有的世界相關，四週觀望，千山萬水，不正是以此大雄峰作根源嗎？「坐觀四望烟籠處，一帶青山萬水潮」，命意正係如此。乍看似一首詠風景的遊山詩，實係寓禪之作。

(4)公案：舉芭蕉和尚示眾云：你若有拄杖子，我即與汝拄杖子。你若無拄杖子，我即奪汝拄杖子。

頌詩：有無今古兩重關，正眼禪人過者難。欲通大道長安路，莫聽崑崙敘往還。（空谷集卷下）

芭蕉和尚是石霜慶諸的弟子。他以「拄杖子」代表「有」的觀念，有了拄杖子，再給拄杖子，係「有」上加「有」，蓋認萬法為實有、世界為實有之人，使他進一步知道，一切的「有」，都是「妙有」，有一「萬物主」運作之故，才有此「實有」；「無拄杖子」代表「空」的觀念，禪人知「空」知「無」，卻不能以「無」為一無有的「虛無」或「頑空」，而且「空」或「無」，乃不得已的劃分，明白了「無」之後，連這一「無」的觀念也要除掉，所以才說：「你若無拄杖子，我即奪這拄杖子！」投子義青的詩，深明此義，才說「有」、「無」是兩重難以透得過的關，即使具有慧眼的禪人，想要過關也極困難，卻又勉勵學人，要突破這二重關，還在實踐求道的功夫上，「欲通大道長安路」，惟一的辦法，是要去走：「莫聽崑崙敘往返」，到過崑崙山聖境，聽他敘說往返的情景心得，並非究竟，芭蕉和尚正是在「崑崙敘往返」呀！

上述的禪趣詩，眞要得其意義於筆墨之外，因為運用了比興的方法，有了兩重意境，詩所表達是一重意義，大都合於詩的創作技巧；詩所寓托的，是另一重意義——禪趣，要由「言之所陳」的詩的瞭解，才能探索「意之所許」的禪的瞭解，方能析賞這類的好詩。

㈢**情趣詩**：詩主於情，所以陸機文賦云：「詩緣情而綺靡。」詩人的詩，大都以緣情綺靡爲主，使詩有情趣。禪師之詩，竟然也有這一類，於緣情綺靡之中，而寓至道，實爲難得。

(1)擁毳對芳叢，由來趣不同。髮從今夜白，花是去年紅。艷冶隨朝露，馨香逐晚風。何須待零落，然後始知空。（五燈會元卷十）

文益是法眼宗的建立者。此詩相傳是與南唐李王，同觀牡丹，應命而作。文益謂己乃穿毳袍的僧人，賞花之趣，自與世俗不同。「髮從今夜白，花是去年紅」，是文益對花的感慨；「艷冶隨朝露，馨香逐晚風」，乃對牡丹色香的詠贊；「何須待零落，然後始知空」，花落的命運，在花開時便已注定了，在艷冶花開之際，在馨香散發之時，就應知道這些是暫時的幻像，最後必然歸於「空無」，不到零落的時刻，就已知道了。深一層的意義是，牡丹的開落如此，萬物的變化更係如此，都是現象界「空」、「幻」的顯示。這首詩是合格律的五言詩，寓禪理於「綺靡」之中，而且泯除了「說理」的痕迹。

(2)金鴨香銷錦繡幃，笙歌叢裡醉扶歸。少年一段風流事，只許佳人獨自知。（昭覺克勤開悟詩，五燈會元卷十九）

這首詩乃昭覺克勤悟道以後所作，經過老師五祖法演所「印可」，乍然看去，似是言情說愛的香艷詩，而實不然。克勤以「金鴨香銷錦繡幃，笙歌叢裡醉扶歸」的風流佳客，以自比擬其參禪有得。風流佳客，能在金鴨香銷的錦繡進出，由笙歌叢裡扶醉而歸，自係已得美人芳心，經過了繁紛的聲色，扶醉而歸，自己的悟道有得，恰有似之。所得爲何？「如人飲水，冷暖自知」，不能說，不可說，故云：「少年一段風流事，只許佳人獨自知！」不能言語舉說，使他人得聞。以香艷詩顯示開悟的境界，係極罕有之例。

(3)一葉扁舟泛渺茫，呈橈舞棹別宮商。雲山海月都拋卻，贏得莊周蝶夢長。（資壽尼妙總開悟詩，五燈會元卷二十）

妙總是大慧宗杲的高弟，克勤的再傳弟子。妙總以「一葉扁舟」的舟子，比喻自己的求道，烟水渺茫，言求道之難；悟道以後，樂不可言，不知手舞足蹈地「呈橈舞棹」了，可是是另外一種「別有宮商」的曲調；悟後的境界是：「雲山海月都拋卻」，不再在萬象中尋求，也超然於現象世界之外，「贏得莊周蝶夢長」，如莊周夢蝶，進入了另一世界，而且有不再尋求和出世之意。

(4)盡日尋春不見春，芒鞵踏遍隴頭雲。歸來笑撚梅花嗅，春在枝頭已十分。（某女尼開悟詩，鶴林玉露卷六）

某女尼以尋春的遊客，比喻對悟道的尋求，尋春不得，求道不悟，枉費了行腳參訪的功夫，外求既已落空，於是「歸來笑撚梅花嗅，春在枝頭已十分。」眞是「道在邇而求諸遠」了，道在自求自悟。「春在枝頭已十分」，表示道本然具足，本自圓成，不欠一分。

以上的詩，眞是以詩爲「載道」之器，毫不減詩的本質——「緣情而綺靡」，似乎有超越了理學家之處，沒有那種生硬拗澀和道學氣味。

五、結論

禪係宗教，詩係文學，未融合以前，似乎冰炭不可同爐，既融合之後，則如水乳投於一砵。自然係有其可以相融相合的條件，因詩的簡易，合乎禪的簡易宗旨。比興的詩，貴乎情餘言外，求其藏神無迹，亦即詩的主題，不可說破，卻又不許背離，這一手法，前人謂之「不粘」「不脫」，禪人借以「繞路說禪」，合乎「說而無說」的原則，言者固可「言滿天下無口過」，觀者亦可言外求意，自行領會，不會拘於名相、理念，產生執著，故詩、禪才能有完美的融合。自詩的天地而論，這些禪家的詩篇，是詩的天地中，別有奇花異草的園圃。何況很多的開悟詩，是一生求道的結果，一生僅有一首，他們無意爲詩，而其結果，是以全部生命的投注，而創爲一首詩。套用尼采的話：「一切文學，吾愛以血書者」。仿而效之曰：「一切文學，吾愛以生命書者。」很多很妙的禪詩，隨著禪的彩散光銷，沉廢在禪人的語錄、燈史等典籍中，筆者選注了禪詩三百首，意欲「龍現一爪，鼎嘗一臠」，引起大衆的重視。今就詩與禪的融合，作一略有系統的剖析，以見來龍去脈，求其因果的顯露，且有以見禪的意境和禪的影響。

（八月五日講於佛光山、中央日報合辦之暑期大專青年禪學研習營）。

拾壹、禪家理趣詩牧牛圖頌

在唐宋人的詩林藝圃之中，禪家詩佔了一個相當的地位，雖不足以奪李白、杜甫、蘇軾、黃庭堅等人之席，但至少是詩中的別調。依個人的大略估計，除了皎然、齊己、貫休有詩集行世的以外，禪家詩的作品當在三萬首以上，惜「沉埋」在禪宗的語錄典籍之中，選唐宋詩者幾乎不知道有此一類的作品，雖然有不少的人知道神秀慧能的詩偈，也是詩因人傳，神秀慧能係當時禪宗宗主之故，此外仍有部份禪家詩流布人間，也大都是經當時詩人的推論，詩話偶爾論評的關係，此外則彩匿光沉，不為後人所知，以永嘉玄覺的證道歌為例，是一首長達一千八百餘字的古體詩，比孔雀東南飛的一千七百餘字，多出頗多，而且美句勝義，更在孔雀東南飛之上，自應是中國最長的古體詩，縱然孔雀東南飛是中國五言敘事詩中獨有的長篇，那麼證道歌也應是七言哲理詩特有的鉅製了。可是近代的文學史家，未予以應得的評論。博雅如胡適氏，也僅齦齦然評其作者的眞僞（詳見拙作禪學與唐宋詩學），而未論其應得之地位，誠係怪事，大抵是由禪學自元以後，光銷響歇，故禪人之詩，隨之而無人知曉。為發前人之幽光，論禪師之盛藻，使禪苑佳章，不隨時代而汩沒，進而詮釋其精蘊美什，自係後人應盡的責任，雖所拈說，只一花一葉，然如龍現一爪，鼎嘗一臠，已有以探索其全神足味。

頌古詩探源

唐宋是中國詩歌的黃金時代，也是禪的黃金時代，詩人除了以詩取進士第，入仕祿之途外，歷代君主王侯對詩人的獎掖、寬容、崇敬，無逾於唐，大多數的文士，竭盡心力從事詩歌的創作，社會大衆，大多是詩的欣賞者，一首好詩，一聯佳句，能傳徧天下，名滿宇內，亦無逾於唐；禪宗於其時亦大張宗風，幾掩遮佛教其他宗派的光彩，形成宗門教下抗衡的情形，禪宗大師，爲帝王公卿所禮遇，較之詩人，尤爲隆重，信徒徧及販夫走卒、婦人女子，五宗二派，分途共進，各有建樹，在這大的時代背景之下，促使詩與禪相合，其始是禪人以詩寓禪，借比興的詩，以寓無上之道，因比興詩「不觸」「不黏」，不落言詮，不涉理路，以顯示其禪境和證悟，而又能「不背」「不觸」，使其他的人可以體認，而又非落於理知，說而無說，言滿天下無口過，達到繞路說禪的目的，神秀慧能是以詩寓禪最著名的禪祖師，禪宗法席盛行之後，詩人慕習禪悅，於是以禪入詩，王維、白居易是最明白的例證，禪與詩就其最根本的範疇而言，一係宗教，一係文學，似乎冰炭不可同爐，而融合之後，然後投水乳於一砵，形成了合之則雙美，離之則兩傷的局面，而爲宗教詩壇的奇蹟和美事，更顯見詩的國度，土宇廣大，無所不包，禪的說法，應病與藥，方法無所不用了。

禪家詩有頌古一體，乃禪人或取語錄，或取公案，或以拈古，或舉古則，以詩的形式，發明前人的玄理奧義，如宋圜悟禪師碧巖錄所云：「大凡頌古，只是繞路說禪。」而其詳情，則如前人所論：

蓋頌古者，頌出古則之義，令知斧頭元是鐵也。其中或有揚、或有抑，雖涉語言，初無斧鑿之跡，其言也如咬鐵鋑鉻，其莪也如望重溟而不可測其淵深也。故汾陽善昭禪師爲頌古，略示其秘要，其後雪竇以博達之才，乃繼汾陽放開禪苑花錦，令人入瓊玉之府而採其所求，然有至其奧旨，雖佛祖未容易企其步，何況初機後學者，有委習其玄旨者乎……。（丁福保佛學大辭典卷下引）

是認爲頌古詩的作用，在「頌出古則之義」，並無差誤，然以頌古詩係出於北宋之汾陽善昭禪師，則頗離事實，禪人之頌古詩，至少要推溯至曹洞宗的建立者——曹山本寂，他讀傅大士法身偈，便作頌詩以闡明其奧義（見撫州曹山本寂禪師語錄卷上），臨濟宗的再傳弟子紙衣和尚，以頌詩釋明臨濟義玄的四境（見宋釋普濟五燈會元），二人均在晚唐，其後乃有汾陽善昭、雪竇重顯之作，雪竇四集，現見四部叢刊中，其後有禪門諸祖偈頌，而專收頌古之詩，則推頌古聯珠通集和宗鑑法林，所收詩在三千首左右，大都俗雅並收，精粗不別，而以單一的公案，繪成圖，頌以詩，義勝詩佳，又多達二百餘首，單獨成書，遠至日本禪師，亦有唱和之作的，則推牧牛圖頌了，故專門拈論，以彰盛藻佳篇。

頌古詩的起源，自應追溯到佛經，佛經之中本有偈語，單稱偈，通稱偈頌，偈取攝盡的意義，頌謂頌美頌明，通常以四句爲結，總攝經文之要義於其中，頌古詩之得名，當出於此，且與中國文學中讚頌一體，亦不相違背，僅係詩文之別而已。佛經之偈頌，隨傳譯而入中土，其形式有四言、五言、六言、七言等體，以便唱誦，雖出傳譯，亦協韻律，但考其實際，乃說理的散文，不過是字句整齊，出以詩的形式罷了，如流傳至現在的千字文、百家姓，並無詩的實質及意味，禪祖師由達磨至五祖的傳法詩（見景德傳燈錄），無疑地因襲這一發展，至唐代近體盛行，禪人受了當時詩體的影響，乃逐漸離佛經偈頌之體，而與詩相近，但仍有不少的禪人，繼踵偈頌的遺風，作爲頌詩，於是作品日富，在禪家詩中，巍然聳立，自成類別。頌古詩又是有爲而作，有一明確的題目，作爲頌美的主題，透過獨特的見解，相題立意，明述其玄義徹見，在詩的作法上與詠物詠史詩相近，整首詩又係以理意見長，不以情韻爭巧，又略與詠史詠物詩相遠，可是在下句用字時，又不能直言道破所頌出之理意禪境，故巧用比興，於是「乃不泛說理，而狀物態以明理，不空言道，而寫器用之載道，拈形而下者，以明形而上，使寥廓無象者，託物以起興，恍惚無朕者，著迹而如見。」（見談藝錄）一言以蔽之，是用可感覺可表顯的，以表達不可感覺，不可表顯的，因爲是以形而下者，以明形而上者，而又不直言道破，卻託物以興，故詩的本質猶存，雖用以寓理，但又成趣，就所寓的道而論，不但寥廓無象，恍惚無迹，而且涉及「本體」、「大全」、「自性」之絕對境界時，要冥絕智知、斷除擬議，不能心思意想，摒棄對待，不能有主客能所的對立——能說、所說，所以詩中所表顯，「其義也如望重溟而不可測其淵深也」，並非故作虛玄，而是其內容確實如此，故頌古詩，所題所詠，雖無隱晦，用語琢句，並非奧澀，而玄旨奧義，頗難領會，致鮮爲詩人所稱，其原因亦在此。謹舉牧牛圖頌，加以釋說，以例其餘。

二、牧牛圖頌析賞

一、公案的形成及拈說：牧牛圖頌，收詩在二百三十首左右，牧牛圖序云：

遺教經云：譬如牧牛，執杖視之，不令縱逸，犯人苗稼，則牧牛之說所自起也。嗣是馬祖問石鞏：汝在此何務？答曰：牧牛！又問：牛作麼生牧？答曰：一回入草去！驀鼻拽將來。則善牧之人也。又大潙安公之在潙山也，曰：吾依潙山住，不學潙山禪，但牧一頭水牯牛。又問（案問字爲白字之誤，指白雲端禪師）雲端公之於郭功輔也，詰之曰：牛淳乎！而若自牧牛？教他牧？層見疊出於古今者，益彰彰矣。

牧牛乃以「牧心」，出自遺教經，經馬祖門下諸人之提倡，於是成爲公案，主要人物不是石鞏，而是南泉普願，繼之者爲長慶懶安，因爲石鞏對馬祖的對答，只是一時的取譬，而南泉普願和長慶懶安則係長期的修持證悟，五燈會元南泉普願這一公案云：

（南泉普願）上堂曰：王老師自小養一頭水牯牛，擬向溪東牧，不免食他國王水草，擬向溪西牧，亦不免食他國王水草，不如隨分納些些，總不見得。

南泉普願是把哲理形象化了，牧一頭水牯牛是比喻攝養心性，溪東、溪西代表這邊、那邊，溪東代表色界，所以萬松老人的請益錄下語道：「動落今時」；溪西代表空界，請益錄下語道：「靜沉死水」；執色執空，以求至道，未免落在一邊，起分別心，以色界爲幻象，空界是眞實，這邊是凡，那邊是聖，故云：「不免食他國王水草」，非究竟義，猶有過失，所以曰：「不如隨分納些些」，不起分別心，空有原係一如，所以請益錄下語道：「曲爲今時，潛通那畔。」以馬祖所說的平常心合道，而且道可知而不可見，所以說「總不見得」，洪覺範林間錄卷下云：「他總不妨。」請益錄下語：「易分雪裡粉，難辨墨中煤」。色空雖一如，而體認則有難易之分，這是這則公案的涵義。而長慶懶安的開悟，仍與牧牛有關，五燈會元記其事云：

師（懶安）即造百丈（懷海），禮而問曰：學人欲求識佛，何者即是？丈曰：大似騎牛覓牛。師曰：識得後如何？曰：如人騎牛至家。師曰：未審始終如何保任？丈曰：如牧牛人，執杖視之，不令犯人苗稼。師自茲領旨，更不馳求。

百丈和南泉，同是馬祖門下的高弟，百丈答懶安的問話，在發揮南泉的意見而不落窠臼，內容大有不同，人人都有佛性，不向己求，而向外覓，何異於騎牛覓牛呢？了悟自性之後，道不遠人，與道同歸，如人騎牛至家。禪家悟道以後爲了不使悟境走失，有一段很長的修持時間，叫做「保任」，百丈告訴懶安，要他像牧牛人一樣，執牧鞭守著牛，「不令犯人苗稼」，不受慾念的驅使，犯過失而落在色界之中。懶安依循百丈的開示，用功修持，以後接替潙山靈祐而爲潙山的方丈，他講明「牧牛」的心得道：

所以安在潙山三十年來，喫潙山飯，屙潙山屎，不學潙山禪，祇看一頭水牯牛，若落路入草，則便牽出，若犯人苗稼，即便鞭撻，調伏既久，可憐生受人言語，如今變作個露地白牛，常在面前，終日露逈逈地，趁亦不去也。（同上）

這無疑是懶安「保任」三十年以後，發表他的修持境界，「露地白牛」，喻已調伏，而且已臻「一色」之境，與道合一，常在前趁亦不去，喻無懼迷失。「落路入草，則便牽出，若犯人苗稼，即便鞭撻。」是其保任用功的方法，喻不使悟境走失，由悟入迷，也不犯有過失，這則公案至是才圓滿完成，而形成牧牛圖及頌詩，有了喻心的牛，也有了象徵求道的牧童，執鞭以牧。

二、牧牛圖及頌詩

至普明禪師，而有了頌詩，據請益錄的記載道：

清居皓昇禪師頌牧牛圖一十二章，太白山普明禪師頌牧牛圖十章，佛國惟白禪師頌牧牛圖八章。昇明二師等，皆變黑爲白，唯佛印四章，全白復黑。（卷下）

據此記載，則萬松所見的牧牛圖有二種，一種由黑牛變白牛，這完全是根據懶安禪師露地白牛的原意，由黑變白，喻修道的成效，至於由白牛變黑，則係曹洞宗的思想，因爲曹洞宗係以白色代表現象界，以黑色代表本體界，曹山本寂的五相偈最後一位即全用黑色的圓圈，以代表悟入本體，偈云：「渾然藏事理。」謂已功行圓滿，此時即事即理，即理即事，事理不二也（見五燈會元，曹山本寂禪師語錄），由白牛變黑牛，正像由色界悟入空界之意，至於有頌詩十二章，即將修持的過程分爲十二階段，八章係八階段，四章則四階段，頌詩似起於清居皓昇禪師，而五燈會元卷十四載其乃石門遠法嗣，又卷十六載東京法雲惟白佛國禪師，乃法雲秀法嗣，著有續燈錄三十卷入藏，均未載有牧牛圖頌之事，詩亦無存，今之普明禪師頌詩，則分爲十章，牛由黑變白，有雲菴、聞谷、天隱、破山、萬如、浮石、玉林、箬菴、山茨、玄微等禪師，香幢法主、轆轢居士、跛道人如念，無依道人，牧公道人等和其詩，由未牧至雙泯。另有白牛十頌，牛始終皆白，由尋牛至入廛垂手，有巨徹禪師、呆石大師（二人所頌，題目少有差異。）、廓庵則和尚、石鼓夷和尚、壞衲璉和尚，日本一山國師，廓庵則和尚之作亦名十牛圖頌，與普明之頌詩，同收入卍字續藏經，計共二百三十首，詩均有可觀，立意彼此不相襲，故好之者頗多，有不同的刻本。

三、牧牛圖頌產生的背景

三、牧牛圖頌產生的背景：馬祖滅度於貞元四年，南泉普願則在大和八年，百丈懷海在元和九年，是牧牛公案，皆在其生前完成，當在中唐之際，而頌詩起於晚唐，何以牧牛圖頌詩遲至南宋方盛？是則禪學之遷變使然，因爲牧牛公案，出於馬祖道一系，下開臨濟潙仰二宗，大都能秉持馬祖「平常心是道」的宗旨，不主理入，不主行入，以無修之修，以各種方便法門入道，故不分階級歷程，而曹洞系則傾向理入，石頭希遷有參同契，雖主張「執事元是迷，契理亦非悟」，但已分明——現象界、分暗——本體界，不過主張「明」「暗」交參，故參同契云：「當明中有暗，勿以暗相遇，當暗中有明，勿以明相覩，明暗各相對，比如前後步。」其後雲巖曇成，授洞山以寶鏡三昧，發展爲正偏回互的理論，正爲正位、爲體、爲理；偏爲偏位，爲用、爲事；體用一如，理事交帶，即寶鏡三昧歌「正中妙挾」、「銀盌盛雪，明月藏鷺」，銀盌與白雪一色，明月與白鷺一色，正位與偏位之關係如此，到了洞山良价、曹山本寂的手裡，而演出五位，有正偏五位，四位王子，曹山有君臣五位、五相，皆有詩偈以明其意，名相不同，都是把悟道的過程，分爲五個歷程，不但分凡分聖，分空分有，而由凡入聖，由有證空，又劃出了層次。到了北宋，其他各宗衰微，惟臨濟、曹洞二宗，相對屹立，臨濟也失去了峻烈機鋒的宗風，不「看話」——參公案，即「默照」——打坐，甚或「看話」「默照」並用，即使臨濟曹洞，已相混同，一言以蔽之，又回到了佛教「修行」、念經的老路，只是以參公案，代替了部份的經典而已，失去了禪宗的特性，也導致禪學的衰微，於是由曹洞的五位，再用到牧牛公案上，把修道成道的過程，由五位而細分為十歷程，由疏而密，由簡而繁，亦係學術思想演進的應有歷程。牧牛圖頌序論圖頌之作用云：

惟是其為圖也，象顯而意深，其為頌也，言近而旨遠，學人持為左券，因之審德稽業，俯察其已臻，仰希其所未到，免使得少為足，以墮於增上慢地，則裨益良多。

修道之人以之審德稽業，潛察默省，以知所臻之境，是近於神秀的漸修，而遠於慧能的頓悟，作序的人袾宏似乎已覺察到這一點，於是圓成其說道：

若夫一超直入之士，無勞鞭挽，而天然露地白牛，不落階級，而剎那能所雙絕，則圖成滯貨，頌成剩語，覽之當發一笑。

當然一超直入，非器根猛利之人不可，至於平常之人，循序漸進，歷階而升，則牧牛圖頌正可資啓發，其價值正在於此。

四、牧牛圖頌的析賞：

牧牛圖頌，大致可分為二種，前者圖牛由黑變白，後者圖牛全然純白，亦稱白牛圖頌，同以牧童喻人，以牛喻心，普明的牧牛圖頌分為㈠未收。㈡初調。㈢受制。㈣迴首。㈤馴伏。㈥無礙。㈦任運。㈧相忘。㈨獨照。㈩雙泯。而廓庵則的白牛圖頌則分為㈠尋牛。㈡見跡。㈢

見牛。㈣得牛。㈤牧牛。㈥騎牛歸家。㈦忘牛存人。㈧人牛俱忘。㈨返本還源。㈩入廛垂手。普明的著眼，在調心證道，至人牛不見，心法雙亡爲最高境界；而廓庵則禪師則不以得法徹悟爲功德圓滿，在返本還源之後尚要入廛垂手，悲智雙運，到生死海渡濟衆生，不作焦芽敗種、不起作用，冥合禪宗的基本思想。這二種頌詩在立意上有基本的不同，謹就二人原頌析論如下：

㈠未　牧

猙獰頭角恣咆哮，犇走溪山路轉遙。一片黑雲橫谷口，誰知步步犯佳苗。

牛未調馴，則爲野牛，野性未馴，橫角揚頭，猙獰可畏，恣意咆哮，無以節制，故云「猙獰頭角恣咆哮」，以比喻人之心性，未經琢磨，則如野牛之咆哮奔走，無以拘束制御；如依此思想路線發展，則與儒家省心觀過，以臻於從心所欲、不逾矩的意思相同，可是禪人的參禪，是以發明大事、明心見性爲目的，乃以「回家」爲喻，牛既未馴，雖奔走溪山，不管已奔走的路途多遠，終與入廄伏櫪無關，反而愈去愈遠，如禪人不知馴調心性，則愈走離「家」愈遠，無悟道之可能；「一片黑雲橫谷口」，雖可比喻牛因黑雲佈滿了谷口，迷失了歸途，但命意在人不在牛，黑雲代表五陰惡念，遮蔽了光明本性，佈滿了心田，過惡猶未能免，何能步向「向上一路」呢？佳苗以喻善根，「誰知步步犯佳苗」，謂牛未受制，則步步踏食佳苗而不知，以喻未調馴心性之人，處處砍伐善根不自覺。箬庵通問禪師認爲不調伏心性，則辜負了此善心自性，和詩云「多年一片閒田地，蹂踏堪憐損稼苗。」山茨通際禪師認爲道無不在，心性未調，則反道犯過，和詩云：「誰知宇宙皆王化，亂踏雲山犯稼苗。」一指菴香幢法主認迷於外在現象界，而不知心有靈苗佛性，和詩云：「眼底只貪畦畔草，那知回首有靈苗。」轆轢道人嚴大參所見與香幢法主同，惟和詩更渾成：「滿地閒花都踏遍，那知異草并良苗。」也許是轆轢道人認爲立意落入窠臼，再和了一首道：「狹路相逢剛識得，甘心饑餓不嘗苗。」謂牧童與牛已狹路相逢相識，甘心於受餓忍饑，不食佳苗，此惟天生聖哲方能如此，亦不必再分出其他的九個階段了。他在三和未牧詩中道：「嚼盡山花吸盡水，不留常住一莖苗。」則謂常人因外在世界而迷失本性，心中善性靈苗因而戕喪。各家所詠，立意均同中有異。

(二)初　調

我有芒繩驀鼻穿，一迴奔競痛加鞭。從來劣性難調制，猶得山童盡力牽。

「我有芒繩驀鼻穿」，謂山童已驀地將芒繩穿貫牛鼻，喻心性已受調制，可是心猿意馬，控制爲難，「一迴奔競」，表示牛的不甘於芒繩穿鼻，奔走馳競，要掙脫羈絆，有勞牧童的痛加鞭策，以資受制，心有待於心的主人，砥礪控制，「從來劣性難調制，猶得山童盡力牽。」暗用石鞏語意，石鞏回答馬祖牛作麼生牧時道：「一回入草去，驀鼻拽將來。」不過石鞏的「牽拽」，是恐喪失悟境，落入色界——落草，而普明的牽鼻是使不犯苗稼——免於過失。所有的和詩，大都從牧童的作用和宜加緊防閑立意，聞谷禪師和云：「氣性雖頑鼻已穿，牧童從此痛加鞭。渾身血汗芒繩急，遙望家山儘力牽。」謂牛雖受制，但防閑之法，要做到「渾身血汗芒繩急」的程度，「遙望家山儘力牽」，喻「歸家」的路仍然遙遠，不能不儘力牽拽。報恩天隱和尙立意相同：「也知鄉井迢迢遠，拽轉頭來著力牽。」立意最特殊的，是東塔破山和尚，他的詩道：「牛兒鼻孔被繩穿，放去收來不假鞭。擬向東西兩處觸，一回入草一回牽。」認爲牛既受制，便不須鞭策了，「擬向東西兩處觸」，則用南泉普願公案：「王老師自小養一頭水牯牛，擬向溪東牧，不免食他國王水草，擬向溪西牧，亦不免食他國王水草」，謂執空執有，二處皆「觸」，所以要「一回入草一回牽。」然依普明所擬十大修道歷程而論，在初調階段，尚未到此地步；其次玉林通琇禪師，則以牛與牧童、可分而不可分立意：「寄言識得牛兒者，莫學時流強策鞭。我是牛兮牛是我，分明無二若爲牽。」牛與牧童既爲一體，「我是牛兮牛是我」，心與我原不可分，既已識「心」，則不必強加鞭策，不必勞「牧童」——外在力量去牽拽，意義更勝一層。

㈢受　制

漸調漸伏息奔馳，渡水穿雲步步隨。手把芒繩無少緩，牧童終日自忘疲。

牛在芒繩牽拽，痛加鞭策之後，於是調伏受制，不致於咆哮橫決，四向奔馳，心性調伏之後，也不致於違理犯過，心無妄作狂惑，雖然如此，心主——牧童的控制功夫仍不可省，要加緊功力，故云：「渡水穿雲步步隨」，渡水穿雲，普明是寓有深意的，水代表人世的苦海，雲代表現象界，牛在渡過苦海水、穿過迷雲的過程中，步步跟隨，不能稍懈，否則就會前功盡棄，牛不調馴，心不調伏，「手把芒繩無少緩」，形容這一階段，是最關緊要的時候，不能對牛稍加放縱，「牧童終日自忘疲」，一方面形容調牛雖苦，牛既受制，則牧童樂而忘倦，以比喻調心亦有快樂的一面；一方面顯示求道的積極性，至樂而忘苦。在和詩之中，以東塔海明詩最渾成：「年深日久懶奔馳，雲影溪光逐漸隨。任是上林花鳥過，聲聲難喚牧兒疲。」前二句頌明牛的受制要日久功深，才會人牛合一，後二句頌出牧童的用功正緊，上林花鳥——色界的一切，不足使牧童縈心回顧。轆轆道人的頌詩亦佳：「熟徑難忘欲逞馳，芒繩在手緊相隨，豈容逐草尋芳去，晝夜拘拴不憚疲。」前二句明牛已受制，但積習不改，猶待芒繩用力牽拽，後二句則表示要向「向上一路」用力，不容沉滯在色界之中，逐草尋芳，暗用長沙景岑遊山公案：「長沙一日遊山，歸至門首，首座問：和尚什麼處去來？沙云：遊山來。首座云：到什麼處來？沙云：始隨芳草去，又逐落花回。」始隨芳草去，喻由色界證入空界，由凡入聖，「豈容逐草尋芳去」，不能由「牛」逐水草而落在現象中，而要用功致力突破此一隔限，而「晝夜拘拴不憚疲」。

㈣迴首

日久功深始轉頭，顛狂心力漸調柔。山童未肯全相許，猶把芒繩且繫留。

牛由於受制既久，調馴功深，先是勉強轉頭，然後自然迴首，比喻心由勉強向善，而至自然向善，但心主——山童猶未能全然相信相許，因為顛狂之心，雖已調和柔順，但習染未除，仍時有逾越的可能，所以克制的功夫，防閑的工具不可去，芒繩仍繫在牛鼻上，規矩戒律仍不可去，故曰：「山童未肯全相許，猶把芒繩且繫留」也。和普明「迴首」的詩，以箬庵通問之作最妙，詩意詩語，尤勝原作：「翻然自肯便回頭，滿地殘紅襯草柔。故國有懷情未撇，暗愁春老尚遲留。」心的迷悟，原在一念之間，自肯自信之後，便會回頭向善，無用勉強，此「翻然自肯便回頭」之意也，可是禪人求道，不止於向善，而在求明心徹悟，牛雖回首，但仍在途中，並未至家，「滿地殘紅襯草柔」，正是象徵色界及其可戀，但非不知「向上一路」，而「有懷故國」，只是情識未撤除，尙遲留途中，故云：「暗愁春老尙遲留」。諸多頌詩之中，惟跛道人如念認爲「迴首」的歷程，已悟道證道，故云：「信手牽歸明月下，免從水草又停留」。

㈤馴伏

綠楊陰下古溪邊，放去收來得自然。日暮碧雲芳草地，牧童歸去不須牽。

牛已馴伏，野性全消，在綠楊陰下，古溪岸畔，放收自如，喻心性純乎善，合乎天理良知之正，不待修持克制，勉強作爲，然普明之「綠楊陰下」與「古溪邊」，別有喻義，以「綠楊陰下」喻色界，「古溪邊」喻空界，謂修道之禪人已明心見性，經由「日暮碧雲芳草地」，牛也不會迷失，能自由歸去，不用牽拽。也許是普明的頌詩太過完美，把「馴伏」這一意境頌說到意盡的程度，所以和作都受「牢籠」，例如報恩天隱和云：「閒放林間與水邊，橫騎短笛任悠然。歸來一帶烟霞晚，瀟灑歌謠不假牽。」林間、水邊猶綠楊、古溪，字句不同，意境無別，惟玉林通琇和詩云：「見徹斯牛無往返，始知多載枉拘牽」，則不惟以牛代表人心，且以代表「宇宙大全」——自性，見徹「自性」，則無往返，謂不再往返「這邊」「那邊」，大徹大悟之後，始知枉費了多年的拘牽功夫，命義較爲特別。

㈥無礙

露地安眠意自如，不勞鞭策永無拘。山童穩坐青松下，一曲昇平樂有餘。

露地安眠，即白牛安眠於露地之意，牛已純白，喻心已純善，眠於露地，謂不加防閑，不但繩索既除，廐櫪亦廢，所以才「不勞鞭策永無拘」，心主——牧童此時已安閒了，穩坐青松之下，橫吹短笛，奏著昇平的樂調，一片祥和快樂，惟仍有「牛」的一念，謂開悟之後，經過「保任」之期也。在衆多的和詩裡，大致分爲兩類立意，一類認爲此時係「永住聖位」，一類認爲係「不拘凡聖」，牧公道人項眞和本詩云：「掉尾擎頭適自如，縱橫脫略有何拘。悠然一曲寒崖上，短笛吹開物外餘。」「一曲寒崖」，謂歌樂於聖位中，東塔浮石云：「觸處逢渠得自如，入泥入水又何拘。饑餐渴飲困來睡，底事從來無欠餘。」禪人大事已明，經過「保任」之後，於是不虞失墮，乃重入衆生之中，度化衆生，從體起用，故云「入泥入水又何拘」。既到了這一休歇地步以後，則道不遠人，「饑餐渴飲困來睡」，無不與道相偕，「底事」即「此事」——「此一大事」，無欠無餘，本來俱足，全詩義蘊甚佳，惟合「休歇」境界與發機起用而爲一個階段，頗嫌含混。

(七)任　運

柳岸春波夕照中，淡烟芳草綠茸茸。饑餐渴飲隨時過，石上山童睡正濃。

在無礙的階段，心性雖已調伏，但仍需「心主」——牧童的照顧和看守，到了任運這一歷程時，則已不需外力的糾繩，牛已無犯稼狂奔的過失，發自天性之本然，毫不勉強，牛在「柳岸春波夕照中」，有「淡烟芳草綠茸茸」的可樂境界，饑餐渴飲，隨時任運，自然合道，牧童安眠石上，一任牛東西奔馳，喻能從心所欲不逾矩。在衆多的和詩中，立意大多受普明立意的牢籠。惟玉林通琇和尚則以「出入」芬芳亂叢之中，牛性不亂，以見任運之功：「不分內外與邊中，傍水尋芳入亂叢。回首東山吐新月，騎歸茆屋興猶濃。」蓋證悟功成，這邊那邊，已不虞迷失了。

㈧相　忘

白牛常在白雲中，人自無心牛亦同。月透白雲雲影白，白雲明月任西東。

牛已調馴到任運的階段，則劣性全消，喻心性已純乎善，合乎道，白雲白牛，純乎一色，故云「白牛常在白雲中」，牧童——心主已不必存牛的念頭，要起心作念去調伏，牛也不需要牧童的牽拽，已自然合道，牛與牧童相忘，故云「人自無心牛亦同」。到此地步，「一念不起全體現」，自性由現象顯露，月代表自性，白雲代表現象，明月與白雲同色，乃謂色空一如，故云：「月透白雲雲影白」，用由體生，人牛相忘，在明月白雲之下，任西任東，無不自在。普明的詩，句美義勝，但稍嫌失之迷離，惟玉林通琇的頌詩，命義較明確：「強把全軀分二體，計窮力盡始知同。他長我短俱休問，說甚人西與物東。」道本係絕對的「大全」，強爲立名，強分「空」「有」，亦強分心與心主——牛與牧童，此「強把全軀分二體」之意；道不可「智知」，故云「計窮」，亦非修持造作可到，惟經修持之後，方入道有分，故云「力盡」，悟道之後，方知無空有之別，凡聖之殊，人牛之分，方知「大道絕同」，此「計窮力盡始知同」之命義也；「他長我短俱休問，說甚人西與物東」悟道以後，無任何分別心，所謂「如愚如魯」，可惜全詩俱係直言說理，且多與牧牛無關，故未寓理成趣，惟轆轆道人之作，命義相同，而理趣盎然，以其能拈形而下者，以明形而上者：「人牛共住碧岩中，到處溪山雲月同。猿鳥自啼花自笑，水流西去岸移東。」以「碧岩」比聖境，人牛同在此聖境中；自性偏周沙界，到處溪山，同此雲月，同此自性；體由用顯，無論猿鳥的自啼，花的自開自放，都是自性作用的顯示；而且在聖境之中，有玄妙神機，江水本東流，卻可向西，岸本不動，卻可東移，與曹山所云：「燄裏寒冰結，楊花九月飛。泥牛吼水面，木馬逐風嘶。」同一旨趣，反常而不反常，乃玄妙作用的發揮。

(九)獨　照

牛兒無處牧童閑，一片孤雲碧嶂間。拍手高歌明月下，歸來猶有一重關。

從體起用，體用一如，由人牛相忘之後，到牛已不見，以一片孤雲，象徵一點靈光，徹上徹下，如孤雲之縱橫舒卷，無礙無掛，故云「牛兒無處牧童閑，一片孤雲碧嶂間」。牧牛至此地步，已告功成，喻調攝心性，已臻至境，以猶有我在，未攝歸大全，最後一關，仍未突破，故云：「歸來猶有一重關。」普明的頌詩，格高意遠，和詩多有不及，惟雲菴之作，差可肩隨：「牛忘（應係亡之誤字）牧笠有餘閑，月白風清天地間，到此更如通一線，自然踏看（係著之誤）上頭關。」牛既亡有，牧豎自有餘閒，不再有事，天地間月白風清，眞空妙有一如，到此更如通往一線天，但已非難事，自然會踏著最上關。

(十)雙　泯

人牛不見杳無蹤，明月光含萬象空。若問其中端的意，野花芳草自叢叢。

此時已突破最後一關，牛已不見，人亦不見，此時牧牛圖上，惟餘一大圓圈，無其他形象，蓋以明月一輪，象徵大圓鏡智，人牛俱爲宇宙大全之自性所攝，故云：「人牛不見杳無蹤，明月光含萬象空。」至此雙泯之境，道行圓成，然若問究竟，則現象界、色界之一切，並非不存在——「野花芳草自叢叢」，以禪人求道而言，未悟道之前，見山是山，見水是水，及悟道有箇入處以後，見山不是山，見水不是水，經過「保任」「休歇」以後，見山仍是山，見水仍是水，此時之「野花芳草自叢叢」，境界完全相同。雲菴和詩，取材有異，意境全同：「牛兒童子絕行蹤，了了如空不是空。好似太平春色裡，依然幽鳥語芳叢。」人牛俱杳，形迹雙泯，了了如空，然而不是空，不過是爲「大全」所涵攝，大千世界並未變易，好似太平盛世，無邊春光之中，依然幽鳥啼喚在芳花叢中，現象界傳透「大全」的召喚。和詩雖然意境相同，但詩趣最足的，卻數轆轢道人之作：「處處逢渠沒影蹤，碧天雲淨月輪空。個中多少風流趣，寶鴨香消錦繡叢。」起句用洞山涉水開悟偈，「處處得逢渠」，人牛雙泯，已無影蹤，不過爲「大全」、「自性」所涵攝，非不存在，在悟徹的修道人而言，道無不在，處處得逢「渠」——牧童與牛，可是就牧童與牛而言，已形迹俱泯，惟見碧天雲淨，月輪當空朗照而已。下二句用昭覺克勤開悟詩：「金鴨香銷錦繡幃，笙歌叢裡醉扶歸，少年一段風流事，只許佳人獨自知。」襲其詞而不因其意，在求道的過程中，如狎客經過了多少風流趣事——牛如寶鴨吐香，已消散在錦繡裡，只許自己潛符默證，不堪向人舉說。全詩具有香艷氣息。然而無獨有偶，巨徹禪師的和詩亦甚類似：「韜光晦迹絕遺蹤，不二人牛泯太空。無極香風流劫外，莫教蜂蝶誤花叢。」人牛合一而不二，但已雙泯，惟此一段「風流趣事」如香風由「太極」流傳而出，然求道者，不可執相以求，否則如蜂蝶誤入花叢之中，迷而不能出。這些頌詩，既寓意遙深，而又麗藻繽紛，純以詩言，亦係難得之作。

廓庵則禪師仿普明之意，作十牛圖頌，牛始終皆白，故有題爲白牛十頌者。

㈠尋　牛

茫茫撥草去追尋，水濶山遙路更深。力盡神疲無覓處，但聞楓樹晚蟬吟。

在頌詩之前，復有小序敘說尋牛之意道：「從來不失，何用追尋，由背覺以成疎，在向塵而遂失。」人人本有佛性，如牛的受豢養，由於「背覺」——迷失的緣故，遂至疏遠，有的在塵世中迷失自性，故不得不尋牛——「求道」「調心」，「茫茫撥草去追尋」，禪人未開悟，落在現象界中謂之「落草」，在茫茫無邊際的現象界，去撥草尋牛——尋覓「自性」，水濶山遙，愈行愈遠，向外馳求的結果，力盡神疲仍無所得，只聞風搖楓樹，蟬噪晚風，見山只是山，見水只是水。和十牛頌的只有石鼓夷和尙等五、六人，而命意抒藻，直追原作的，要算日本一山國師的和詩：「本無形跡可求尋，雲樹蒼蒼煙草深。腳下雖然歧路別，巖前枯木自龍吟。」前二句言牛隱失於雲樹煙草的色界中，尙無形跡可尋，後二句語涉玄微，「枯木龍吟」用「枯木裡龍吟、骷髏裡眼睛」現成語，道無所不在，尋牛——求道之時，常誤入歧途，但巖前枯木已在作龍吟，並非毫無朕兆，惟尋牛者不識不知耳。

㈡見　跡

水邊林下跡偏多，芳草離坡見也麼？縱是深山更深處，遼天鼻孔怎藏他。

牛的蹤跡，必待他人指點，三藏經教，乃係「牛跡」之所在，故序云：「依經解義，閱教知蹤」。惟經教可載道，而不能使人悟道——見牛，故曰：「未入斯門，權爲見迹」。「牛」的蹤跡，偏見於水邊林下的現象界，藏於芳草披離之後（按披原作坡，乃形近而誤，以作披爲是），牧童見到了沒有？「蹤是深山更深處」，喻「自性」遠藏密隱，但道無不在，如巨牛的鼻孔遼天，不能藏隱。壞衲璉和詩最佳：「見牛人少覓牛多，山北山南見也麼？明暗一條去來路，箇中認取別無他。」天下僧衲，都是覓「牛」之人，而見牛者少，「牛」在山南山北，原未隱藏，人看見了沒有？道原不遠人，「牛」出的路只有一條明暗路，明喻色界，暗喻空界，由此認取，別無他途。全詩命意，可以補原作之未足。

㈢見　牛

黃鸞枝上一聲聲，日暖風和岸柳青。只此更無回避處，森森頭角畫難成。

體由用生，空由色顯，故原序云：「動用中頭頭顯露，水中鹽味，色裡膠青」。故「黃鸞枝上一聲聲，日暖風和岸柳青。」道即由此顯示，體道之禪人，到更無迴避之地，無處不與道偕——惟不可以情識意想見知而已，以牛爲喻，則此「牛」的形象，無法描繪，故云「森森頭角畫難成」，蓋「見牛」即見道，壞衲璉之和詩，立意較新：「驀地相逢見面呈，此牛非白亦非青。點頭自許微微笑，一段風光畫不成」。見道不可預期意逆，如牛之忽然相遇，故云「驀地相逢見面呈」。「此牛非白亦非青」，喻道超出形相色彩空有之外，「點頭自許微微笑」，謂道只可自悟自許自領會，不能舉說，故用此「一段風光畫不成」頌明之。

㈣得　牛

竭盡神通獲得渠，心強力壯卒難除。有時纔到高原上，又入煙雲深處居。

牛已得以喻道已悟，一由習染未盡，一因功夫未純，故時憂墮失悟境，原序云：「由境勝以難追，戀芳叢而不已」，首二句「竭盡神通獲得渠」，言得「牛」之難，「心強力壯卒難除」，言野性之強，除之非易，「有時纔到高原上」，言偶入聖位，得與道偕，而又塵根未盡，道心泯滅，如「牛」之逸走，故云：「又入煙雲深處居」。壞衲璉的和詩，尤多發明原作者之意：「芳草連天捉得渠，鼻頭繩索未全除。分明照見歸家路，綠水青山暫寄居」。因「色」證「空」，故云「芳草連天捉得渠」，「牛」係在「芳草連天」中捉得；此「牛」野性未馴，不能去繩索的防閑，「分明照知歸家路」，「牛」已照察而知返家之路，喻求道者已得入道之途，惟功夫未到，仍在途中，故云：「綠水青山暫寄居」，仍落紅塵之中。

(五)牧　牛

鞭索時時不離身，恐伊縱步入埃塵。相將牧得純和也，羈鎖無抑（抑係拘字之誤）自逐人。

禪人發悟以後，非一了百了，有一段很長的保任期間，故以「牧牛」為喻，「鞭索時時不離身」，喻防制的功夫不可少，戒律規矩不可離，「恐伊縱步入埃塵」，恐怕「牛」走失，由悟而迷；「相將牧得純和也，羈鎖無拘自逐人」，「牛」放牧純和以後，除去繩索鞭杖，仍自隨人，保任功深，所悟方無失墮，一山國師的頌詩，最能顯示此一保任後的眞純無礙意境：「隨時水草活渠身，純淨何曾染一塵。苗稼自然混不犯，收來放去卻由人。」「隨時水草活渠身」，「牛」仍依水草而活，禪人生活仍世俗化，但不受塵世的污染，故云：「純淨何曾染一塵。」「苗稼自然混不犯」，喻牛已不食苗稼，心已不逾規矩，不受拘限，不執著「一邊」，「牛」已收放由人，喻心已調攝純善，故云：「收來放去卻由人」，全係保任之功。

㈥騎牛歸家

騎牛迤邐欲還家，羌笛聲聲送晚霞。一拍一歌無限意，知音何必鼓唇牙。

歸家謂已住聖位，如原序所云：「身橫牛上，目視雲霄，呼喚不回，撈籠不住。」保任功深，徹悟無餘，此時也，正「騎牛迤邐欲還家」。此時牧童羌笛橫吹，揮別晚霞，揮別「大千塵世」，此時一拍一歌，均存深意，但在此絕對境界裡，「言語道斷，心行處滅」，無言說的餘地，故云「知音何必鼓唇牙」。一山國師的和詩意同而境別；「羸牛已純欲回家，樹下柴門啓暮霞。放教齁齁欄裡臥，靜看新月挂簷牙」。前二句形容「牛」返「家」的情狀，後二句則寓有深意，「放教齁齁欄裡臥」，形容此時已無餘事，「靜看新月挂簷牙」，喻功德未圓滿，新月一鈎，未到「滿月」的大圓鏡智階段。

㈦忘牛存人

騎牛已得到家山，牛也空兮人也閑。紅日三竿猶作夢，鞭繩空頓草堂間。

法無二法，「心」與「心主」，是一非二，忘牛存人之意在此，牛既不見，心主已閒，非惟如此，即鞭繩亦無所用之，此即普明獨照之意，壞衲璉和詩云：「歸來何處不家山，物我相忘鎭日閑。須信通玄峰頂上，箇中渾不類人間。」悟後「歸家」，聖位仍在人間，隨處皆是，「立處皆眞」，故云「歸來何處不家山」。物我相忘，達到了「絕學無爲閒道人」的境界，悟入已後，見山不是山，見水不是水，故云：「須信通玄峰頂上，箇中渾不類人間。」聖位自有與凡俗不同之處。

(八)人牛俱忘

鞭索人牛盡屬空，碧天寥廓信難通。紅爐焰上爭容雪，到此方能合祖宗。

凡情固須掃卻，聖念亦須泯除，如臨濟所云：「有佛處不得住，無佛處急走過」，此人牛俱忘之意，故原序云：「凡情脫落，聖意皆空」。求道之人，已爲「大全」所攝，身與道合，形相皆無，故云：「鞭索人牛盡屬空。」「碧天寥廓信難通」，此聖境中，自與凡俗隔絕，但最後仍要泯除聖念聖解，如紅爐焰上，不許容雪，最後一點塵念，也要袪除，無聖凡之分，無是非之別，一念不起，不落階級，方合禪祖師之宗旨。一山國師之和詩，正可發明此意：「一念空時萬境空，重重關隔豁然通。東西南北了無踪（踪字疑爲迹或蹤之誤），只此虛玄合正宗。」前二句頌明一念不起，大徹大悟，後二句言無分別，無拘限，虛玄契合宗旨。

(九)返本還源

返本還源已費功，爭如直下若盲聾。庵中不見庵前物，水自茫茫花自紅。

凡聖念泯，與道無間，固是無上境界，惟較原序所云：「本來清淨，不受一塵，觀有相之榮枯，處無爲之凝寂，不同幻化，豈假修治」的程度，尚欠一步，故立此一歷程。「返本還源已費功」，謂調牧功成，全由功夫而得，「爭如直下若盲聾」，卻不如「平常心」合道，不假修持，如魯如愚，當下荐取，「庵中不見庵前物」，喻在聖位之中，不見有聖境之事物，「水自茫茫花自紅」，喻此時已見山仍是山，見水仍是水。

(十)入廛垂手

露胸跣足入廛來，抹土塗灰笑滿腮。不用神仙眞秘訣，直教枯木放花開。

禪祖師均崇尚悲智雙用，不作自了漢，所謂焦芽敗種，不起作用，廛謂市廛，垂手即伸手，入廛垂手即入世救人，故原序云：「柴門獨掩，千聖不知，埋自己之風光，負前賢之途轍，提瓢入市，策杖還家，酒肆魚行，化令成佛。」足以說明立題之意，較之普明止於「雙泯」，高出不少。「露胸跣足」，乃佛祖釋迦牟尼行教說法之形像，謂如佛陀的露胸跣腳，入市廛說法救人，「抹土塗灰」，謂與苦難衆生無差別，「笑滿腮」，謂雖由聖入凡，仍怡然自得，「不用神仙眞秘訣」，言不用長生的神仙眞訣，只求自己延年益壽，而是要起大機，發大用，使枯木生花，寒爐再火。一山國師的和詩，最得此意：「換卻皮毛轉步來，依稀鳥嘴與魚腮。通身固是混泥水，我此宗門要大開。」換卻皮毛喻脫胎換骨，但卻肯由聖位中轉步出來，面目不殊，與以前依稀相似，而且爲了救世度人起見，混泥混水，同乎流俗，合乎污世，但是此係救世的手段，因我而此宗大行，宗風大揚，此一境界，這二首頌詩足以說明禪宗出世而又入世的精神。

以上所引的頌詩，完全不是「爲文而造情」。而是各抒胸懷意境之作，其作用在借詩寓禪，宣示宗旨，以教禪宗子弟，如一山國師的序所說：「然去聖逾遠，法當危末，根性多優劣，機用有遲速，又不可一概定之，故未免曲設多方以誘掖之。」作詩作圖，在傳宗旨，說玄理，可貴的是沒有走佛偈的路子，「眞心直說」，言之不文，反而不避「綺語」，寓理成趣，使人悅耳賞心，以寓道的深遠而論，固為唐宋詩人所不及，以表現的技巧，詩意情韻而論，亦堪肩隨王維、孟浩然、白居易等，惜乎沉汩禪宗經典之中，未曾得到如王士禎、袁枚等論詩的大家為之批評品題，發其幽光，揚其清芬，定其地位，殊為恨事，故特加詮說，以待方家之論定，使成為藝林的盛事，是執筆時的最大心願。

三、結論：牧牛圖頌在理趣詩中的地位

詩的特質，大多服膺陸機「詩緣情而綺靡」之說，自嚴羽以後，尤以「不涉理路，不落言詮」為詩的上上境界，嚴羽云：

夫詩有別材，非關書也，詩有別趣，非關理也，然非多讀書，多窮理，則不能極其至，所謂不涉理路，不落言詮者上也。（滄浪詩話）

滄浪之言，抑低了說理詩的地位，但後人竟因貶之為旁門，如劉大勤所云：

問：宋詩多言理，唐人不然，豈不言理而理自在其中歟？

答：昔人論詩曰：不涉理路，不落言詮，宋人惟程、邵、朱諸子為詩好說理，在詩家謂之旁門，朱較勝。（師友詩傳續錄）

說理詩竟被貶抑為旁門左道，未免太過分了，人有情感和理性的二面，文學作品自可訴之於人性中這二種特質，自有詩的作品以來，說理詩與訴諸情感的「感性」詩，同樣在流傳，袁枚的舉論，可為代表：

或云：詩無理語，大雅於緝熙敬止，不聞亦式，不諫亦入，何嘗非理語？何等古妙？文選：寡欲罕所缺，理來情無存。唐人：廉豈沽名具，高宜近物情。陳后山訓子云：勉汝言須記，逢人善即師。文文山詠懷云：疎因隨事直，忠故有時愚。又宋人：獨有玉堂人不寐，六箴將曉獻宸旒，亦皆理語，何嘗非（原誤爲有字）詩家上乘，至乃月窟天根等語，便令人聞而生厭矣。（隨園詩話卷七）

袁枚所舉的例子，均係說理詩，類此之作，在前人的作品中，不勝抉摘，惟說理詩，必須理洽人心，才會不以理語爲嫌，再進一層，在能寓理成趣，吳喬云：

予友賀黃公曰：嚴滄浪謂詩有別趣，不關於理，而理實未嘗礙詩之妙。如元次山舂陵行，孟東野遊子吟，直是六經鼓吹，理豈可廢乎？其無理而妙者如：早知潮有信，嫁與弄潮兒。但是於理多一折耳。……（圍爐詩話卷上）

遊子吟等作，是理洽人心，「嫁與弄潮兒」一首，非直言說理，即所謂多「一折之意」，說理詩之最佳者，乃借物寓理，出以比興的表現方法，泯去說理之迹，於是吟之有味，詠之感人，如袁枚所云：

詩家有不說理而眞乃說理者，如唐人詠棋云：人心無算處，國手有輸時；詠帆云：恰認己身往，翻疑彼岸移；宋人：君王若看貌，甘在眾妃中；禪心終不動，仍捧舊花歸；雪詩：何由更得齊民暖，恨不偏於宿麥深；雲詩：無限旱苗枯欲盡，悠悠閒處作奇峰；許魯齊即景云：黑雲莽莽路昏昏，底事登車尚出門，直得前途風雨惡，蒼茫何處覓烟村；無名氏云：一點緇塵涴素衣，癡

癡騃騃使人疑。縱教洗徧千江水，爭似當初未涴時。（隨園詩話卷三）

袁枚所謂「不說理而眞乃說理者」，乃寓理於事理之中，使詩有二重意境，言在此而意在彼，又係出以比興的詩法，使人得意於言外，尋詩於句中，而理趣盎然，具有「感性」，協於口而愜於心，說理詩能臻此境界，則無可非議，可與訴之情感的「感性詩」，同其完美，因爲已「不落言詮，不涉理路。」王維的詩，即其例也，胡應麟云：

太白五言絕，自是天仙口語，右丞卻入禪宗。如人閒桂花落，夜靜春山空。月出驚山鳥，時鳴春澗中。木末芙蓉花，山中發紅萼。澗戶寂無人，紛紛開且落。不意聲律之中，有此妙詮。（詩藪·內編下·絕句）

則將王維鳥鳴澗、辛夷塢這二首詩，與佛書、禪典齊觀，才會說「不意聲律之中，有此妙詮」。二詩所表達的禪理何在？筆者曾在「唐宋詩中之禪趣」（見六八年、七、二十四至二十七日新生報副刊）一文中略加詮釋道：

前一首是人閒靜極，方覺桂花的飄落，內心外境一如，才能察春山的空寂，這一靜寂的境界，也有躍然而動的機境，月出山鳥驚鳴，有由靜得動，道與人親，如月的驚起山鳥。因爲常人能動而不能靜，禪人喜靜而不喜動，偏於一邊，惟能靜能動，攝動攝靜，方是最高境界。後一首顯示機用不停，因爲禪師認爲自性妙體，係絕對境界，非空非有，亦空亦有，無不涵攝，芙蓉花的抒長紅萼，是平常的事，不因外在的環境而轉移，澗戶寂無人，道非不在，且開且落，以顯機用的不停，胡應麟「不意聲律之中，有此妙詮」，當亦係有領會此才說的。

可見在說理詩中，尙有進於道，寓禪成趣的一類，爲古人所共見共許。綜上所述，從內容上言，詩的領域中，容許理趣詩的存在；就詩的表現言，詩可以下理語，但雖切中事理；說理詩之佳者，在能寓理成趣，而又情韻不匱；在說理詩中，又有進於道的一類。回顧牧牛圖頌，首先在題目上，以牛喻心喻道，已使哲理形像化，免於「眞心直說」，而「相題行事」，乃以詠物詩的方式，詠頌所命之意，已多「一折」，在表現方面，廢除了理語禪語，以比興體之詩，頌出十種歷程，使詩有了「言之所陳」的一面，又有「意之所許」的另一面，而有了雙重意境，在表現的技巧上，不但合乎七言詩的格律，而且抒藻遣辭；典雅切貼，具此數美，已足與詩家爭勝，何況又係進於道的詩呢？這些禪家中的詩家，不是使其詩無心合道，而是有意於以詩寓道寓禪，深合於貞元六書新知言所云：

進於道的詩，必有所表顯，它的意思，不止於其所說者，其所欲得到者，並不是所說者，而是所未說者，此所謂「超以象外」（詩品）。就其所未說者，它是「言有盡而意無窮」（滄浪詩話），進於道的詩，不但使人能得其所表顯者，並且使人於得其所表顯之後，知其所說者，不過是所謂筌蹄之類，魚獲而筌棄，意得而言冥。

這一段話，不啻爲牧牛圖頌詩而說，這些禪家詩，誠在以詩寓禪，教示「兒孫」，但所以不用直言論說的方式，正恐增其執著，多所束縛，乃用「不背不觸，不脫不黏」的比興詩，說而無說，除了「言滿天下無口過」之外，即在使後之禪人，「魚獲而筌棄，意得而言冥」，非故出「綺語」也。黃永武博士論詩與禪的異同云：

至於禪，禪宗的公案、語錄、頌古等常用比興詩來「繞路說禪」，若用文章則涉於理路，流於知解，用比興的詩才能達到「不脫不黏」的境界，元好問答俊書記學詩七絕云：「詩爲禪客添花錦，禪是詩家切玉刀。」以爲詩可使禪增加光輝，禪可使詩去除腐俗，詩是錦，禪是花，有了錦才有地方著花；禪是刀，詩是玉，有了刀才能裁璞爲玉，兩者有相互輔依的作用。且看鶴林玉露載女尼悟道詩：「盡日尋春不見春，芒鞋踏徧嶺頭雲。歸來偶把梅花嗅，春在枝頭已十分！」本身具足，不假外求，一切有爲法，如夢幻泡影，均屬徒勞，終日外出尋春，原來春在家裡！這首明性見道的禪詩，充盈著詩趣。（中國詩學思想篇）

由此以觀，禪家詩在傳統的中國詩歌中，應佔重要的一席，而牧牛圖頌，一方面是進於道的好詩，一方面是系統完整之作，在形式上雖然藉詩添了「花錦」，就實質而言，其內容已足輝耀古今，惜知之者少，故特爲拈說，尙祈博雅君子，賜予指正。

拾貳、禪宗成立前後中國詩與詩學之比較

禪宗是屬於宗教的範疇，詩是文學的園地，表面看來，二者似是此疆彼域，如冰炭不可同爐，可是經過融合以後，卻如投水乳於一砵，禪與詩幾乎成爲一體，不明白詩，幾乎不能明白禪人寓道的詩作，不懂得禪，也幾乎不能深知以禪論詩的奧秘。可是以前的詩人，忽略這種事實，甚至反對以禪論詩，認爲二者無關，清袁枚便堅持這種主張：

詩始於虞舜，編於孔子，吾人不奉兩聖人之教，而遠引佛老何耶？阮亭以禪語此，詩人奉爲至論，吾駁之曰：毛詩三百篇，豈非絕調，爾時禪在何處？佛在何方？人不能答。因告之曰：詩者人之性情也，近取諸身而足矣。其言動心，其色奪目，其味適口，其音悅耳，便是佳詩。孔子曰：不學詩，無以言。又曰：詩可以興。兩句相應。惟其言之工妙，所以能使人感發而興起，倘直率庸腐之言，能興者其誰耶？（隨園詩話補遺卷一）

袁枚就中國詩的產生來說，認爲在佛禪宗未產生以前，詩已大盛，此時詩中無禪，誠屬事實。可是佛禪傳入中國，禪宗大盛以後，不只是禪宗的祖師，借詩以寓禪，詩人以禪入詩，而且以禪理論詩理，

其濫觴可遠溯盛唐，皎然和司空圖的論詩，已甚顯著，宋朝的江西詩派和嚴羽、方回等更爲詳盡。王漁洋不過摭拾一二而已，清代吳喬和朱庭軫也大爲闡明，袁枚似乎忽略此昭昭明白的事實，而妄下斷論。明僧普荷便認爲詩中不可以無禪，故他作的詩禪篇云：

太白子美皆俗子，知有神仙佛不齒。千古詩中若無禪，雅頌無顏國風死。惟我創知風即禪，今爲絕代剖其傳。禪而無禪便是詩，詩而無詩禪儼然。從此作詩莫草草，老僧誓把詩魔掃。那怕眼枯鬚皓皓，一生操觚壯而老。不知活句非至寶，吁嗟至寶聲韻長，洪鐘扣罷聲泱泱。君不見，嚴滄浪。（雲南叢書滇詩拾遺卷五）

普荷的推論，又太過份，詩經之中的風雅頌，實與禪無關。「禪而無禪便是詩」，普荷似乎認爲有禪的神秘性及意境而沒有禪理禪語，便是詩；「詩而無詩禪儼然」，認爲有詩的神秘性和理趣，卻沒有詩的形式及格律便是禪。這一主張牽涉到詩與禪的本質是否相同的問題，範圍太深廣，暫不分析究論，可是從禪宗成立前後，將中國詩壇的活動，由詩的作品，詩學理論加以比較，則禪於中國詩的影響，明切可見。

一、禪宗的成立與詩的融合

禪宗相傳在梁武帝時由達摩傳入中國，成爲中華初祖，於是開宗立派，傳至五祖弘忍，門下十大弟子，已大振宗風，至六祖慧能以後，門庭更大，神會、行思、懷讓等門下龍象紛起，形成主流，而導出五宗二派，五宗中的曹洞、雲門、法眼、溈仰四宗，活動於南方，臨濟宗宣化於北國，至宋朝中葉，臨濟宗又分出楊岐、黃龍，與曹洞宗巍然並峙，禪宗開始時被視爲佛教的小宗，以後被稱爲宗門，與被稱爲教下的佛教，形成對立對抗的形勢，予中國的文學藝術，以極長遠深切的影響，其明顯可見的，又無過於詩。

禪與詩的融合，似乎是偶然的，因爲禪的黃金時代是由唐至宋，而近體詩的輝煌時期，也是由唐至宋，在這一大時代背景之下，兩者自然容易發生牽聯，其開始是禪宗的宗師，以詩寓禪，轟傳詩壇的神秀、慧能二大師的偈詩，就是極明顯的例子：

神秀詩偈

身是菩提樹，心如明鏡臺。時時勤拂拭，莫遣有塵埃。（景德傳燈錄卷五）

慧能詩偈

菩提本無樹，明鏡亦非臺。本來無一物，何處惹塵埃。（景德傳燈錄卷五）

這二首詩是寓有很深禪理的詩，而且也是一首相當完美的五言近體詩，神秀的詩，完全合律，二句與四句押韻，第一句與第二句相對，這是唐人七絕句法中常用的句法，慧能大師的詩，除了第一句的無字應用仄聲而用了平聲之外，亦無不合律，而且是和韻詩，這二位禪宗大師的詩，尤俱有詩的意境美，而且是以比興的方法，寓禪理於詩中。神秀的詩，認爲法體是實用，如他自己所說：「身是菩提樹」，「淨心體猶如明鏡，從無始以來，雖現萬像，不曾染著。」「身是菩提樹」則人本是有善根，「心如明鏡臺」則此心本來光明純淨，時時勤於拂去塵土，擦拭污染，以加行之功，來成就本來的光明和清淨。故五祖弘忍對這首偈詩，甚加推重，要人焚香讀誦。可是時時勤拂拭，莫遣有塵埃，這種後天的加行和修持，是禪人求道的境界，不是大徹大悟，無欠無餘的成道境界，何況法體本非實有，悟道亦非以此是菩提，彼不是菩提，此則明淨，彼則污染的分別心所可領悟，所以六祖認爲菩提、心性均是假名，法界是「眞空」，故說「菩提本無樹，明鏡亦非臺。」成道以後，更不假修持造作，因爲「本性」本來清淨，所以說：「本來無一物，何處惹塵埃」。二位大師悟道境界的高下，由此可見了。這是以詩寓禪的最顯著的例子。由這二首詩來推究，禪宗所要表達的「自性」、「大全」，是言語道斷，心行處滅，不可智知，不可言說的，所以才以「教外別傳，不立文字」來形容禪宗的特性，禪宗並不重「佛、法、僧」三寶，有別於佛教，所以稱教外別傳，認爲文字不能使人明心見性，故不立文字，可是在表示悟境或接送禪人，而不能不言，不能不說的時候，於是「說而無說」，「言滿天下無口過」，乃繞路說禪，除了以形象化的語言——揚眉、瞬目、豎拂、舉拳等等之外，而借比興詩，以詩寓禪，以直感的具體事物，來象徵不可感覺的與不可思議的自性，以這種方式說禪，才能不觸——因爲並沒有直接說出這一自性是什麼，也能不背——也沒有違背禪祖師所要說的「大全」，因爲比興的詩，具有不脫——不脫離所說的禪理、禪境，也不黏——不黏住在所說的禪理上，如神秀慧能的詩偈。於是而詩禪相合。

以詩寓禪的極致，是禪宗祖師有全部的機鋒對話，用詩來表達，例如臨濟宗的開派祖師義玄與鳳林的問答：

（臨濟）到鳳林，林問：有事相借問，得麼？

師云：何得剜肉作瘡！

林云：海月澄無影，游魚獨自迷。

師云：海月既無影，游魚何得迷？

林云：觀風知浪起，翫水野帆飄。

師云：孤輪獨照江山靜，自笑一聲天地驚。

林云：任將三寸輝天地，一句臨機試道看。

師云：路逢劍客須逞劍，不是詩人莫獻詩。

鳳林便休。……（臨濟慧照禪詩語錄）

臨濟義玄是六祖慧能五傳弟子，因爲宣法於河北鎮州臨濟禪院，所以稱臨濟，慧照是他的謚號。這一段與鳳林的言語機鋒所表達的禪理，完全是用詩句進行的。禪師相見，總是互探彼此所達的境界，「海月澄無影，游魚獨自迷」，鳳林以月象徵「自性」或本體，海象徵現象界或色界，本體與現象界是合一的，如月投光輝於海中；以游魚比喻求道者，求道人卻拘限於現象，迷頭認影，不能直見本源，鳳林以此爲問。臨濟深知此意，自性或大全，徧周沙界，既無形影的限制，自應沒有遮蔽，求道者應當不會迷失，故云：「海月既無影，游魚何得迷」也。自性或大全，雖無形象，而其作用則由物象可以見知，如風生浪起，水移船飄，鳳林以此為問：「觀風知浪起，翫水野帆飄。」由體知用，屬於見知，而證悟本體，明心見性，如見一輪明月的獨照，不為他物所蔽，可是此時言語道斷，心神處滅，只可自己體會，不可知解，更不能將此境界示人，故云：「孤輪獨照江山靜，自笑一聲天地驚。」鳳林以臨濟不肯落於文字的形相上，表示其悟境，乃以詩作比喻，詩人三寸毛錐，可將詩句騰光輝於天地，臨此絕對境界，請臨濟試為著語。故云：「任將三寸輝天地，一句臨機試道看。」禪人的禪語機鋒，如石火，如電光，如劍客的刀迎劍架，交鋒已畢，如果不能相識取，則彼此悟境不同，亦不須舉說了，此臨濟「路逢劍客須逞劍，不是詩人莫獻詩」作答之意。此類借詩問禪示法，在禪家的典籍中，觸目皆是，大半是借詩人的詩句，鳳林和臨濟所舉，可能是當時流行的淺近詩語，如果不深入研究，求其言外之意和詩中的寓托的話，則不能知二人對答的眞義了。這種繞路說禪的方式，眞是「說而無說」，「言滿天下無口過」。禪祖師借詩寓禪的原因就在於此。

有了禪人的以詩寓禪，以後詩人與禪師往返日多，於是把禪理、禪家的典故，禪人的事蹟入之詩中，最佳的寓理成趣，形成了禪趣詩，促使詩禪合一，如單宇所云：

經來白馬寺，釋氏之熾於中國久矣，士大夫靡然從之，適其居，友其徒，或樂其說，且深好之而研其所謂學，此一流也。詩家者流，又能精述其趣味之奧，使人玩之而不能釋，亦豈可謂無補於心身者。（菊坡叢話卷十三）

單宇所說，足以說明一詩人援禪入詩的過程，不過他是泛說所有的釋子，當照包括了禪門僧侶在內，以禪入詩的事實，則沈德潛說的較爲具體：

杜詩江山如有待，花柳自無私。水深魚極樂，林茂鳥知歸。水流心不競，雲在意俱遲。俱入理趣。邵子則云：一陽初動處，萬物未生時。以理語成詩矣。王右丞詩，不用禪語，時得禪理。東坡則云：兩手欲遮瓶裡雀，四條深泊井中蛇。言外有餘味耶？（說詩晬語）

充分說明了禪宗給予詩家的重大影響。禪與詩經禪師與詩人的長期努力，牽合消融成爲一體，如惠洪石門文字禪序所說：「禪如春也，文字則花也，春在於花，全花是春，花在於春，全春是花，而曰禪與文字有二乎哉。」惠洪所說，比普荷更明切，禪與詩如水乳溶於一砵，二者有密不可分的關係與影響。

二、禪宗成立前後詩作的比較

禪宗盛於唐宋，對詩產生極大的影響亦在唐宋，把禪宗成立以前和成立後的詩，加以比較，即可發現下面極爲明顯的特點：

一、使詩的作品更爲豐富：詩在教下視爲綺語，在宗門則視爲寓禪之器，何以有此基本觀念的不同，依個人的看法，教下的僧侶，講求的是佛理，主張理入——由理路入道，而宗門的禪師，則主張直感——無心合道，故教下重因明，以之爲推理的工具，而禪門重詩語，使人由直感而自悟，所以在隋唐以前的有名詩人，幾乎無一是僧侶，僧侶有詩，亦不過是佛偈體的沿用——押韻說理的散文。到了唐宋，詩人之中，有不少的僧侶，大都是禪宗中的大師，如唐朝的寒山、皎然、齊己、貫休，宋代的惠洪、雪竇等，各有專集傳世，此外在各種燈史、語錄等禪門著作之中，禪人的詩，合計在萬首以上，大致可分為四類：㈠示法詩：以一首詩來表示自己的禪境，如以上所舉的神秀、慧能的作品，都是有所為的寓道詩。㈡開悟詩：禪人經過參學修持，因緣和合，頓然開悟，明心見性，此時的悟境，為絕對境界，不能舉以示人，然要經過師友的勘驗印可，又不能顯示所得，於是以詩作間接而抽象的表達，免於直敘式的推理論說，落入心擬意想的理路，而破壞或走失此一絕對境界，如洞山良价，香嚴智閑，昭覺克勤的詩，便是最好的例證。

洞山良价開悟詩

切忌從他覓，迢迢與我疎。我今獨自往，處處得逢渠。渠今正是我，我今不是渠。應須恁麼會，方得契如如。（普濟五燈會元卷十三）

香嚴智閑開悟詩

一擊忘所知，更不假修持。動容揚古道，不墮悄然機。處處無蹤跡，聲色外威儀。諸方達道者，咸言上上機。（潭州溈山靈祐禪師語錄五燈會元卷九）

昭覺克勤開悟詩

金鴨香銷錦繡幃，笙歌叢裡醉扶歸。少年一段風流事，只許佳人獨自知。（五燈會元卷十九）

根據禪宗語錄和燈史的記載，洞山是涉水看見自己的影子開悟。香嚴是作工時以石塊拋擊在竹子上而開悟。昭覺是聽老師講「頻呼少玉元無事，只要檀郎認得聲」的艷詩而開悟，於是均以詩表達其悟境。這一類的詩不多，是禪人詩中的精華，人不過一二首，完全符合了「文以載道」的原則。㈢頌古詩：禪宗典籍裡，有語錄、有代語、有拈古、有頌古，頌古詩是取語錄公案拈古、發明昔人的深意，以詩作爲表達，而且是以詠史詠物的方式成詩的。這類頌古詩有專集的，如頌古聯珠，空谷集，虛堂集，從容錄，散在禪宗其他典籍之中，又不知凡幾，特舉兩首爲例：

投子義青頌首山此經詩

舉僧問首山，一切諸佛皆從此經出，如何是此經？山云：低聲！低聲！僧云：如何受持？山云：不染污。頌曰：

水山崑崙山起雲，釣人樵父昧來因。只知洪浪岩巒闊，不肯拋絲棄斧聲。（林泉老人空谷集卷中）

首山省念，是臨濟宗的第五代傳人，（事蹟見五燈會元卷十一）因爲他是念法華經而開悟的，法華經信解品：「一切諸佛祕藏之法」。此僧問首山「一切諸佛皆從此經出」之意、「如何是此經」，僧問法華經的究竟如何？山云：「低聲！低聲！」表示不可言說，僧云：「如何受持？」而首山答以「不染污」！到此爲止是一段公案，以後的頌，是頌古詩，頌明這則公案的意義，其實是投子義青的見解。義青根據省念因法華經而開悟，認爲禪宗與佛教在根本上無差別，「水出崑崙山起雲」，以山喻自性，水與雲均是由自性而起的作用，教下宗門之分，亦係如此，所求的均在明心見性，分禪分教，正如釣人樵父，不明本源，才有此偏失，釣人但知洪波滔滔，樵子只知山巖高闊，於是各有執著，釣者不肯放下釣絲，樵人不肯放下斧頭，皆非究竟之事。這是投子義青頌詩的寓意。又：

投子義青頌芭蕉拄杖詩

舉芭蕉和尚示眾云：你若有拄杖子，我即與汝拄杖子，你若無拄杖子，我即奪汝拄杖子。投子拈云：人無遠慮，必有近憂。頌曰：

有無今古兩重關，正眼禪人過者難。欲通大道長安路，莫聽崑崙敘往返。（容谷集卷下）

芭蕉和尚是六祖大弟子青原行思的第五代傳人。拄杖子是禪師持的手杖，芭蕉和尚是以拄杖子代表「有」，如果禪師固執「有」的觀念，認「有」爲實有，芭蕉和尚則再給以拄杖子——「有」，使知由「實有」而進至「妙有」，以無拄杖子代表「空」，如果禪人已經守住「空」的觀念，固執而成爲「頑空」，芭蕉就要代爲除掉這「執空」的觀念，因爲「執空」、「執有」都偏在一邊，投子義青認爲芭蕉和尚的話，有遠見而且可糾正禪人的蔽障，所以拈出這則公案而加以評點：「人無遠慮，必有近憂」。頌詩：「有無今古兩重關」。執「有」執「無」，是古今禪人的通病，是兩道難關，「正眼禪人」指有智慧的禪人，通過此二關亦不容易。禪人求道，重在力行，以有證空，以空明有，皆不是空談，禪人求悟，如學子的求富貴，欲往長安帝都，應親自跋涉前往，不可聽別人敘說途中風光，崑崙山上的勝景，否則芭蕉和尚的說空說有，均與自己沒有關係。這類義勝句美的頌古詩，所在多有。可惜學唐學宋的詩家，都忽略了，其原因在不明禪理和公案，就不足以明白這類的詩。遂致湮沒不聞。

(四)禪機詩：禪家祖師與人相接，酬答應對，山水登臨，事務感嘆，也多見之於詩篇，也暗寓禪機、禪理於詩中。茲舉貫休、齊己二人的詩爲例。

貫休野居偶作

高淡清虛即是家，何須須占好烟霞。於心無道道自得，有意向人人轉賒。風觸好花文錦落，砌横流水玉琴斜。但令如此還如此，誰羨前程未可涯。（全唐詩卷八百三十六）

貫休山居詩（二十四錄一）

自休自了自安排，常願山居事偶諧。僧採樹衣臨絕壑，狖爭山果落空階。閒担茶器緣青障，靜衲禪袍坐綠崖。虛作新詩反招隱。出來多與此心乖。（全唐詩卷八百三十七）

齊己中春感興

春風日日雨時時，寒力潛從暖勢衰。一氣不言含有象，萬靈何處謝無私？詩通物理行堪掇，道合天機坐可窺。應是正人持造化，細驅幽細入爐鎚。（白蓮集卷七）

齊己自貽

心中身外更何求？坐石看雲養聖胎。名在好詩誰逐去？跡依閒處自歸來。時添瀑布新瓶水，旋換旃檀舊印灰。暗出寺門驚往事，古松千尺半蒼苔。（白蓮集卷八）

這類詩的清絕而有含蘊，不是一般世俗的詩人所可比擬的，貫休是求「示我祖師心」的禪師，齊己則似乎出於潙仰宗，自稱「門是祖師徒」。總括這四大類的禪人作品，使唐宋的詩作，更爲豐富，而且另具風味，可是被我們忽略了很久。試與唐宋以前僧侶的詩作比較，則別異立見。

廬山慧遠詩

廓矣大象，理玄無名。體神入化，落影離神。迴暉層巖，凝映虛亭。在陰不昧，處闇愈明。婉步蟬蛻，朝宗百靈。應不同方，迹絕而冥。

茫茫荒宇，靡功靡獎。談虛寫容，拂空傳像。相具體微，冲姿自朗。白毫吐曜，昏夜中爽。感徹乃應，扣誠發響。留音停岫，津悟冥賞。撫之有會，功勿由曩。（高僧傳第六）

這是慧遠大師題廬山圖的詩，共有五首。在形式上看，是四言詩，從風格上研究，除了受樂府詩的影響外，明顯地有佛偈影響的痕迹，又如鳩摩羅什贈慧遠的詩偈：

既已捨染樂，心得善攝不？若得不馳散，深入實相不？畢究空相中，其心無所樂。若悅禪智慧，是法性無照。虛誑等無實，亦非停心處。仁者所得法，幸願示其要。（高僧傳第六）

這首示法詩，完全是佛經偈語，乃押韻的說理散文，與神秀慧能的示法詩相較，詩味意境，誠有天壤之別，同是表示佛理的詩，何以有如此大的差別？因爲唐宋以前的方外詩，佛理未與詩融合爲一，唐宋以後的禪家詩，詩與禪已水乳交融，融成一體了。

二、使詩的內容更加充實：禪宗成立以後，詩人與禪師往返日密，王維、白居易、蘇軾、蘇轍是極明顯的例子，由於交往的頻多，詩人除了問道求禪以外，於是把所與禪師往返的感觸、所得的禪理、所知的禪宗的故事、禪祖師留下的道場行迹，有意無意之間，都納入了詩中，並擬仿禪人的詩，內容更爲充實。如王維的夏日過青龍寺謁操禪師詩：

龍鍾一老翁，徐步謁禪宮。欲問義心義。遙知空病空，山河天眼裡，世界法身中。莫怪銷炎熱，能生大地風。（王右丞集箋注卷十一）

追究詩的內容，幾同禪門的頌詩。又白居易的感悟委緣題如上（人）壁，則與禪師的開悟詩無異：

自從爲騃童，直至作衰翁。所好隨年異，爲忙終日同。弄沙成佛塔，鏘玉趨王宮。彼此皆兒戲，須臾即色空。有爲非了義，無著是眞宗。兼恐勤修道，猶應在妄中。（白氏長慶集卷五五）

這首詩不但說明他把出仕的一切視同兒戲，而且把禮、佛和教下所注重的修持，亦認爲不是眞正的了卻，完全類禪師的見解。至宋，此一風氣更爲盛行，如王安石的詩：

人人有這箇，這箇沒量大。坐也坐不定，跳也跳不過。鋸也解不開，鎚也打不破。作馬便搭鞍，作牛便推磨。若問無眼人，這箇是什麼？便遭伊纏繞，鬼窟裡忍餓。（臨川先生集卷三）

詩中所謂的「這箇」，便是指的「自性」，全篇都在詠此「自性」的作用。只是做的是寒山詩體，欠缺情趣。又晁補之詩云：

瀰天一滴水，何處是曹溪。若作聲來解，還成瞪發迷。白雲遮剎遠，翠竹向檐底。是物元非物，莊周未可齊。（雞肋集卷十五）

這是晁補之在祥符寺聽說法的次韻詩，白雲遮住寺剎，翠竹低在檐際，雖是物象，而自性在其中，故說「是物元非物」，而歸結到莊子的齊物論，不足以盡齊物的道理。禪理入詩，唐宋人的詩集中，幾乎俯拾皆是，以禪宗的故事用語、禪祖師的事蹟入詩的，亦所在多有，如張說書能和尙塔：

大師捐世去，空餘法力在。遠寄無盡香，心隨到南海。（張說之文集卷七）

這首詩有人懷疑是禪師們僞造以高身價的，但舉不出證據，只是想當然耳。李群玉法性寺六祖戒壇詩云：

初地無階級，餘基數亦低。天香開茉莉，梵樹落菩提。警俗生眞性，青蓮出淤泥。何人得心法，衣砵在曹溪。（李群玉詩集卷一）

六祖慧能，在儀鳳元年至南海，於法性寺遇印宗法師，剃髮受戒於菩提樹下，李群玉的詩即詠此事。

由以上的敘說，可見禪宗興盛以後，予唐宋詩人以新的滋養，新的材料，因而豐富了他們作品的內容，以致欣賞唐宋詩作，如果不明禪學，對這類作品，不是因不懂而摒棄，就是誤解了詩中的意義，出以臆想而作猜謎的解說。例如柳宗元的江雪：

千山鳥飛絕，萬徑人蹤滅。孤舟簑笠翁，獨釣寒江雪。

高步瀛的唐宋詩舉要，便以蘇東坡的話，作爲欣賞此詩的交代：

蘇子瞻曰：「鄭谷詩云：江上晚來堪畫處，漁人披得一簑歸」。此村學中語人也。柳子厚云：「孤舟簑笠翁，獨釣寒江雪。」（書鄭谷詩）

東坡不過把鄭谷和柳宗元的詩，作了比較，評定柳高於鄭而已。沒有發明江唐一詩的意義。朱自清在唐詩三百首指導概要中論這首詩道：

唐人絕句有兩種作風：一是鋪排，一是含蓄。前者如柳宗元的江雪……柳詩鋪排了三個印象，

見出了江雪的幽靜，……但柳詩有「千山」、「萬境」、「絕」、「滅」等詞，顯得那幽靜更大些。（略讀指導舉隅）

朱自清把江雪歸入鋪排而不入含蓄一類，已是一大錯誤，又認為柳詩只是表現出了江雪的幽靜，更是徹底的臆想下的誤解，至於「孤舟簑笠翁，獨釣寒江雪」，大概都翻譯成：

只見一隻孤獨的船裡，有一個穿簑衣戴笠帽的老人，獨自在寒冷的江上釣那雪天的魚。（大衆書局，詩詞欣賞）

可是仔細研究，風雪冰寒，雪中垂釣，是現實世界不可能的事，故此二句詩，恰與王維畫「雪裡芭蕉」一樣，是借此反常的事，來喻說禪理，而「反常合道」，宋代的禪師，常以「千山鳥飛絕，萬徑人蹤滅」，來頌明臨濟「人境俱奪」的禪境，「千山鳥飛絕」，表明了無物的意境，「萬徑人蹤滅」，表達了無人的意境，人物俱泯，此心空寂虛明，到達了他人所不能到達的靜境，於是至道可求，如孤舟簑笠翁，能在滿江風雪之中垂釣得魚了，柳宗元是以「獨釣寒江雪」，來比喻求道悟道的人，不如此了解，則整首詩不合理而不可解。前人不明此意，故知此詩之妙而不知其所以妙，朱自清則因不懂而誤解。柳宗元的滋養，無疑來自禪宗。至於隋唐以前的詩人作品，因為禪宗未盛行，所以缺少了這些內容，也無從比較了。

三、提高了詩的意境：禪師於「自性」及了悟的「絕對境界」，不肯直接論說，是恐怕涉於理路，破壞及走失了這一境界形成悟後迷，如洞山良价所說：「破鏡不重照，落花難上枝」，是非常危險的，於是不得不用象徵的動作，用比興的詩句來說，而其原則是：「不背不觸」，「不脫不黏」，在意念的傳達上，無形中已到達了最高的藝術境界了，神秀、慧能的偈詩，便是最好的例子，不懂禪的人，只見其迷離恍惚，感覺其朦朧之美，當時的禪人，多能知其確實的意義。於是唐宋的詩人，受到了這種薰染，除了抒情詩沿著「詩緣情而綺靡」之外，在寓理時尤能做到「詩寓理而高玄」，如張說灉湖山寺：

空山寂歷道心生，虛谷迢遙野鳥聲。禪室從來塵外賞，香臺豈是世中情。雲間東嶺千尋出，樹裡南湖一片明。若使巢由知此意，不將蘿薜易簪纓。（全唐詩卷八十八）

這首詩已寓理成趣，金聖嘆評解道：

不因寂歷不生道心，然而寂歷非道心也！不因迢遙不傳鳥聲，然而迢遙無鳥聲也。龐居士曰：「但願空諸所有，是寂歷道心生義也；切勿實諸所無，是迢遙野鳥生義也。」（金聖嘆選批唐詩一千首）

金聖嘆的評解，並無錯誤，證以張說的江中誦經詩：「實相歸玄解，虛心在暗通。澄江明月內，應是色成空。」已顯示出禪理上「色空一如，實相無相」的意義，「禪宗從來塵外，香臺豈是世中情」。詠出佛禪非世俗所能知道。「雲間東嶺千重出，樹裡南湖一片明」。表面上是寫山寺所見的景物，而暗寓自性妙體由色界顯現，玄微至道因物象而明白，到達這重境界的人，則「穢」與「淨」沒有差別，塵世與世外也一樣，出仕與退隱是無殊異的，所以才說：「若使巢由知此意，不將蘿薜易簪纓」。這首詩已禪趣具而禪語少。至王維的詩，則已達寓禪無迹，意境高妙的地步了：

人閒桂花落，夜靜春山空。月出驚山鳥，時鳴春澗中。

木末芙蓉花，山中發紅萼。澗戶寂無人，紛紛開且落。（王右丞箋注集卷十三）

人閒靜極，方能覺知桂花的飄落，內心與外境合一，無我物的差異，才可察感春山的空寂，這種靜寂的境界，非一般人可至，可是在寂靜的時候，此心並不是枯木死灰，而有躍然的活潑生機，月出山鳥驚鳴，即是顯出此一意境。道無不在、由體生用，而且是處處如此，機用不停，「木末芙蓉花」一詩，完全是顯示這種意境，芙蓉花不因澗戶的寂靜無人而不開落，借以顯機用不停的寓意，胡應麟讀此二詩評論道：「讀之身世兩忘，萬念皆寂，不謂聲律之中，有此妙語」（詩藪內編下）。實是深切的評論。

禪趣理趣，寓寄詩中，而詩的意境提高了，談藝錄說得很有道理：

乃不泛說理，而狀物態以明理，不空言道，而寫器用之載道。拈此形而下者，以明形而上者，使寥廓無象者，託物以起興，恍惚無朕者，著迹而如見。譬之無極而太極，結而為兩儀四象，鳥語花香，而浩蕩之春寓焉，眉梢眼角，而芳菲之情傳焉，舉萬殊之一殊，以見一貫之無貫。

這段話論得很精闢，「拈此形而下者，以明形而上者」，幾乎是禪詩常用的手段，見於語錄，形於詩歌，成爲風氣，乃廣泛地影響於唐宋詩人。形成了一種高玄的境界，略如葉燮所說：

要之作詩者，實寫理事情，可以言，言可以解，解即爲俗儒之作。惟不可言名之理，不可施見之事，不可徑達之情，則幽渺以爲理，想象以爲事，惝恍以爲情，方爲理至事至之語，此豈俗

儒耳目心思界分中所有哉。（原詩）

這種意境，首先見之於禪家，然後廣泛的傳達到詩人，脈絡分明，試以唐宋以前的說理詩作比較，顯然缺乏這種意境與韻味，特以陶淵明的詩爲例：

神釋

大鈞無私力，萬理自森著。人爲三才中，豈不以我故？與君雖異物，生而相依附。
結託善惡同，安得不相語。三寶大聖人，今復在何處？彭祖愛永年，欲留不得住。
老少同一死，賢愚無復數。日醉或能忘，將非促齡具？立善常所欣，誰當爲汝譽？
甚念傷吾生，正宜委任去！縱浪大化中，不喜亦不懼。應盡便須盡，無復獨多慮。

（形影神三首錄一）。

擬挽歌辭

有生必有死，早終非命促。昨暮同爲人，今旦在鬼錄。魂氣散何之？枯形依空木。
嬌兒索父啼，良友撫我哭。得失不復知，是非安能覺。千秋萬歲後，誰知榮與辱。
但恨在世時，飲酒不得足。（三首錄一）

以唐宋以前的詩來比較，說理詩並不多，有的亦因爲枯淡乏味，多半亡佚了，以陶淵明這兩首說理詩來比較，完全是直言說理，沒有「拈此形而下者，以明形而上者」的傾向，陶氏的說理詩，是當時最好的，已是如此，孫綽等的詩，更是說理的押韻文，全無詩味了：

贈溫嶠

大樸無像，鑽之者鮮。玄風雖存，微言靡演。邈矣哲人，測深鉤緬。誰謂道遠，得之無遠。……

……

答許詢

仰觀大造，俯覽時物。機過患生，吉凶相拂。智以利昏，識由情屈。野有寒枯，朝有炎鬱。……

……

這種佛偈式的詩，誠如鍾嶸詩品所評：「永嘉時，貴黃老，尙虛淡，於時篇什，淡乎寡味，爰及江表，微波尙傳，孫綽、許詢、桓、庾諸公，皆平典似道德論。」比較之下，才知道唐宋詩意境的高玄，更明白了唐宋詩意境的提高，除了文體進步的因素外，實在是受禪宗的影響爲多。

三、禪宗成立後對詩學影響的比較

元好問詩云：「詩爲禪客添花錦，禪是詩家切玉刀。」充分說明了禪學對詩學的影響，最明顯的，首先是以禪家虛靜的道理求詩，劉禹錫的話可爲代表：

梵言沙門，猶華言去欲也。能離欲，則方寸地虛，虛而萬象入。入必有所泄，乃形乎詞，詞妙而深者，必依於聲律，故自近古而降，釋子以詩聞於世者相踵然。因定而得境，故翛然以清，由慧而遣辭，故粹然以麗，信禪林之蘤萼，而戒河之珠璣耳。（全唐詩卷三百五十七，秋日過鴻華

法師寺院即送歸江陵並引）

劉禹錫是以佛禪的虛靜的修養，通到詩的創造上，以後如蘇東坡等不少的詩人，都有此主張，東坡送參寥詩：「欲令詩語妙，無厭空且靜。靜故了群動，空故納萬境。」也是把虛靜的功夫，引用到詩人的修養上，但這是雜佛教與禪宗的「共法」而講的。而禪宗獨特對詩學的影響，應有下述三點：

一、以參禪學詩：禪人求道，要博訪廣參，參謂參透言外妙旨，所以有早參，有晚參，有不定時說法的小參，有外出行腳的參訪，更有在禪祖師語錄故事上用功的參公案，以求由參而得悟，影響所及，於是詩人以這種方法來學詩，這一主張起於東坡，以後才愈來愈衆：

東坡跋李端叔詩卷云：暫借好詩消永夜，每逢佳處輒參禪。蓋端叔詩用意太過，參禪之語，所以警之云。（魏慶之詩人玉屑卷六）

打起黃鶯兒，莫教枝上啼，啼時驚妾夢，不得到遼西。此唐人詩也。人問詩法於韓公子蒼，子蒼令參此詩以爲法。汴水日馳三百里，扁舟東下便開帆，且辭杞國風微北，夜泊寧陵月正南。老樹挾霜鳴窣窣，寒花承露落毿毿。茫然不悟人何處！水色天光共蔚藍。此韓子蒼詩也。人問詩法於呂公居仁，居仁令參此詩以爲法。後之學詩者，熟讀此二詩，思過半矣。（同上）

東坡是以參禪之法欣賞詩，以求句外的佳趣，韓子蒼和呂居仁則是教人以參禪之法，著其熟參一首，以得詩法，以求一悟百悟，一了百了。韓子蒼、趙章泉、吳可、龔相四人，更以論詩的方式頌出以參禪的方法學詩的各種意義：

學詩當如初學禪，未悟且遍參諸方。一朝悟罷正法眼，信手拈出皆成章。（陽陵集卷二）

學詩渾似學參禪，識取初年與暮年。巧匠何能雕朽木，燎原寧復死灰燃。

學詩渾似學參禪，要保心傳與耳傳。秋菊春蘭寧易地，清風明月本同天。

學詩渾似學參禪，束縛寧論句與聯。四海九州何歷歷？千秋萬歲永傳傳。（以上諸詩見都穆南濠詩話）

學詩渾似學參禪，竹榻蒲團不計年。直得自家都省得，等閒拈出便超然。

學詩渾似學參禪，頭上安頭不足傳。跳出少陵窠臼外，丈夫志氣本衝天。

學詩渾似學參禪，自古圓成有幾聯。春草池塘一句子，驚天動地至今傳。（詩人玉屑卷一・都穆南濠詩話）

學詩渾似學參禪，悟了方知歲是年。點鐵成金猶是妄，高山流水自依然。

學詩渾似學參禪，語可安排意莫傳。會意即超聲律界，不須鍊石補青天。

學詩渾似學參禪，幾許搜腸覓句聯。欲識少陵奇特處，初無言句與人傳。（詩人玉屑卷一・都穆南濠詩話）

這十首論詩詩，韓子蒼是始作俑者，趙章泉受韓駒的影響作了三首，吳思道和龔相是和趙章泉的，以後明朝都穆又和了三首，這些詩每首的意義，筆者在禪學與唐宋詩學一書中，已有詳細的解釋。總括十首詩的大意，均主張以參禪的方法，得到頓悟，悟出作詩的方法、原則、意境，就學詩而言，由參得悟，誠然是一直接了當的方法。

二以活法學詩：禪宗認爲一切法皆是假名，六祖云：「若悟自性，亦不立菩提涅槃，亦不立解脫見知，無一法可得，方能建立萬法」。兀庵普寧云：「我宗無語句，亦無一法與人，若有一法與人，亦成斷常之法，非正法也。」因爲有一定之法，乃成死法，無一定之法，乃能法法圓通，無一定法，才是活法。死法活法，禪宗謂之死句活句，根據洪覺範林間錄所載，這一名詞是由洞山所建立，「語中有語爲活句，語中無語爲死句。」雪竇云：「活句下明得，堪與佛祖爲師，死句下明得，自救不了。」禪家所謂活句、死句、活意、死意，藥語、病語，均謂不可執相求道，「死水裡浸殺、以實法繫綴人」。詩人通用這一法則於詩，自呂居仁始：

學詩者當識活法，所謂活法者，規矩具備，而能出於規矩之外，變化不測，而不背於規矩也。是道也，蓋有定法而無定法，無定法而有定法，知是者則可與言活法矣。（江西詩派小序載呂紫薇、夏均父詩序）

詩家所講的定法，所謂規矩，是指格調、聲律、對偶、篇法、句法、守法等等而言，若拘守執一不化，便成死法。只有循著禪人不拘一法的原則，循法而不死守一法，有規矩而又出於規矩之外，方是活法。明朝徐增說明了從有法到無法的意義：

余三十年論詩，祇識得一法字，詩蓋有法，離他不得，卻又即他不得，離則傷體，即則傷氣，故作詩者，先從法入，後從法出，能以無法爲有法，斯之謂脫也。（徐而庵詩話）

徐氏所謂脫，即是呂居仁所說有定法而無定法的活法。沈德潛說的更較深入：

然所謂法者，行所不得不行，止所不得不止，而起伏照應，承接轉換，自神明變化於其中。若泥定此處應如何，彼處應如何，不以意運法，轉以意從法，則死法矣。試看天地間，水流雲在，月到風來，何處著得死法。（說詩晬語）

起伏照應，承接轉換是法，固執不變，則成死法，作詩有法，才能不脫不背，能活用規矩法則，才能不觸不黏，如東坡所說的「不是此詩，恰是此詩」。例如鶴林玉露所載的某女尼悟道詩：

盡日尋春不見春，芒鞋踏徧嶺頭雲。歸來偶把梅花嗅，春在枝頭已十分。

眞是在形式上不是悟道詩，在實質上恰是悟道詩。自江西詩派以後，以死法活法論詩，是詩學上的重要理論，追溯源始，其精神是來自禪宗。

三、以意境論詩：以禪論詩，唐朝孟郊、皎然、齊己均有此傾向，齊己所說：「詩心何以傳，所證自同禪」。是一明白的宣示，到了司空圖的二十四詩品，更是以禪學上的意境，開創詩的意境。司空圖的生平、思想，頗多爭論，但筆者因他作的香嚴長老贊，確定他的思想受禪宗的溈仰宗的影響最大，香嚴智閒雖不是開派的宗主，但是該宗的鉅子。司空圖的二十四詩品，其實是詩的二十四種意境或風格，趙執信的談龍錄云：

觀其所第二十四品，設格甚寬，後人得以各從其所近，非第以不著一字，儘得風流爲極則也。

關於二十四詩品，後人的誤解甚多，焦循和楊廷芝，則以人品關係到詩品以爲解釋，朱東潤又把二十四詩品分爲四大類，認爲有一類論詩人的生活，一類論詩人的思想，一類論詩人與自然的關係，一類論作品，因爲他們不知道司空圖所用的「品」字，是取「同品定有性，異品定無性」的意義，「品」就是類別，二十四品，就是二十四種不同的意境或風格，趙執信所謂「設格甚寬」，頗得到了司空圖的原意，二十四品的名稱爲：雄渾、冲淡、纖穠、沉著、高古、典雅、洗鍊、勁健、綺麗、自然、含蓄、豪放、精神、縝密、疏野、清奇、委曲、實境、悲慨、形容、超詣、飄逸、曠達、流動等，所顯示的都是意境上的問題，故四庫全書總目提要說：

所列諸體悉備，不主一格。王士禎但取其「采采流水，蓬蓬遠春」二語，又取其「不著一字，盡得風流」二語，以爲詩家的極則，其實非圖意也。

所謂諸體的體字，自然不是體裁的意思，而是意境風格，因爲司空圖是以禪宗的頌古詩的方式，取象以摹神，以具體的事物，來表達出抽象的意境，如他的綺麗品云：

神存富貴，始輕黃金。濃盡必枯，淡者屢深。霧餘山青，紅杏在林。月明華屋，畫橋碧陰。金尊酒滿，共客彈琴。取之自足，良殫美襟。

既云「神存貴富」，實已心有俗念，因爲能「始輕黃金」，方能脫俗而入綺麗的意境。「霧餘山青，紅杏在林。月明華屋，畫橋碧陰。金尊酒滿，共客彈琴。」是以具體的事物和景象，來表現司空圖的「綺麗」意境，二十四詩品，全是以這種方式來表達，所以由他建立了詩的意境論，影響以後的詩人。

上述這些最重要的詩學理論，很明顯的是受了禪的影響，「禪是詩家切玉刀」，禪學誠然有助於詩學理論的建立。再看唐宋以前的詩學理論，就詩的目的來說，是沿循詩言志的說法，就詩的作用來說，不外孔子所說：「詩可以興，可以觀，可以群，可以怨」的大方向，就詩的創作理論來說，不外就賦、比、興立論：

故詩有三義焉，一曰興、二曰比、三曰賦。文已盡而意有餘興也，因物喻志比也，直書其事，寓言寫物賦也。宏斯三義，酌而用之，幹之以風力，潤之以丹采，使味之者無極，聞之者動心，是詩之至也。若專用比興，患在意深，意深則詞躓，若但用賦體，患在意浮，意浮則文散，嬉成流移，文無止泊，有蕪漫之累矣。（鍾嶸詩品序）

故比者附也，興者起也，附理者切類以指事，起情者依微以擬議，起情故興體以立，附理故比例以生，比則畜憤以斥言，興則環譬以託諷。（劉勰文心雕龍比興）

這兩位唐宋以前的文學理論大家，論到詩的創作，完全是篤依詩序的傳統說法，只是略增新解。而唐宋的詩論，除了沿襲傳統論理而外，能一空依傍，脫出詩序的牢籠，在思想上是另有源頭，而以禪宗爲背景，經過這一比較，而眞相大白了。

四、結論

佛教東傳，逐漸與中華文化結合，改變原始佛教的面目，而禪宗更是佛教中國化的宗派，也是中華文化中有這一方面的屬性而產生的。對於中國的哲學、藝術等等都有廣泛的影響，而與詩的關係尤爲密切，因爲禪人以詩寓禪，以後詩人以禪入詩，進而以禪理論詩理，深切的影響了詩和詩學，在詩方面，禪人的詩，增加了詩的作品，豐富了詩的內容，提高了詩的意境，在詩的理論方面，導致了詩人以參禪學詩，以活法學詩，完成了詩的意境論，這些使唐宋的詩和詩學，和唐宋以前大有不同，經過以上的比較，禪宗成立前後二個時期詩的種種別異，已灼然可見了。

拾叁、唐宋詩中之禪趣

一、唐宋詩中禪趣問題的形成

唐宋詩是我國詩中的菁英，唐宋詩中有禪趣，論詩者人人所習知常言，而禪趣的構成，則多模糊捕風捉影之談，且無合理的解釋，如明胡應麟評王維的詩云：

> 太白五言絕，自是天仙口語，右丞卻入禪宗。如人閒桂花落，夜靜春山空。月出驚山鳥，時鳴春澗中。木末芙蓉花，山中發紅萼。澗戶寂無人，紛紛開且落。讀之身世兩忘，萬念皆寂，不謂聲律之中，有此妙詮。（詩藪內編下．絕句）

「右丞卻入禪宗」，語義欠明確，蓋謂其詩受禪宗的影響，考王維的生平，其母以大照禪師為師，大照為普寂的諡號，出北宗神秀門下，他自己歸心南宗，作有六祖能禪祖碑銘，應麟所云，殆係指此，至於這二首詩——鳥鳴澗、辛夷塢，富有禪趣、禪意，亦為不爭的事實。而胡氏所云：「讀之身世兩忘，萬念皆寂，不謂聲律之中，有此妙詮。」則將此二詩，與佛書、佛典，等量齊觀了。然亦止於主觀判斷的直陳，而未作客觀的釋說，於詩中的禪趣問題，無所闡發，至沈德潛，指出詩中有理趣和禪理的部分，他在說詩晬語一書中云：

杜詩：江山如有待，花柳自無私。水深魚極樂，林茂鳥知歸。水流心不競，雲在意俱遲。俱入理趣；邵子則云：一陽初動處，萬物未生時。以理語成詩矣；王右丞詩，不用禪語，時得禪理，東坡則云：兩手欲遮瓶裡雀，四條深怕井中蛇。言外有餘味耶？

沈德潛認爲詩中有理趣與禪趣的部分，所舉的杜甫詩，是寓理成趣的例證，論王維的詩，謂其寓有禪理，至於邵雍的詩則目爲理語，東坡詩則目爲禪語，顯然認爲理趣、禪理，高於理語，禪語之詩，細加辨論，其所舉東坡之詩，亦寓禪理，非徒然用禪語而已，惜未寓理成趣，故爲德潛所非。如東坡和子由澠池懷舊一詩，則寓理而成趣：

人生到處知何似？應似飛鴻踏雪泥，泥上偶然留指爪，鴻飛那復計東西。老僧已死成新塔，壞壁無由見舊題，往日崎嶇還記否？路長人困蹇驢嘶。

根據查愼行的蘇詩補注，飛鴻留爪，完全是用傳燈錄天衣懷義禪師的話頭：「雁過長空，影沉寒水，雁無遺跡之意，水無留影之心，若能如是，方解異類中行。」查氏並指出東坡這首詩的前四句，是暗用天衣懷義之語義，所不同的，天衣懷義的語頭，所寓的是「向上一路」的禪理，東坡所云，是顯示人生聚散無常的事理，然已寓理成趣，未下理語。在唐宋詩中，寓說事理和禪理者頗多，頗易指辨，不待贅說。至於徐而庵詩話所舉，方涉及詩中禪趣問題：

唐人有鴉翻楓葉夕陽動，鷺立蘆花秋水明一聯，人但知其佳，而不知其所以佳。余曰：此即王摩詰：東家流水入西鄰意，夫鴉翻楓葉，而動者卻是夕陽，鷺立蘆花，而明者卻是秋水，妙得禪家三昧。

徐增認爲：「鴉翻楓葉夕陽動，鷺立蘆花秋水明。」這二句寫眼前所見之景的景語，認爲是寓有形而上的禪，許其「妙得禪家三昧」，至於如何「妙得禪家三昧」，則無進一步的說明，與胡應麟的評王維詩，如出一轍，蓋前人於禪趣詩，認爲不可說破，黃子雲野鴻詩的云：

詩有禪理，不可道破，箇中消息，學者當自領悟，一經筆舌，不觸則背，詩可註而不可解者，以此也。

禪悟的最高境界，誠然有「一經筆舌，不觸則背」的顧忌，但禪理則並非不可說，禪宗燈史和禪祖師語錄所載，絕大部分是在析說禪理，所以禪趣詩，固然有待領悟，但亦有可解說之處，至於以詩中有可解而不可解，乃以爲禪趣妙境者，更係欺人之談，李重華貞一齋詩說云：

有以可解不可解爲詩中妙境者，此皆影響惑人之談。夫詩言情不言理者，情愜則理在其中，乃正藏體於用耳，故詩至入妙，有言下未嘗畢露，其情則已躍然者，使善說者代爲指點，無不娓娓動人，即匡鼎解頤是已。如果一味糢糊，有何妙境？抑亦何取於詩。

其言不是專指禪趣詩而發，但禪趣詩不是「可解而不可解」的糢糊影響，而是有「不可解而可解」的高妙意境，故深入探求，試明前人之未明，以爲論詩明詩之助，尚祈與會的博雅方家，予以指正。

二、禪與詩的合流

唐朝是禪的黃金時代，至宋仍普遍地在發展，唐朝也是詩的黃金時代，至宋仍然在繼承轉變，盛況不衰，禪乃宗教，詩係文學，各有城宇，然終至相別相異之外，而同流並趨，如水乳交融，實有下述的原因和過程。

㈠**禪宗簡史**：相傳釋迦世尊於靈山會上，拈花示衆，衆皆默然，惟大迦葉破顏微笑，佛陀云：「吾有正法眼藏，涅槃妙心，實相無相，微妙法門，付囑於汝，汝當善自護持，毋令斷絕。」這便是禪宗傳心的起源。其後祖祖相傳，及於達摩，爲天竺廿八祖，浮海東來傳法，經慧可、僧璨、道信、弘忍，再傳付於六祖慧能，自此宗風大暢，流行天下，以後建立了臨濟、曹洞、雲門、潙仰、法眼五宗，到了宋代，其中臨濟一宗又分出黃龍、楊歧二派，幾奪取了教下諸宗的地位，遂成爲中國佛教的主流，稱佛教爲教下，禪宗爲宗門。

㈡**禪與詩之異**：禪與詩，不但沒有同流共枝的關係，而且差異甚大，以詩之產生而言，禪宗未產生前，詩已大盛，以範圍言，禪屬宗教，詩乃文學，以內容言，禪所參求的在證悟眞如法性，闡發事理，詩所以發抒者乃人之性情，事物之興會；就作用言，禪乃求成佛作祖，自渡渡人，詩乃怡情悅性，以補人心世道；由感受言，禪只可自知，不可示人，所謂「少年一段風流事，只許佳人獨自知。」是也，而詩人非僅娛己，且以示人感人，其不同如此。

(三)禪與詩融合之可能：詩本言情，亦可以載道，禪雖屬宗教。所探究的卻是哲學上的「自性」、「大全」、「本體」，形而上之道，固可待形而下者以爲顯揚，如談藝錄所云：「乃不泛說理，而狀物態以明理，不空言道，而寫器用之載道，拈此形而下者，以明形而上者，使寥廓無象者，託物以起興，恍惚無朕者，著迹而如見。」所以王維的詩：「行到水窮處，坐看雲起時。」謂隨遇皆道，道無不在，觸處可悟，故在詩的本質上，可以寓道，尤其禪宗所探究的是「自性」，是「大全」，在認識論方面，固然是由尋思起，而終於心行路絕——即超過尋思與知解的境地，而冥契眞理，在這種「心行路絕」的情況下，於是禪師欲以可感覺的，表顯不可感覺、不可思議的，除了揚眉、豎拳之類，以使用詩爲最佳的表現方式了，尤以比興詩應用最多，因爲就詩所表達的部分而言，「能言有盡而意無窮」，能不背此「自性」、「大全」，詩有省略而未表達的部分，「不著一字，盡得風流」，乃能不觸此「自性」、「大全」，不背不觸，說而無說，禪境詩意，遂兩相融合，如貞元六書新知言論詩章所云：

進於道的詩，必有所表顯，它的意思，不止於其所說者，其所欲使人得到者，並不是所說者，而是其所未說者，此所謂「超以象外」（詩品）。就其所未說者說，它是「言有盡而意無窮」（滄浪詩話）進於道底詩，不但使人能得其所表顯者，並且能使人於得其所表顯之後，知其所說者，不過是所謂筌蹄，魚獲而筌棄，意得而言冥。

這一段話從根本上說明了道與詩合的原因，禪家更認爲詩更能「總一切語言爲一句，攝大千世界於一塵」而充分地融道合詩，因而詩與禪合。

㈣禪與詩融合的過程：禪與詩的融合，首先是禪家引詩寓禪，神秀的「身似菩提樹」，六祖的「菩提本無樹」二偈詩，更哄傳天下，掀浪起瀾，因爲禪宗之不立文字，一則以不能說，二則以不敢說，蓋悟道之後，洞明自性，契合本體，其大無外，其小無內，說是一物即不中，故說不得也。若欲說之，則智慮生，妄念起，產生主客能所的對立，因而靈山會上，問如何是至上境界？世尊但云：不可說，不可說，拈花微笑而已！何以不敢說？因本體界本不可描述，若強而言之，則心念妄動，分別心起，易失去所悟之境界，有所謂悟後迷之危險——「破鏡不重照，落花難上枝」。然而以渡人之故，不得不說時，乃以手勢，詩語說之，則說而無說，無說而說，「言滿天下無口過」。其次乃詩人援禪入詩，因爲唐宋文士詩人，參禪成風，以其所得所知，入之詩中，唐宋詩人，多能述禪境的奧妙，禪理的意趣，於是詩得禪助，深宏了詩之內容，提高詩的意境，增益詩的表現方法，王維是最明顯的例子之一，其後引禪理以說詩理，如皎然詩式，司空圖詩品，以及滄浪詩話所謂：「羚羊掛角，無迹可尋，故其妙處透徹玲瓏，不可湊泊，如空中之音，相中之色，水中之月，鏡中之象。」皆借禪理以喻詩理，以禪學論詩學，總而言之，詩之極盛之時，禪人以詩寫禪，禪極風行之後，詩家以禪入詩，禪理詩論漸相融合，互輝共映而臻「詩爲禪客添花錦，禪是詩家切玉刀」之境矣。

三、唐宋禪趣詩的構成

禪趣詩的拈論，頗感礙難，因爲詩中無禪語而有禪趣，寓禪理而無跡象，往往可直感而不可詮說，且見仁見智，難有定規，謹分三類，探論於下：

㈠**天趣與禪趣詩**：曾文正公擬抄古近體詩，立神機一類，並解釋神機的意義道：「機者無心遇之，偶然觸之。」近人有沈彭齡氏申論其意云：

> 神者人功與天機相湊泊，如卜筮之有繇辭，如左傳諸史之有童謠，如佛書之有偈語，其義在可解不可解之間，古人有所託諷，如阮嗣宗之類，故作神語以亂其辭，唐人如太白之豪，少陵之雄，龍標之逸，昌谷之奇，及元白張王之樂府，亦往往多神到機到之語，即宋世名家之詩，亦皆人巧極而天工錯，徑路絕而風雲通，蓋必可與言機，可與言神，而後極詩之能事，（怡園詩話，見東北叢刊第二期）

沈氏論神機，詩中固有此一格，然神到機到，無心遇之，偶然觸之，孰有逾於禪師之公案語錄，句不停意，用不停機，口角靈活（談藝錄語）的呢？如洞山良价，涉水睹影，香嚴智閑以瓦礫擊竹，靈雲的睹桃花悟道，如此之類，不勝枚舉，洞山的涉水睹影開悟詩道：

> 切忌從他見，迢迢與我疎。我今獨自往，處處得逢渠。渠今正是我，我今不是渠。應須恁麼會，方得契如如。（宋釋普濟五燈會元卷十三）

這是洞山開悟後，神到機到之作，他以身形比擬求道的個體，以身影喻「自性」「大全」，以開示禪人的證悟，不假外求，「自性」本來具足，非思慮議擬可得。神到機到之詩，往往渾成而無雕鑿的痕迹，「人巧極而天工錯，徑路絕而風雲通」。使人覺得天趣盎然，在作者而言，極盡一切心思才力技巧，而泯除了痕跡，天然渾成。在欣賞者而言，只能領會其佳，而不能口說手指，以解釋其佳，如王維的「行到水窮處，坐看雲起時」。貫休的「風觸好花文錦落，砌橫流水玉琴斜」。在作者而言，是「人朽極而天工錯」，人巧天工俱達極致的結果，在讀者而言，則有「徑路絕而風雲通」的感覺，很難以思慮分析的徑路，析說這些詩句的好處，故曰徑路絕，卻能以直感的方式，領悟其佳處，故曰風雲通，而且這類的詩，可作多方面的會心，可以體認為是「拈形而下者，以明形而上」的載道之作，故禪師極多引用，也可「不會則世諦流布」。作景物詩欣賞，長沙的遊山公案，充分可說明這類詩的雙重意境：

（長沙）一日遊山，歸至門首，首座問：和尚什麼去來？沙曰：遊山來。首座云：到什麼來？沙云：始隨芳草去，又逐落花回。座云：大似春意。沙云：也勝秋露滴芙蕖。（見傳燈錄，碧崖錄。）

長沙是指鹿苑招賢，南泉普願的弟子，他的答話，乃借境示禪，以「始隨芳草去」，喻由「色」悟「空」，由凡入聖，以「又逐落花回」，表示不永住聖位，又重還人間，發機起用，首座云：「大似春意」著語有擡有搦，有抑有揚，謂其生意顯露，如春意之盎然，似未空諸所有，仍落在現象界中，長沙云：「也勝秋露滴芙蕖」，秋露滴芙蕖，喻已刊落繁華，證入眞際，顯示他已超出此一境界，這種觸境成機的答話及詩句，眞是天趣盎然，詩家正有此類之作，張說的灉湖山寺詩，即係最好例證：

空山寂歷道心生，虛谷迢遙野鳥聲。禪室從來塵外賞，香臺豈是世中情，雲間東嶺千尋出，樹

裡南湖一片明。若使巢由知此意，不將蘿薜易簪纓。（全唐詩卷八十八）

金聖嘆解釋這首詩道：

不因寂歷不生道心，然而寂歷非道心也；不因迢遙不傳鳥聲，然而迢遙無鳥聲也。龐居士曰：但願空諸所有，是寂歷道心生義也；愼勿實諸所無，是迢遙野鳥聲義也。（金聖嘆選批唐詩一千首）

張說的詩，前二句依金聖嘆的解釋爲佳，「禪室從來塵外賞，香臺豈是世中情」，是歸心於佛禪的表達，而「雲間東嶺千尋出，樹裡南湖一片明」，由表象言之，是表達登灉湖山寺所見的景物，然玄微的至道，因物象而明，千尋東嶺，由雲間透出，明亮的南湖，是遮掩在樹裡，正以寓色空一如，「自性」、「大全」，由現象界而昭顯，了悟此理，則塵世亦道場，簪纓仕宦與蘿薜隱居沒有差異，故才歸結到「若使巢由知此意，不將蘿薜易簪纓」，如果上面二句只以寫物色的佳美會意，則雲間東嶺，樹裡明湖，正隱士林泉之樂，巢由等隱士，正宜以蘿薜換易簪纓，才是正理，「不將蘿薜易簪纓」，則爲亂談了。又李翺贈藥山惟儼詩云：

練得身形似鶴形，千株松下兩函經。我來問道無餘說，雲在青霄水在瓶。

選得幽居愜野情，終年無送亦無迎。有時直上孤峰頂，月下披雲嘯一聲。（見唐詩紀事卷三十五，傳燈錄卷十四）

根據傳燈錄的記載，李翺問如何是道，藥山惟儼答道：「雲在天，水在瓶。」雲在天，顯而易見，水在瓶，隱而難知，雲與水，形狀不同，而質性則一，以喻色與空，現象與本體，可分而不可分，道無不在。傳燈錄又載：惟儼禪師，一夜登山大笑，李翱再作詩贈之「有時直上孤峰嶺，月下披雲嘯一聲。」「孤峰嶺」——禪人有孤峰獨宿的話頭，喻已證入「絕對境界」，「月下披雲嘯一聲」，在贊許惟儼，能動能靜，不「沉空滯寂」，在「死水裡浸殺」，我們在欣賞這二首詩時，誠有徑路已絕之感，但確能領會其佳境奧義，故能起「風雲通」的會心。

前三首詩的天趣禪境，尚有迹象可尋，張說在詩的開始，便拈出了「道心生」，李翱的詩，標明了係贈惟儼禪師之作，又有傳燈錄敘明其背景，故易於了解，胡應麟拈評王維的二首詩，則更天趣渾然，寓理無迹：

鳥　鳴

人閒桂花落，夜靜春山空。月出驚山鳥，時鳴春澗中。（王右丞集卷十三）

辛　夷　塢

木末芙蓉花，山中發紅萼。澗户寂無人，紛紛開且落。（同上）

前一首是人間靜極，方覺桂花的飄落，內心外境一如，才能察春山的空寂，這一靜寂的境界，也有躍然而動的機境，月出山鳥驚鳴，有由靜得動，道與人親，如月的驚起山鳥。因爲常人能動而不能靜，禪人喜靜而不喜動，偏於一邊，惟能靜能動，攝動攝靜，方是最高境界。後首顯示機用不停，因爲禪師認爲自性妙體，係絕對境界，非空非有，亦空亦有，無不涵攝，芙蓉花的抒長紅萼，是平常的事，不因外在的環境而轉移，澗戶寂無人，道非不在，且開且落，以顯機用的不停，胡應麟「不謂聲律之中，有此妙詮」當亦係有領會此才說的。以下三人的詩，也應以這一看法去欣賞會解：

元微之幽棲

野人自愛幽棲所，近對長松遠是山。盡日望雲心不繫，有時看月夜方閒。壺中天地乾坤外，夢裡身名旦暮間。遼海若思千歲鶴，且留城市會飛還。（元氏長慶集卷十六）

王安石獨臥有懷

午鳩鳴春陰，獨臥林壑靜。微雲過一雨，淅瀝生晚聽。紅綠紛在眼，流芳與時競。有懷無與言，佇立鐘山暝。（臨川先生集卷二）

戴昺幽棲

幽棲頗喜隔囂喧，無客柴門盡日關。汲水灌花私雨露，臨池疊石幻溪山。四時有景常能好，一世無人放得閑。清坐小亭觀眾妙，數聲黃鳥綠蔭間。（東野農歌集卷四）

這三首詩，「言之所陳」是一重意境，「意之所許」又是一重意境，「盡日望雲心不繫，有時看月夜方閒」，與杜甫的「水流心不競，雲在意俱遲」同一意境，王安石的「有懷無與言，佇立鐘山暝」，有目擊道存，無言領契的感受，戴昺的「清坐小亭觀眾妙，數聲黃鳥綠蔭間」。更有道不遠人，「河山並大地，齊露法王身」的玄微，這非個人穿鑿，沈括的夢溪筆談有下面的先例：

古人詩有風定花猶落之句，以謂無人能對，王荊公對以鳥鳴山更幽，鳥鳴山更幽本宋王籍詩，元對蟬噪影逾靜，上下句只是一意，風定花猶落，鳥鳴山更幽，則上句乃靜中有動，下句動中有靜。

沈氏靜中有動，動中有靜的解說，也是從詩的第二重意境領會，吳子良的林下偶談曰：「葉水心詩義尤過少陵，花傳春色枝枝到，雨遞秋聲點點分。此分量不同，周匝無際也；江當濶處水新漲，看到極頭花倍添。此地位已到，功力倍進也；萬卉有情春暖後，一筇無伴月明邊。此惠和夷清氣象也；包容花竹春留巷，謝遣荷蒲雪滿涯。此陰陽舒慘規模也。」亦正是由文句以外會心，恰恰是「徑路絕而風雲通」的玄解方法。這類的天趣詩，「人巧極而天工錯」，其渾成之境，王昌會詩話類編，解釋甚當：

篇法之妙，有不見句法者，句法之妙，有不見字法者，此是法極無跡，人能之至，境與天會，未易求也，有俱屬象而妙者，有俱屬意而妙者，有俱作高調而妙者，有直不下偶對而妙者，皆興詣神合氣完使之然。（卷二）

大能說明「人巧極而天工錯」的渾成境界，興詣、神合、氣完，眞正是天趣詩的神到機到之語的最佳說明。

㈡**奇趣與禪趣詩**：詩貴有奇趣，詩之高者有禪趣，所重不在禪而在趣，清吳喬論之云：

子瞻曰：詩以奇趣爲宗，反常合道爲趣。此語最善，無奇趣何以爲詩？反常而不合道，是謂亂談，不反常而合道，則文章也。山谷云：雙鬟女娣如桃李，早年歸我第二雛。亂談也；堯夫三皇等吟，文章也。（圍爐詩話卷一）

東坡深於禪，以奇趣，以反常合道論詩，誠得禪趣詩的三昧，奇趣的構成，以反常合道爲原則，如何是反常合道，非由禪公案說明不可：

（丹霞）後於慧林寺遇天大寒，取木佛燒火向。院主訶曰：何得燒我木佛？師以杖子撥灰曰：吾燒取舍利。主曰：木佛何有舍利？師曰：既無舍利，更取兩尊燒。（五燈會元卷五）昔有道流在佛殿前背佛而坐，僧曰：道士莫背佛，道流曰：大德！本教中道：佛身充滿於法界。向甚麼處坐得？僧無對。（五燈會元卷六）

有一行者，隨法師入佛殿，行者向佛而唾。師曰：行者少去就，何以唾佛？行者曰：將無佛處來與某甲唾。（同上）

此三則公案，均反常合道，而有奇趣，燒木佛是反常的事，燒木佛而燒取舍利子，尤爲反常，燒木佛的結果而無舍利子，則木佛非佛，仍是木頭，故再取二尊來燒，反常而合道；不背向佛坐，是佛門的常禮，道流背向佛而坐，違反了常禮，然佛身充滿法界，那麼無處不背向佛坐，若背向佛不可坐，將無處可坐了。不唾佛則合常理，然佛身充滿法界，不唾佛則無處可唾了，故云：「將無佛處來與某甲唾。」這三則公案，足以說明反常合道，也足以顯明反常合道所構成的奇趣，詩中正有此一類：

菩提本無樹，明鏡亦非臺。本來無一物，何處惹塵埃。（景德傳燈錄卷五）

菩提有樹，今六祖卻說無樹，明鏡有臺，卻云無臺，此爲反常，然菩提樹乃假名，明鏡臺乃因緣和合——各種條件湊合而成，且神秀以菩提喻善根，明鏡臺喻光明自性，夫「大全」本無善惡之分，自性本自清淨，說似一物即不中，故六祖說「菩提本無樹，明鏡亦非臺」，雖反常而合道。又曹山詩云：

　　燄裡寒冰結，楊花九月飛。泥牛吼水面，木馬逐風嘶。（曹山本寂禪師語錄）

這是曹洞宗的開宗人物曹山本寂的詩，本示徹悟後的神通和神奇，火燄裡結寒冰，九月飛楊花，泥牛在水面上吼叫，木馬追逐風而嘶鳴，都是反常反俗的事，可是徹悟「自性」「大全」以後，則這些奇特，均可能發生，正與大慧宗杲所云：「橋流水不流」的詩語，同一意義，所以反常而合道。杜甫詩：

　　水流心不競，雲在意俱遲。

子在川上曰：「逝者如斯夫，不舍晝夜。」乃睹流水興感，如文心雕龍物色篇所說：「情以物遷，辭以情發」。可是杜工部見流水潺潺滔滔，此心卻不隨之而動，這是反常。人之心固然是「情以物遷」，但因後天的修持，心不隨物轉，超然物外，流水自潺潺滔滔，我自超然物外，心念寂靜，故反常而合道。又宋人詩：

　　長說滿庭花色好，一枝紅是一枝空。（見竹莊詩話）

既云「滿庭花色好」，則紅花滿枝，正是花色好的正常現象，云「一枝紅是一枝空」，則為反常，可是花紅則落，盛極則衰，花到紅的時候，也到了空的時候了，與法眼文益禪師看牡丹詩：「豔冶隨朝露，馨香逐晚風，何須待零落，然後始知空。」（五燈會元卷十）的意義相同，反常而合道。又王維詩：

　　君自故鄉來，應知故鄉事，來日綺窗前，紅梅著花未？（王右丞集卷十三）

右丞既云：「君自故鄉來，應知故鄉事」，則王維所問的，也當然是故鄉事了，可是親朋故舊，及故鄉消息，皆不在問候之列，只問窗前紅梅的著花與否？而且紅梅開不開花的小事，很可能非故園來客所知，顯然違反常理常情。但是窗前的紅梅，也在關心問候之列，則故園的一切變動，自必在關心在詢問之內了，而且能知道王維窗前紅梅花事的人，關係情誼，自必非常密邇，才能以以此相問，否則極爲無理，反常而不合道了，高步瀛的唐宋詩舉要卻引趙松谷論詩，把王右丞這首詩，與王安石的「道人北山來，問松我東岡。舉手指屋脊，云今如許長。」認爲「同一杼軸，皆情到之辭，不假修飾而自工者也」。這二首詩作法相同，可能是王安石有意倣效，但介甫的詩，只是白描素寫，而右丞詩，卻多了一重反常合道的深遠意義。又金昌緒詩：

打起黃鶯兒，莫教枝上啼，啼時驚妾夢，不得到遼西。

黃鶯兒不是堪打責之物，枝上夜宿的黃鶯，更不能趕打，這是反常，可是作者只是借黃鶯的鳴叫，驚醒其到遼西與丈夫或情人相逢的好夢，黃鶯又春天始鳴，更切合時令，令人興惆悵情懷，所以反常而合道。

由上所述，禪家與詩人，都有反常合道的事實，反常必以合道爲前提，方能構成奇趣，禪家的反常合道，是深契事理，比常人深入一層；詩的反常合道，是設想入奇，使人有「曲折」之感，而再三玩味，不致無餘蘊餘味，東坡以奇趣論詩的意義，大致如此，而冷齋夜話、竹坡詩話、詩人玉屑俱引東坡反常合道之論，而以柳宗元的漁翁一詩當之，詩人玉屑卷十云：

柳子厚詩曰：漁翁夜傍西巖宿，曉汲清湘燃楚竹，烟消日出不見人，欸乃一聲山水綠。回看天際下中流，巖上無心雲相逐。東坡云：以奇趣爲宗，反常合道爲趣，熟味之，此詩有奇趣。

柳宗元此詩有無奇趣，是另一問題，其詩合道而不反常，決不是如東坡所云，由反常合道而構成的奇趣。所以唐宋詩的禪趣，由反常合道而構成的奇趣作品，應是其中的一部份。

㈢理趣與禪趣詩：詩在本質上是傾向於言情的，搖盪情靈，是詩的主要目標，可是由詩經開始，幾乎所有的詩，都有訴之理性的寓理詩在內，至南北朝乃有「詩必柱下之旨歸，賦乃漆園之義疏」的感嘆，而不爲文評家所重，寓理詩似乎是詩中的別調。可是唐宋禪人的詩，幾全是寓理詩，沉藏在佛教的經典語錄中，至少在萬首以上，有專集行世的，如皎然、寒山、齊己、貫休等人的作品，尚不在內，這些詩，在能寓理成趣，能狀物以明理，託物以見意，以有限見無限，拈形而下以顯形而上，非以析理服人，乃以理趣感人，談藝錄云：「使寥廓無象者，託物以起興，恍惚無朕者，著述而如見。譬之無極太極，結而兩儀四象，鳥語花香，而浩蕩之春寓焉，眉梢眼角，而芳菲之情傳焉，舉萬殊之一殊，以見一貫之無不貫，所謂理趣者此也。」理趣詩之所以能成詩，不在於說理的細微、深入、詳盡和明白，而在能以一見多，以少顯大，使人領會感受，契理於言詮之外，所以不獨在寓理而貴在有趣，有理而無趣，則是所謂「太極圈兒」，「先生帽子」「修齊格言」了。雖然理趣之詩，不始於禪師，唯詩作寓理之用，則無逾於禪師，其後詩人援引入詩，而豐富了詩的內容，所以沈德潛說：「詩貴有禪理禪趣，不貴有禪語」，寓有禪理而饒趣味的詩，應是構成禪趣詩的重要部份，較易爲人所察知，以禪師的詩而論，慧能神秀的詩，爲大家所熟知，不再舉例，這一類的詩，所在多有，如仰山慧寂詩云：

滔滔不持戒，兀兀不坐禪。釅茶三兩碗，意在钁頭邊。（仰山慧寂語錄）

仰山是潙仰宗的建立者，這首詩是他禪理的顯示，心念滔滔，塵念不斷，則雖持戒而實不持戒，兀兀形如枯木，心如死灰，一離蒲團，則心隨境轉，亦不能稱之爲坐禪。仰山自己只平平淡淡，喝釅茶二三碗，而用心常在钁頭邊——如農夫用鋤頭，去穢去淨，泯除凡塵，故未持戒而未嘗不持戒，不坐禪而未嘗不坐禪，禪理寓而詩趣俱。又曹山詩云：

白衣須拜相，此事不爲奇。積代簪纓者，休言落魄時。（曹山本寂語錄）

這是曹山本寂五相頌中的第一首，人人有佛性，均有成佛的可能，正如白衣——無功名的人，經過考試登第，仕途的擢升，有拜相的一日，這不是奇事。在沒有拜相之前——沒有成佛的時候，則修道人如落魄的白衣，但是不要自抱自怨，他本是積代簪纓——官宦的後代，修道人本是「未來佛」，目前雖是凡人，只待修道用功。亦寓理有味。又韜光禪師謝白樂天招詩云：

山僧野性好林泉，每向巖阿倚石眠。不解栽松陪玉勒，惟能引水種金蓮。白雲乍可來青嶂，明月難教下碧天。城市不能飛錫去，恐妨鶯囀翠樓前。（全唐詩卷八百二十三）

這首詩不但寓禪成趣，而且文采斐然，是一首工整的七律應酬詩，「不解栽松陪玉勒，惟能引水種金蓮」，意謂不能爲富貴中人作點綴，只能傳法接人，蓋禪師以水喻法，以金蓮喻向佛之人，「白雲乍可來青嶂」，謂白樂天可以山中相訪，「明月難教下碧天」，喻禪師如如不動，似明月高懸，可以分光仰望，不可屈致——前往應白氏的招請，又「城市不能飛錫去」的原因，是恐怕妨礙白樂天的鶯囀翠樓的聲色世俗生活，以鶯囀來指小蠻樊素，則又具有諷勸的意義了，宋人鶴林玉露載某女尼的悟道詩云：

盡日尋春不見春，芒鞋踏破嶺頭雲。歸來偶把梅花嗅，春在枝頭已十分。

自性本自具足，不假外求，外求不得，回頭偶嗅枝上梅花，道即在自己的家園裡，這首悟道的詩，充滿了詩趣，又昭覺克勤的悟道詩云：

金鴨香銷錦繡幃，笙歌叢裡醉扶歸。少年一段風流事，只許佳人獨自知。（五燈會元卷十九）

克勤是五祖法演弟子，北宋時的禪門宗匠，這首詩表面上是綺語艷句，而實際上是他徹悟時悟境的顯示。「金鴨香銷錦繡幃，笙歌叢裡醉扶歸」，乃以熱衷歌場舞榭的風流狎客爲比，在金鴨浮香，錦繡幃中尋芳，比喻他在紛繁的「色界」求道，風流狎客尋芳有得扶醉而歸，自己參禪有得而證悟，此一境界，只可直接領會，而不可言語舉說，如少年時的一段風流公案，只許佳人獨自知，不能使他人得聞其秘密。這首詩不但寓理成趣，而且緣情綺靡。

唐宋的詩人中，以禪理入詩，且能寓理成禪的，不知凡幾，王維、白居易、蘇軾等大詩人，不必說了，以每飯不忘君的杜甫爲例，也有寓禪的詩：

牛頭見鶴林，梯逕繞幽林。春色浮山外，天河宿殿陰。傳燈無白日，布地有黃金。休作狂歡老，回看不住心。（九家集注杜甫詩卷二）

這是杜甫望牛頭寺的詩，後面的四句，不但有禪理，也下了禪語，可見時代風氣影響的厲害。路洵美的夜坐，意境更佳：

簾捲竹軒清，四隣無語聲。漏從吟裡轉，月自坐來明。草木露華濕，衣裳寒氣生。難逢知鑒者，空悅此時情。（見竹莊詩話卷十三引）

「草木露華濕，衣裳寒氣生」，喻有「自性」由現象界顯露，自身覺與道合的意境，不然則「難逢知鑒者，空悅此時情」爲無理亂談了，因爲「草木露華濕，衣裳寒氣生」並沒有如此可悅的程度。又范成大的睡起詩云：

憨憨與世共兒嬉，兀兀從人笑我痴。閒裡事忙晴晒藥，靜中機動夜爭棋。熟睡覺來何所事，氈根香軟飯流匙。（石湖居士詩集卷二八）

「閒中事忙」則非眞忙，「靜中機動」也非眞爭，所爭的是棋，「熟睡覺來何所事，氈根香軟飯流匙」。更大有臨濟「祇是平常無事，屙屎送尿，著衣吃飯，困來即臥，愚人笑我，智乃知焉」的意境。又李石的雪詩云：

大地纖毫色色空，寥天望極一鴻濛。夜凝冷浸梅魂月，朝拂朝回縞帶風。身世密移塵境外，乾坤收入玉壺中。虛堂瑞草瓊林合，壓盡蓬萊第一峯。（方舟集卷四）

這首詩明明是借雪來說禪，以喻自性的無所不在，無所不包，故云：「大地纖毫色色空，寥天望極一鴻濛。」寒極暖生，枯盡榮至，相生相代，故云：「夜凝冷浸梅魂月，朝拂朝回縞帶風。」證入眞際，則遠離塵世，事理兼帶，故云：「身世密移塵境外，乾坤收入玉壺中」。「虛堂瑞草瓊林合」，有禪人居聖位的「瑞像」的意義，才能說「壓盡蓬萊第一峯」，蓬萊是神仙所居的仙境，禪悟的聖境，足勝神仙的仙境，全詩的寓意，確乎如此。呂本中的睡詩云：

終日題詩詩不成，融融午睡夢頻驚。覺來心緒都無事，牆外啼鶯一兩聲。（東萊先生詩集卷一）

這首詩前二句有著意參禪求道的意味，後二句有「無意得之」的意境，而且道無不在，「牆外啼鶯一兩聲」即是道的顯示，所以宋學案說他耽於禪悅，非無因也。又柳亭詩話記陸象山評朱子尋春詩云：

朱紫陽嘗作一絕曰：「川原紅綠一時新，暮雨朝晴更可人。書冊埋頭何日了，不如拋卻去尋春。」陸象山聞而喜曰：「元晦至此覺矣。」

朱子這首尋春詩，陸象山認為是見道詩，謂朱子已覺了——徹悟了，道不在書冊上，不過他認為朱子所覺，不是禪而已，引此作證，只是在以說明以上對很多詩的解說，不是臆斷妄語，禪理禪趣詩，有明顯可見的，有晦暗難知的，都是唐宋詩中的一部份，不少是極佳妙的一部份。

四、結　論

天趣詩寓禪無迹，「超以象外，得其寰中」，可作多方面的會心和求解；奇趣詩以反常合道為趨，其法式來自禪人，詩人以之作詩，部份與禪理有關，其無關者，亦頗具禪之意境；理趣詩或直說禪理，或立題見意，或逕下禪語，頗可尋察；唐宋詩人的詩，其禪趣的構成，類別大致如此，由上文「兩面俱陳」的舉證和析說，應能探源得流，振葉尋根，禪趣詩不可說而可說了。元好問答俊書記學詩七絕云：「詩為禪客添花錦，禪是詩家切玉刀。」在禪的本質而言，詩不能為禪錦上添花，但由於以詩寓禪的結果，使禪學大行，使禪在不用梵土名相之餘，在揚眉、瞬目、拏拳、舉杖等之外，有了風雅的表達方式，補救了粗豪的一面。至於詩人不止於援禪入詩，而且以禪理論詩，皎然、司空圖、蘇東坡、嚴滄浪是最顯著的例子，切玉刀能裁玉成器，去璞成研，此詩學得禪之助，又不僅詩的本身而已（其詳可參閱筆者的禪學與唐宋詩學）太虛法師說過：「中國佛教的特質在禪」，似乎也可以套用其語說：「唐宋詩的特質在禪趣」，禪使唐宋的詩，除了體裁、作法等不同於六朝以前的詩之外，在內容、意境上更饒別趣別調，禪也為詩家添花錦了，不只是切玉刀而已。

（為第一屆中韓文學會議而作，六八・七・廿四、廿五、廿六、廿七刊於新生報副刊・其後淡江週刊轉載）

拾肆、禪宗對王維詩風的影響

有唐一代是中國詩歌的黃金時代，作家之多，作品之富，詩體之完備，內容之擴大，派別之分立，思潮之變演，非任何朝代所可追及。根據宋計有功撰唐詩紀事，所錄凡一千一百五十家，清康熙年間全唐詩所錄凡二千三百餘家，詩四萬八千九百餘首，作者的身份上至帝王將相官宦文士，下至和尚道士優倡販夫走卒。由此可見詩歌在唐代是一種最普遍的文體，一般人或在創作或在欣賞這種文體，才有如此輝煌的成績。以派別略加分類：則有所謂宮廷派、田園隱逸派、邊塞派、社會派、浪漫派、險怪派……。以個人作品的風格不同、成就不同，而加以標舉，則有所謂元（稹）輕白（居易）俗，岑（參）超高（適）實，郊（孟郊）寒島（賈島）瘦，杜（甫）聖李（白）仙。可是在這衆多的詩人中，外儒內佛，合禪理詩風爲一，繼田園詩人陶潛之後，形成田園詩的極盛時代，並後啓隱逸一派者，不得不推王維。後人對王維的詩，倍加推崇，多以「清逸」、「曠淡」、「味長」評之，那只是就王維的詩所顯示的風格而言，自有所見。然追溯王詩何以成其「清逸」，達其「曠淡」，就其「味長」，那就不得不歸之於佛教禪宗思想之影響了。因禪理養成其「曠淡」、「清逸」和「味長」的詩風。唐代以後的詩人，特別是田園隱逸一派，受他影響的甚多。如與他同時的有孟浩然、裴迪、儲光羲，稍後的有元結、韋應物、柳宗元等人的詩，都可歸入這一派，而以王維爲領袖。可是解評王維的詩，不就禪理講求，那所得的不是精髓而是糟粕，永遠不能了解那種清逸的意境。甚至在文字上也不能得其甚解，例如過香積寺云：「泉聲咽危石，日色冷清松，薄暮空潭曲，安禪制毒龍。」如果不就禪理和佛家典故是解不出後二句的精義的。故就王維的生平，禪宗對王維思想的影響，王維詩中所表現的禪理，禪宗對王維詩風的影響，加以闡述，由知人論世，或可對這位田園詩派的領袖，有較多的了解，能進一步欣賞和評估他的作品，以達到如劉勰所云：「振葉以尋根，觀瀾而溯源」的目的。

一、王維的生平

㈠**生長在佛教家庭** 唐書本傳云：「王維字摩詰，太原人，父處廉，終汾州司馬，徙家于蒲，遂爲河東人……事母崔氏，以孝聞。」他是出生在唐中宗的長安元年，那時候佛教已盛行，王維的母親，更是一位虔誠的佛教徒，師事大照禪師數十年。王維爲紀念母親特上表奏請皇帝，准將崔氏奉佛的山居的草堂精舍，施莊爲寺。在奏表中曾云：「臣亡母故博陵縣君崔氏，師事大照禪師三十餘歲，褐衣縮食，持戒安禪，樂住山林，志求寂靜……。」可見他的母親已是一位摒絕世俗的嗜欲、緇衣素食的佛教徒，而他所師事的大照禪師，就是禪宗中的高僧，與禪宗六祖慧能，稱爲南能北秀的神秀大師的法統傳人。他的弟弟王縉也好佛，劉昫所作唐書本傳云：「縉兄弟奉佛不茹葷血」。可見王維是生長在佛教家庭，從小就是虔誠的佛教信徒，不是晚年如此，而是晚年更甚而已。

㈡少年得志的仕宦生活　王維是一個早熟的作家，唐書本傳稱他「九歲知屬辭」，也許不是誇張。現在他的集中尚存有少年時代的作品，如過秦王墓詩、洛陽女兒行、桃源行、李陵咏，是十五歲至十九歲的作品，尤以洛陽女兒行和桃源行二章，是完全成熟的作品。無半點稚氣，可見其才情之過人。他十九赴京兆府試，中了第一名解頭，唐詩紀事引集異紀云：「維未冠，文章得名，妙能琵琶，春之一日，岐王引至公主第，使爲伶人，進主前，維進新曲，號郁輪袍，並出所爲文，主大奇之，令宮婢傳教，召試官至第，諭之作解頭登第。」雖然這種手段不高明，但當時他只是功名心重的十九歲少年，似乎不能以士君子的進退出處的法度來衡量。二十一歲中進士，調大樂丞而進入仕途。不久坐累謫濟州司倉參軍，以後受知於張九齡。在張執政時，擢升爲右拾遺，才三十四歲。三十七歲爲監察御史。五十二歲爲文部郎中。他的一生，在宦途上可以說是沒有受到挫折。在此以前，爲王維仕宦最得意的時期。

㈢抑鬱的晚年生活　王維在天寶十四年遷給事中，值安史之亂，在安祿山入長安時，不及扈駕逃出，被賊兵所擄，服藥下痢，僞稱瘖病，被拘於菩提寺中，後送至洛陽，拘於菩提寺。好友裴迪曾去看他，說逆賊等在凝碧池上作音樂供奉，乃成凝碧詩一章，寄其感慨。詩云：「萬戶傷心生野烟，百官何日再朝天，秋槐葉落空宮裡，凝碧池頭奏管弦。」後來亂平，遂以此詩減罪，在官位上也數年擢升，復拜給事中，轉尚書右丞。然遭此變故，在精神上終是一種大的打擊，他對失身於賊，不能死國，常耿耿在念，所以在責躬薦弟表中充滿愧悔之情，表云：「頃又沒於逆賊不能殺身，負國偷生，以至今日，陛下矜其愚弱，托病被囚，不賜疵瑕，累遷省閣……。」這時候他已是五十八歲的高年了，精神上的負擔和失意，使他更寄情于山水及篤信禪理。舊唐書本傳云：「兄弟俱奉佛……晚年長齋，不衣彩衣，在京師日飯數十名僧，以談玄爲樂……退朝之後，焚香獨坐，以禪誦爲事。」這樣抑鬱而又恬淡地活到六十一歲，於唐肅宗上元二年與世長辭。以上是王維一生簡單的介紹。

二、禪宗對王維思想的影響

㈠禪宗略史　禪宗產生於印度，相傳世尊於靈山會上拈花示衆，衆皆默然，時獨迦葉尊者，破顏微笑，世尊曰：「吾有正法眼藏，涅槃妙心，實相無相，微妙法門，不立文字，教外別傳，如今付與摩訶迦葉。」因是迦葉爲禪宗初祖。禪宗在印度，均係單傳，祖師於法後，多即入寂。禪宗並未離教獨立成爲宗派。禪宗二十八傳至菩提達摩，乃航海東來，爲中華初祖，後法衣傳二祖慧可，可傳僧燦，燦傳道信，信傳弘忍，忍傳慧能，即六祖。慧能光大禪宗，所謂五宗七派，俱出六祖開堂說法之地——曹溪。禪宗之盛，始於此時，就是唐高宗和中宗的時候。

㈡唐代的禪宗　禪的意思是定，以其不立文字，教外別傳，直指人心，見性成佛，所以主頓悟。尤其傳至六祖，更形成「不迷信、尙心性、務平實、在世間」的風尙，極受當時人民的歡迎。尤其流行於士君子之間，如晚近太虛大師言：「中國佛教之特質在禪」、「天下叢林概稱禪寺」、「臨濟子孫遍天下」。皆爲佛門公認的事實，可見禪宗的盛況。

㈢禪宗對王維思想的影響

上面提過：王維的母親崔氏曾師事大照禪師三十年。大照是大通禪師的法統傳人（見唐京師興唐寺普寂傳）。大通禪師就是與六祖慧能同師事禪宗五祖弘忍的，雖然五祖將法衣傳給了六祖慧能，但對這位神秀上座，十分推崇。高僧傳神秀傳（大通爲神秀寂滅後唐天子賜的謚號）：「秀即事忍，忍默識之，深加器重，謂人曰：『吾度人多矣，至於懸解圓照，無先汝者』」，因神秀尚積漸，慧能尚頓悟。以後大通禪師成爲禪宗北宗之祖，慧能成爲南宗之祖。王維的母親既師事了禪宗北祖的法統傳人大照禪師達三十年之久，王維當然不會不受其影響。所以在他的文集中，有爲舜闍黎謝御題大通大照和尚塔額表，可見他與禪宗關係的深切。王維在爲干和尚進注仁王經表中又說：「心淨超禪，頂法懸解……老僧空空，復何語語，以無見之見，不言之言……。」以上所說，正是禪宗不立文字、教外別傳的精義。所以唐書本傳說他：「退朝之後，焚香獨坐，以禪誦爲事。」又說他「在京師，日飯數十名僧，以談玄爲樂」。又在臨終之時，「與平生親故作別，多敦勵朋友奉佛修心之言」。所謂「談玄」，所謂「修心」，所謂「禪誦」，都是屬於禪宗修持的範圍，所以說他的思想，是受禪宗的影響，外儒而內佛，當不致失之武斷。他平生與僧侶、居士交往酬贈最多，當是最有力的旁證，可惜不易考出他們的宗派：然而根據他與大照禪師一系的關係，當可概定他們的禪宗。因爲神秀的兩大弟子，大照他們受過中宗的敕封，居在都城時，一方面是北方僧人的領袖，一方面爲王公庶人競相禮謁的偶像。王維又替大照的弟子作過向皇帝謝恩的奏表，當然不會沒有密切的過往的。又苑咸答王維詩並序有「然王兄當代詩匠，又精句理」，詩句有「華省仙郎早悟禪」句，足證王維思想深受禪宗影響。

三、王維詩中所表現的禪理禪機

文章的風格，詩的境界，與作者的先天情性，和後天的陶染是息息相關的。一個作家的作品，就是他的生活心境的表達。王維自然也不例外，在他的詩中，我們可以發現他的二個時期截然不同的風格。在他的少年期，頗多豪放纏綿的作品，看不出禪宗對他影響的痕迹，試把他的這一時期的詩，與他前期的詩人，以「豪子馳俠使氣」的陳子昂相比較，風格意境是非常近似的：

塞上曲 王維

天驕遠塞行，出鞘寶刀鳴，定是酬恩日，今朝覺命輕。

贈裴旻將軍 王維

腰間寶劍七星文，臂上雕弓百戰勛，見說雲中擒黠虜，始知天下有將軍。

少年行 王維

出身仕漢羽林郎，初隨驃騎戰魚腸，孰知不向邊庭苦，縱死猶聞俠骨香。

燕昭王　陳子昂

南登碣石館，遙望黃金臺，丘陵盡喬木，昭王安在哉，霸圖悵已矣，驅馬復歸來。

田光先生　陳子昂

自古皆有死，徇義良獨稀，奈何燕太子，尚使田光疑，伏劍誠已矣，感我涕沾衣。

所吟咏的事物雖不盡同；然而都有一種低昂慷慨之氣和視死如歸的豪情。同時王維也有極纏綿感人的詩，置之初唐四傑的詩集中，幾不可辨別。

送元二使安西

渭城朝雨浥輕塵，客舍青青柳色新，勸君更盡一杯酒，西出陽關無故人。

送　別

送君南浦淚如絲，君向東洲使我悲，爲報故人憔悴盡，如今不似洛陽時。

從上面所引的這些詩裡，似乎佛家禪理對他毫無影響，與他當時先後的詩人，沒有什麼大的區別，談不上「清逸、曠淡」。其後風格的轉變與形成，至少是在他深於佛理，深受禪宗的影響以後，所以是禪才形成了他獨特的風格。

王維深於佛學，在不便說理的詩歌中，常常夾入說禪理的句子，如哭褚司馬詩云：「妄識者心累，浮生定死媒。」期遊方丈寺云：「共仰頭陀行，能忘世諦情，回看雙鳳闕，相去一牛鳴。」遊悟眞寺云：「猛虎同三逕，愁猿學四禪。」過盧員外宅看飯僧共題：「寒空法雲地，秋色淨居天。」山中示弟：「緣合妄相有，性空無所親。」和宋中丞夏日遊福賢觀天長寺之作：「墨點三千界，丹飛六一泥。」贈施舍人：「蓮花法藏心懸悟，貝頁經文手自書。」登辨覺寺：「軟草承趺坐，長松響梵聲，空居法雲外，觀世得無生。」這些都是深談禪理的詩句。除此之外，在他的集子裡，這類表現禪理的詩句隨處可見。

王維集中的詩句有很多充滿了禪機，只能意會，不能言傳。例如遊方丈寺詩：「法向空林說，心隨寶地平。」青龍寺曇壁上人兄院集：「眼界今無染，心空安可迷。」盧員外看飯僧並題：「身逐因緣法，心過次第禪，不須愁日暮，自有一燈然。」投道一師蘭若宿：「梵流諸壑遍，花雨一峰偏，迹爲無心隱，名因立教傳。」登河北城樓作：「寂寥天地暮，心與廣川閒。」黎拾遺聽裴迪見過秋夜對雨之作：「白法調狂象，元言問老龍。」夏日過青龍寺謁操禪師：「欲問義心義，遙知空病空。」過香積寺：「日暮空潭曲，安禪制毒龍。」以上這些詩句都充滿了禪機，其他用佛家故事、詞匯的詩句還很多。總之，佛教中的禪宗深深地影響了他，不止於思想方面，而且及於詩的意境和詩的風格上。研究王維的詩，這種體認最爲切要。

四、禪宗對王維詩風的影響

一般的文學史家和文學批評家，都認爲王維的詩，出於陶潛。從表面上看，是有相當的理由，他們兩人都是描寫田園山水的詩人，但是仔細分析，他們的風格是不同的。陶詩受國風和古詩十九首的影響很大，處處顯得樸質、眞純，而王維的詩則不然，充滿了神韻、清逸，只是因爲王維的詩中多了「禪」味，所以才顯得神韻悠長，響逸調清，文字之外，別有使人會心之處。現在把二人的詩，作一比較，便可看出二人不同的風格：

歸田園居 陶　潛

少無適俗韻，性本愛丘山。誤落塵網中，一去三十年。羈鳥戀舊林，池魚思故淵。開荒南野際，守拙歸田園。田宅十餘畝，草屋八九間。楡柳蔭後檐，桃李羅堂前。曖曖遠人村，依依墟裡煙。狗吠深巷中，雞鳴桑樹顚。户庭無雜塵，虛室有餘閑。久在樊籠裡，復得返自然。

渭川田家 王　維

言入黃花川，每逐青溪水，隨山將萬轉，趣途無百里，聲喧亂石中，色靜青松裡，漾漾泛菱荇，澄澄映葭葦，我心素已閑，清川澹如此，請留磐石上，垂釣將已矣。

同樣是用白描的手法，寫田園生活，咀嚼起來，陶詩較樸質，王詩較清逸，陶詩較落實，王詩較踏空。因爲陶詩深於老莊，委心任運，消遙自適；王詩深於禪理，超乎象外，另蘊鋒機。

禪宗影響王維的詩，不僅在思想和詩匯，更重要的是在意境和風格，所以上述王維詩中表現禪理禪機的詩句，並不就是王維的風格。王維的成就若止於此，充其量不過老僧悟道的偈和蘊含佛理的詩謎而已！王維最難及之處，就是把禪理融入了詩境，形成了他獨特的詩風。劉熙載評他的詩云：「王摩詰好處，在無世俗之病，世俗之病，如恃才騁學、做身分、好攀引皆是。」這批評下得極深刻，王維之所以無世俗之病，純係禪宗救了他，所以他的詩不像杜甫，有學問而有頭巾氣；不像李白，有才情而有狂氣；不像張悅，在仕途而有富貴氣。不做身分，故無驕矜氣，由於禪定的功夫，使他的心境，做到了虛一而靜的地步。由是「虛則能納，靜則能照」，故他的心能與自然凝合，無論一山一石、一花一木、一蟲一鳥，都同他的生活心境，完全調和融洽，才能詩中有畫，畫中有詩，超脫世情，不問現實，處處充滿了禪機。所以安史之亂的民生疾苦，禍患相連的社會影子，沒有在他的詩句中留下痕迹。

我們再看看禪宗的特色是什麼？禪宗史論云：「修是宗者，雖終日晏坐，不見片刻靜相，四時操作，不見一毫動相，兀兀騰騰，聖凡情盡，才一舉心，天地懸隔，悟此不假外求，無待修證，人人本具，個個現成者，最爲上乘禪，亦曰宗門禪。」所以禪宗唯一的要旨是「見性」。所謂性，是指自性，或稱佛性，或稱主人公，萬法由它而生。然而此時的禪宗的風氣是如何呢？禪宗論史云：「自達摩至六祖一期的宗風，可以平實二字概括之。唐宋之際，人事既繁，根器亦雜，倘一律以平實接人，萬不足以應群機。具眼師家，不徒不另出手法，別立風規，於是除平實言句外，更有所謂機鋒轉語，問非意測，答出常情……更有不藉言辭，以動作表示者，如揚眉瞬目，豎佛擎拳……。」

王維去六祖及神秀已數十年，禪宗宗風已有上述的轉變，然王維所謂「以談玄爲樂」，當是這種問非意測，答出常情的機鋒轉語。由上面所引的詩裡，已可窺其梗概了。這於他的詩風，當大有影響，所以見了鄉人，不問民生疾苦，不及親故存歿，只關心他窗前的梅花。他的雜詩有云：「君自故鄉來，應知故鄉事，來日綺窗前，寒梅著花未？」

以上是禪宗對王維詩風的影響，明白了這些，再來看他的作品，才會有更深的認識。因爲不從外在的形象、文學的顯示、世情的恒常去看，而從意境上去了解，超乎文字的心領神會，才能得其精妙。例如：「空山不見人，但聞人語響，返景入森林，復照青苔上。」（鹿柴）「秋山斂餘照，飛鳥逐前侶，彩翠時分明，夕嵐無處所。」（木蘭柴）「木末芙蓉花，山中發紅萼，澗戶寂無人，紛紛開且落。」（辛夷塢）「人間桂花落，夜靜春山空，月出驚山鳥，時鳴春澗中。」（鳥鳴澗）「荊溪白日出，天寒紅葉稀，山路元無雨，空翠濕人衣。」（山中）「下馬飲君酒，問君何所之，君言不得意，歸臥南山陲，但去莫復問，白雲無盡時。」（送別）「晚年惟好靜，萬事不關心，自顧無長策，空知守舊林，松風吹解帶，山月照彈琴，君問窮通理，漁歌入浦深。」（酬張少府）「清川帶長薄，車馬去閑閑，流水如有意，暮禽相與還，荒城臨古渡，落日滿秋山，迢遞嵩高下，歸來且閉關。」（歸嵩山）

我們由對禪宗的了解，才會對王維的意境，有更深一層的認識，自然不會評：「空山不見人，但聞人語響」是靜中之喧了，而超出前人的藩籬，發現王維的新義，體會那優美、靜寂、超脫的意境。

在批評家中，金聖嘆便是以這種了解的同情，來評王維的詩的。例如王維的早秋山中作：「草間蛩響臨秋意，山裡蟬聲薄暮悲，寂寞柴門人不到，空林獨與白雲期。」

金聖嘆評云：「歲已秋，日已暮，舉一反三，殆是百年亦復垂垂將盡也。空林白雲者，人但無心，便是同期，非定欲絕人遠去也。」金聖嘆便是超乎一般人的解法，以禪的意境欣賞評論，指出空林白雲與人是無心的期會，同在流去的時光中共變化，是高人一籌的。

又春日過新昌訪呂逸人不遇：「桃源面面絕風塵，柳市南頭訪隱論，到門不敢題凡鳳，看竹何須問主人。」

金聖嘆評云：「言我與裴（迪），是日亦不必訪呂逸人。蓋桃源面面，俱非人間，南北東西，無非妙悟，如此，則遇逸人不為欣，不遇逸人亦不為憾，便將逸人失晤，早已視如流雲。下解空玩庭柯，正復大愜來意也。」金聖嘆原評甚長，此處錄其桃源句及不遇呂逸人而看竹之樂，以明其以禪理論析之妙。又過乘如禪師肖居士嵩丘蘭若：「無著天親弟與兄，嵩丘蘭若一峰晴，食隨鳴磬巢鳥下，行踏空林落葉聲。」

金聖嘆云：「二大士合住一精舍，若非先生心知其事，正復不審如何措手，今忽巧請無著天親、兄弟菩薩……然後再於嵩丘蘭若，輕輕安個一峰晴，而二大士之無著所以為無著，是此三字，天親所以為天親，亦此三字矣……。」

金聖嘆這段批評，為以前評詩者所不及，深得王詩中所蘊之「機鋒」。又金聖嘆更進一步認為王維的表現技巧，也受佛學影響。王維有送楊少府貶郴州云：「明到衡山與洞庭，若爲秋月聽猿聲，愁看北渚三湘遠，惡說南風五雨輕。」

金聖嘆評云：「手法最高，看他一二（句），公然便向並未曾別之人，預先用勾魂攝魄之筆，深深入去，逆料其後來到衡山到洞庭，必不能對秋月而聽猿聲者，於是三四（句）方更抽出筆來，重寫愁看北渚，惡說南風，目今一段惜別光景。此皆先生一生學佛，深入旋陀羅尼法門，故能有此精深曲暢之文也。」

金聖嘆的評論，深得「知人論世」之旨，探索到了王維思想的源頭。

由上面的引述，可見是禪宗超脫世俗，明心見性，才使王維的詩風「味長」。禪宗的思想使王維無世俗之病，以成其詩風的「清逸」。禪宗的禪定，著相不著相，使王維的詩風「曠淡」。故舍禪宗而研究王維的詩，必定只得其皮相，失其精髓。不惟如此，唐代所有的詩人和作品都是如此，因爲禪宗的流行，正是那時候的「潮流」，雖然不是思想上的全部，至少是主要的部分。尤其是在詩歌中，最好的一部分，往往都有禪味，富有禪味。那些在可解不可解之間的好詩，以參禪的方法去「意解」「心求」，往往會有意外的領會，讀過唐詩的人，大概會同意這個見解的。

（選自《佛教文學短論》臺灣大乘文化出版社一九八〇年版）

拾伍、絕句中的禪思

一、禪宗的建立

禪宗是佛教中革命性的教派，以結合傳統文化和符合我簡易民族性之故，成立不久，便由小宗，蔚爲大派。形成了「宗門」、「教下」，與整個佛教抗衡的聲勢。而且予中國的宗教、文學、哲學、藝術以極大的震撼和影響。

禪宗由達摩來華創立，大約在梁武帝的普通年間，他的傳法佈道，以及活動的時間，仍有很多爭議的問題，但他以楞伽經傳宗，又有壁觀婆羅門的稱號，顯示了仍重經典的「理入」和重修持的「行入」，並不違背佛教的基本精神。當然亦必有其特別之處，才能開宗立派。

禪宗四傳至弘忍大師，門庭始大，旁出牛頭法融一系始有由單傳而改爲多頭弘傳的傾向。到了六祖，有南北二宗的並起，慧能大師未能衣缽傳宗，無形之中，廢除了宗主的傳授，才導至五宗——曹洞、臨濟、潙仰、雲門、法眼的並起，臨濟在宋代又分出黃龍、楊歧二派，形成了中國佛教的特質在禪的事實。

二、詩與禪的融合

詩與禪完全不相同，一係文學，一係宗教，似乎冰炭不可同爐，而其結果，則投水乳於一砵，形成了共濟互美的奇特現象。其原因可簡述如下：

㈠**詩禪兩盛的時代背景**：文學史稱唐爲詩的黃金時代，實際上亦係禪的黃金時代，在詩禪兩盛的時代背景之下，於是二者有了投水乳於一砵的時空條件，故能生起融合作用，形成了「詩爲禪客添花錦，禪是詩家切玉刀」的事實。

㈡**以詩寓禪**：禪宗傳宗時，已有法偈相傳的事實，但到五祖弘忍，其門下慧能、神秀二位大師，受了近體成熟的影響，以五言絕句寓禪，而且詩情禪趣，兩極其妙，造成了以詩寓禪的事實，「詩爲禪客添花錦」，實由此二大師開風氣之先。以後兒孫承風，以詩寓禪，成了習慣。

㈢**引禪入詩**：禪宗在唐宋之際，聲勢傾動朝野、詩人亦不例外，與禪人往返，接受皈依之餘，於是引禪入詩，禪理、禪趣，構成了詩的內容，禪的意境，形成了詩的意境，進而以禪理建立詩學理論，「禪是詩家切玉刀」，誠非虛言了。

三、絕句中的禪思

禪貴領悟，不貴說破，因為至高無上的悟道境界，是「言語道斷，心神處滅」，不能思議言說的。然而在不能不言說之時，比興之詩，實有繞路說禪，說而無說的妙用，蓋於禪理、悟境，能「不觸」——不直接說出；更能「不背」——未偏離主題；而且使人別有領會，達到了言說的人的目的，而且說而無說，言滿天下無口過。在各種體裁的古典詩中，每類都有寓禪的作品，例如有名的證道歌，是最長的七言古詩，寓禪最多的，當然是五、七言絕句了，因為束縛最少，而又簡易達意的原故。

四、五絕中的禪思

五絕寓禪之作，雖不知凡幾，但推源溯始，不能不由神秀的偈詩談起：

身是菩提樹，心如明鏡臺。時時勤拂拭，莫遣有塵埃。（景德傳燈錄卷三）

五祖曾欲傳衣砵於神秀大師，神秀未敢自信，能擔當祖位，故作此偈詩以表現其體悟，就詩而論，係完美的五言絕句。「身是菩提樹」菩提樹寓人有成佛作祖的善根善性，「心如明鏡臺」，以比喻道心的光明皎潔，「時時勤拂拭」，表示要以修持加行的功夫，不使污染，保持其光明皎潔，如明鏡的「勿遣有塵埃」，細味此詩，仍落在修持、懼污染的境界中，雖然弘忍大師，要人焚香誦讀，相當推重，但確如六祖所加的批評，「未見本性」。故他更作法偈，實乃和詩和韻之作：

菩提本無樹，心鏡亦非臺。本來無一物，何處惹塵埃。（六祖壇經・行由品第一）

六祖的偈詩，大反神秀之意，他認為菩提樹是假名，明鏡臺是因緣和合，都不是實有的最高存在，自悟道的絕對境界而言，色界、法界，俱非實有，所以說「菩提本無樹，心鏡亦非臺」，本性常自清淨，而且亦不必分淨與不淨，也不必假修持造作，去保持清淨，更不怕任何污染，使之不清淨。所以說「本來無一物，何處惹塵埃」；應是開悟後最高境界的顯示，故而獲得五祖的衣砵，得到了祖位。

無題　　洞山良价

青山白雲父，白雲青山兒。白雲終日倚，青山總不知。（洞山悟本禪師語錄）

洞山良价，俗姓俞，名良价，爲曹洞宗的開宗大師。這首詩正係以「青山」比如如不動而又大生妙用的「本體」，白雲比流動變化的現象界事物，「本體」爲現象界的主宰；所以說：「青山白雲父」，現象界的根本「本體」；所以說：「白雲青山兒」；現象界不能離開「本體」，有不可須臾離的關係，故以白雲終日依命意；「本體」的作用是無所不在，無爲而成的，「不識不知」，故曰：「青山總不知」，當然就人而言，也寓有「人能弘道」的意義。

褒貶句　　雲門文偃

金屑眼中翳，衣珠法上塵。己靈仍不重，佛祖爲何人？（雲門文偃禪宗廣錄）

雲門文偃，俗姓張，爲雲門宗的開派人物。宗風駿烈，引導學人，不依常法。常人求法，不滯凡情，便起聖解，落在世俗的凡情中，如貪、嗔、痴、慢、疑，固然無法進窺大道。可是以分別差等的觀念，認爲成佛作祖，是最高的聖位，也是一種蔽障。黃金雖貴，可是金屑入眼，便成了有害的翳垢，嚴重時可能導致盲目的危險，故曰「金屑眼中翳」，衣上的明珠，是世人所珍寶的，可是由修道人看來，不過是法界中的塵土，這種價值，是人爲的認定，這是「衣珠法上塵」的涵義；成佛作祖的根本，全在自己的本性，靈源不昧，心光發露，最爲可貴，佛祖是什麼人？與你有何關係呢？不向自己可貴的靈源求，卻向佛祖求，不是大錯而特錯嗎？佛祖雖然尊貴，可是如金屑入眼，如衣上明珠，會成病成累，「已靈猶不重，佛祖爲何人？」其意如此。如果捨己從人，向佛求。向祖求，便會有「一片白雲橫谷口，幾多飛鳥誤歸巢」的危險，雲門的打殺佛相，其理由在此。

讀傳燈錄

寶覺祖心

九十芳春日，游蜂競採花。香歸蜜房盡，殘葉落誰家？（寶覺祖心禪師語錄）

寶覺祖心，俗姓鄔，號晦堂。傳燈錄，指景德傳燈錄一書，乃禪宗的傳法歷史，也簡稱燈史。這首詩乃「讀書有感」，祖心以游蜂採花以去，比喻以往開悟的禪人，傳燈錄記載其事迹和公案實無異於殘葉敗梗，香消氣盡，讀傳燈錄的人，如果書上求解，將是「殘葉落君家」了。

無題

淮菴了演

撲落非他物，縱橫不是塵。河山並大地，全露法王身。

了演生平不詳，係大慧宗杲的弟子。道無不在，本體界與現象界，是兼帶不二的關係，全詩在喻說此理。掉落下來的，不是其他的東西，縱橫陳現眼前的，也不是塵土濁物，一切的山河大地，都在顯露「佛性」——法王的法身。佛性遍周沙界，無所不在。只是未開眼者，不識不知而已。

窗蜂

古靈卓

空門不肯出，投窗也太癡。百年鑽故紙，何日出頭時。（禪宗雜毒海卷六）

卓禪師生平法系不詳。這是一首詠物詩，卻寓有禪理。佛教視佛、法、僧爲三寶，佛經是佛法的寶典，也是佛陀的金言，所以佛教弟子沒有不誦經的，可是悟道全然在於誦經嗎？是又不然，故卓禪師以窗蜂爲比，蜂之投窗，當然是飛向光明，人的唸經，全是想開悟得法，可是窗蜂鑽不透糊窗的故紙，誦經的人，如鑽不出來，也悟不了道。

鳥鳴澗　王　維

人閒桂花落，夜靜春山空。月出驚山鳥，時鳴春澗中。（王右丞集卷十三）

禪人以詩寓禪，詩人受了禪宗影響之後，也援禪入詩，王維的詩，最具代表性。胡元瑞詩藪云：太白五言絕，自是天仙口語；右丞卻入禪宗。如「人閒桂花落」、「木末芙蓉花」。讀之身世兩忘，萬念俱寂，不謂聲律之中有此妙詮。

論定這首詩富有禪境，讀之「致身世兩忘，萬念俱寂」，可謂有最深的直接領悟了。蓋人閒靜極，方能覺察桂花的飄落，內心外境一如，才能溶入春山的空寂，當然是靜極境界的顯示。然能靜而不能動，則心如死灰，坐死在蒲團上，犯此病者謂之「沉空滯寂」，因爲如蕉芽敗種，不能回機起用，故能靜能動，方是動靜無礙的層面。「月出驚山鳥，時鳴春澗中」，即係靜極而動，無礙無滯的自在境界。此詩爲前人所推重，依禪理觀之，其故在此。

以上係五言絕句的寓禪詩，所舉以禪人爲多，詩人之中，亦繁有其例，不再贅敘。

五、七絕中的禪思

七言絕句的寓禪，與五絕寓禪的理由，毫無差別，只係詩的體裁不同而已，特舉述解說如下：

雜詩 龐蘊居士

未識龍宮莫說珠，識珠言說與君殊。空拳只是嬰兒信，豈得將來誑老夫？（全唐詩卷八百一十）

龐居士在禪之中，係特殊人物，他以俗家入道，妻女相傳均已開悟，爲馬祖弟子。未到龍宮的人，不要說驪龍項下的珠是如何？如何？眞正到過龍宮的人，所說的珠與你所說的，全然不同。以比喻道在實證實悟，才能眞正領會那種境界。空口說「珠」，如拏空拳，說所拿的東西是「珠」，只有嬰兒才相信，焉能誑騙老夫呢？

古梅 無名釋

火虐風饕水漬根，霜皴雪皺古苔痕。東風未肯隨寒暑，又蘸清香與返魂。（全唐詩卷八百三十一）

禪人悟道，有大死一回的說法，死後回生，脫盡從前的習染，方得大徹大悟，這首詩表達的就是此種境界。古梅遭受火燒、風摧、水浸的種種打擊，雪霜摧殘了樹皮，彷彿毫無生機，惟有苔痕，可是東風並不隨著寒暑節候，再予折磨，反而給予生命，蒙生枝芽，綻放清香，與「不得一番寒徹骨，焉得梅花撲鼻香」的意境又自不同。細味此詩，全是借詩寓禪。

投機 長慶慧稜

萬象之中獨露身，唯人自肯乃方親。昔時謬向途中覓，今日看來火裡冰。（景德傳燈錄卷十八）

終於在森羅萬象之中，體悟到顯露的「佛性」了，但是不管是用何種方法，必然要自我的肯定和承當，人人都有佛性，我即是佛，才有人與道合的親近機會。回溯以前錯誤地四處奔走參訪尋求，以爲係從他得，今天才知道，這無異火裡求冰，決無悟道的可能。這首投機偈，實際上是慧稜的開悟詩，慧稜俗姓孫，他在雪峰存義處參悟妙道，乃作此詩以述其悟解。

蠅子透窗

白雲守端

爲愛尋光紙上鑽，不能透處幾多難。忽然撞著來時路，始覺從前被眼瞞。（白雲守端禪師廣錄卷三）

白雲守端，俗姓孫，臨濟宗楊歧方會的弟子。禪人求道，如蠅的追逐光明，圖透過窗紙，脫身而去，但是勇往直前，費盡氣力，而終竟撞不透，鑽不倒窗紙的，可是回頭一飛，驀然撞著來時的道路，竟然飛出去了，比喻四處尋求，鑽紙唸經，完全錯了，回頭是岸，悟道的機關，就在起心動意之處——自己的心性上。到此方覺悟自己的眼睛受到外在現象的蒙蔽。

無題

慈受懷深

古人得後便休休，茅屋青燈百不求。遮眼謾將黃卷展，不風流處也風流。（慈受懷深禪師廣錄卷二）

慈受懷深，俗姓夏，係雲門宗的傑出者。古人「得到了」——悟道以後，便大休大歇了，縱然是茅屋青燈，可是樂此自得，再也不尋求了。縱然看經，也不過是遮遮眼睛罷了，決不是從中求道求悟，這是不風流而又風流的境界。所謂「休休」，是悟道有得的境界，也是存養所悟，不使失落的階段。

贈別　　大慧宗杲

桶脫底時大地闊，命根斷處碧潭清。好將一點紅爐雪，散作人間照夜燈。（禪宗雜毒海卷二）

大慧宗杲，俗姓奚，係臨濟宗、楊岐派之巨匠，說法爲宋孝宗所喜，親書妙喜庵以賜，朱子特喜其語錄。如桶脫底，指頓然開悟後的境界，此時方知天地的廣闊和無限。了卻生死——命根斷處，才知道碧潭清，喻已臻於至善的境界。紅爐無雪，是正常的現象，紅爐而有一點雪，乃反常現象，是開悟以後，見山不是山，見水不是水的境界，正如大慧所云，「人從橋上過，橋流水不流」，雪不能作燈，在此境界亦能作燈，蓋謂以開悟所得的慧光，普照人間，充滿了積極入世救人的慈悲意。

酬孝甫見贈　　元　稹

莫笑風塵滿病顏，此生元在有無間。卷舒蓮葉終難濕，去住雲心一種閑。（全唐詩卷四百十三）

元稹受禪家影響頗深，有句云：「晚歲倦爲學，閒心易到禪」，正足以說明其詩有禪的背景。「莫笑風塵滿病顏，此生元在有無間」，是以病老爲當然，生死不過是有與無之事；或卷或舒的蓮葉，難爲水所濕，喻此心清靜，難以污染；心如忽去忽住的雲，閒靜無礙，極有禪思。

以上所舉，可見七絕寓禪的一斑，求之唐宋人的作品，指不勝屈，故不明白禪學的概略，決難讀懂這類的佳章妙句。

六、結論

唐宋而後，詩中有禪，人所習見熟知。惟明用禪人的故事、語錄、公案、禪理入詩的，則易於發現、辨知，這一類的詩，常流於說理，難脫「詩必杜下之旨歸，賦乃漆園之義疏」的流弊和習氣，難以接受，且少詩味詩趣。寓禪思於無形，而出以比興，以形而下的景物，寓形而上的禪理，則有知其妙而不知其所以妙地難以言詮。故特舉禪人之禪思詩於先，以見淵源之有自，再證以詩人之作，以見詩禪之融合，有水乳交融之妙，正唐宋詩家獨步獨擅之所在也。

（原刊於民國七十八年一月二、三、四日臺灣新生報副刊）

拾陸、禪家宗派與江西詩派

詩家分宗立派，起於江西，風氣所播，幾乎籠罩了趙宋詩壇，影響詩的創作及批評，迄於明清，餘波及於現代，誠屬詩壇大事，而推溯江西詩派的產生，則源出禪宗。

一、禪宗的建立對江西詩派成立的影響

禪宗自達摩創立，傳至六祖慧能，與同學神秀上座，形成南能北秀相互抗衡之勢，加上慧能滅度以後，止法衣而不傳，宗中失去領導宗主，故他的弟子神會與神秀的弟子普寂，演成宗統旁正之爭，激烈的程度，使二派形同水火，不少當朝的政要、文士詩人，也捲入旋渦，其大略如宋高僧傳所云：

會（神會）於洛陽荷澤寺，樹崇能（慧能）之眞堂，兵部侍郎宋鼎爲碑焉。會序宗脈，從如來下西域諸祖外，震旦凡六祖，盡圖繢其影，太尉房琯作六葉圖序。

其時神會以賣度牒濟助軍餉，對郭子儀的臂助甚大，安史之亂平定以後，獲得了唐室的政治上的支持，遂取代了北宗普寂「在嵩山豎碑銘，立七祖堂，修法紀，排七代數」的宗主地位，慧能南宗才成爲禪宗

的正統，北秀貶爲旁支，此一宗統旁正之爭，大約始於開元二十年，而止於神會爲肅宗詔入大內供養，詔作禪宗於荷澤寺中之時，約在至德二年，介入此次宗統旁正之爭的主要人物，有宋鼎、房琯、王琚、王維、郭子儀、韋利見。稍後於此時的韓愈，於此宗派相爭的事實，當不致不知道，他的原道一文，實襲用了禪宗南北二派排祖師、定宗旨的方法，樹立儒家的道統，他於原道一文中說：

曰：斯道也，何道也？曰：斯吾所謂道也，非向所謂老與佛之道也。堯以是傳之舜，舜以是傳之禹，禹以是傳之湯，湯以是傳之文武周公，文武周公傳之孔子，孔子傳之孟軻，軻之死，不得其傳矣。……

實在無異於禪宗之排七代祖位，只不過是韓文公認爲道統可隔世相傳，且以之排拒佛老而已。至朱子方立道統之名，他於中庸章句序中說：

夫堯舜禹，天下之大聖也。……自是以來，聖聖相承，若成湯文武之爲君，皋陶伊傅周召之爲臣，皆既以此而接夫道統之傳。

在此以前，無道統之說，僅孟子有五百年必有王者興之言而已，道統一詞，似比擬禪宗宗脈、宗統之意而取名，與朱子相先後的李元綱，因之而作道統相傳圖：

伏羲—神農—黃帝—堯—舜—禹—湯—文、武—周公—孔子—（顏子／曾子）—子思—孟子—周子—（程子／張子）—朱子。

李元綱固上承韓愈，實際上是效法北宗普寂的「排七代數」，神會的「序宗脈」，是則道統之成立，肇始於韓文公，而完成於朱子及李元綱之手，有取於禪宗的傳宗，是極明顯的事。在道學家建立道統的時候，詩人也建立了詩的宗派，江西詩派是在禪學昌盛的時代背景之下而成立的，呂本中於朱文公、李元綱之前，作江西詩社宗派圖，趙彥雲麓漫鈔載呂序云：

古文衰於漢末，先秦古書存者，爲士大夫剽竊之資，五言之妙，與三百篇離騷爭烈可也。自李杜之出，後莫能及。韓柳孟郊張籍諸人，自出機杼，別成一家。元和之末，無足論者，衰至唐末極矣。然樂府長短句有一唱三嘆之致。國朝文物大備，穆伯長尹師魯始爲古文，盛於歐陽氏，詩歌至於豫章始大，出而力振之，後學者同作竝和，盡發千古之秘，亡餘蘊矣。錄其名字，曰江西宗派，其源流皆出豫章也。

呂本中推崇黃山谷，以爲宋詩之代表，比之禪宗中之達摩，爲開宗派之人物，而自居法嗣之列，所以胡仔苕溪漁隱叢話云：「呂居仁近時以詩得名，自言傳衣鉢於江西，嘗作宗派圖，自豫章以降，列陳師道，潘大臨……合二十五人以爲法嗣，謂其源流，皆出豫章也。」呂氏作江西詩社宗派圖，殆少年戲作，在他的文集中，並未載江西詩社宗派圖序，即他的紫薇詩話，僅一條稱「江西諸人詩」，而無一語道及江西宗派圖，其論山谷詩亦不多見，又非專論江西詩派中人而崇獎之，也沒有排斥他人而貶抑之，是以四庫全書總目評他的詩話云：

本中雖得法於豫章，而是編稱述庭堅者惟范元實一條，潘邠老二條，晁旡咎一條，皆因他人而及之，其專論庭堅詩者，惟歐陽季默一條而已。餘皆述其家世舊聞，朋友新作，如橫渠張子、伊川程子之類，亦備載之，實不主於一家，又極稱李商隱……亦不主於一格。

檢視紫薇詩話，誠如四庫全書總目所云，並沒有爲江西詩派張目之處。又范季隨陵陽室中語：「呂公一日過書室，取案閒書讀之，乃江西宗派圖也。公云：『安得此書，切勿示人，乃少時戲作耳！』」證以紫薇詩話及四庫全書總目所評，其言甚爲可信，居仁一時遊戲之作，不但如四庫全書總目所說，是「宋詩分門別戶之始」，而且影響以後的詩壇，江西詩派的成立，則係受禪學的刺激，不過由呂氏引發關捩而已。

二、禪學對江西詩派宗旨的影響

詩家的有宗派，是始於江西，在此以前，雖有田園派、山水派，邊塞或社會派等等名目，乃是後人的分類，不是當時詩人自立的宗派旗徽。江西詩派是呂本中創立的名號，他受禪學的影響最深，宋元學案中的紫薇學案云：

祖望謹案：大東萊先生爲滎陽冢嫡，其不名一師，亦家風也。自元祐後諸名宿如元城、龜山、廌山、了翁、和靖，以及王伯信之徒，皆嘗從遊，多識前言往行，以畜其德，而溺於禪，則又家門之流弊乎！

試觀居仁的詩，用禪典禪語的甚多，全氏說他溺於禪，甚得情實，居仁又常以禪理論詩，詩人玉屑卷五云：

作文必要悟入處，悟入必自功夫中來，非僥倖可得也。如老蘇之於文，魯直之於詩，蓋盡此理矣。（呂氏童蒙訓）

須令有所悟入，則自然度越諸子。悟入之理，正在功夫勤惰間耳。如張長史見公孫大娘舞劍，頓悟筆法，如張者，專意此事，未嘗少忘胸中，故能遇事有得，遂造神妙，使他人觀舞劍，有何干涉，非獨作文學書而然也。（呂居仁）

已用禪宗悟入之理，以求作詩之法，他的創立江西詩派，即取黃山谷，以比擬達摩，他雖未明說，劉克莊卻言之鑿鑿：

余既以呂紫薇附宗派之後，或曰：詩派止此乎？余曰：非也。曾茶山贛人，楊誠齋吉人，皆中興大家數，比之禪學，山谷初祖也，呂曾南北二宗也，誠齋稍後出、臨濟德山也，初祖而下，止是言句，至棒喝出，尤徑挺矣，故又以二家續。（後村先生大全集卷九十七茶山誠齋詩選）

居仁作江西詩派宗社圖，他自己卻不在內，至劉克莊方附之於後，他不但以黃山谷比之達摩，且以呂氏曾幾比之南能北秀，以楊誠齋比之臨濟和德山二禪師，又認爲江西詩派至楊氏再一變。當然劉克莊所說，非自我作古，乃推闡居仁之意。又禪宗之立宗分派，乃在樹立自家的宗旨，所謂「門庭設施」，不容不同中有異，以接引學者，達摩開宗以異於佛教，慧能之別於神秀，其後五宗二派的各有樹立，皆不出此意。宋儒加以效法，各家講學，有各家的宗旨，如黃宗羲氏所云：「於是爲之分源分派，使宗旨歷然，由是而之焉，固聖人之耳目也。」江西詩派的成立，也在樹立他們共同的宗旨和特色，呂居仁評黃山谷，認爲他「抑揚反覆，盡兼衆體」，「盡發千古之秘，亡餘蘊矣。」即是推重山谷此一特色，爲全江西詩派所效法，劉克莊論山谷詩云：

國初詩人，如潘閬魏野，規守晚唐格調，寸步不敢走失，楊劉則又專爲崑體，故後人有撏撦義山之誚。蘇梅二子，稍變以平淡豪俊，而和之者尚寡。至六一坡公，巍然爲大家數，學者宗焉。然二公亦各極天才筆力之所至而已，非必鍛鍊勤苦而成也。豫章稍後出，會萃百家句律之長，究極歷代體制之變，蒐獵奇書，穿穴異聞，作爲古律，自成一家，雖隻字半句不輕出，遂爲本朝詩家宗祖，在禪學中比得達磨，此不易之論也。（後村詩話江西詩派小序）

劉氏論江西詩派，認爲係由黃山谷開創，如達摩之成立禪宗，達摩所以被尊爲初祖，是創立了「教外別傳，不立文字，直指人心，見性成佛」的宗風，黃山谷能爲江西派的「祖師」，是由於他在詩的創作上，能「薈萃百家句律之長，究極歷代體制之變，蒐獵奇書，穿穴異聞，作爲古律，自成一家，雖隻字半句不輕出」之故。是以以六一歐公和東坡之才，亦不能比肩黃山谷，因爲二人只是極天才筆力之所至，沒有建立詩的創作宗旨。再深入探求，江西詩派是以黃山谷比擬禪宗祖師的地位，又以山谷詩的創作方法，比擬禪宗的宗旨，故劉克莊題何秀才詩禪方丈又云：

詩家以少陵爲初祖，其說曰：語不驚人死不休；禪家以達磨爲祖，其說曰：不立文字。……

以詩之創作主張，比擬禪宗的宗旨，明顯易見。禪宗傳至六祖以後，五宗繼起，各有規模面貌，如曹洞宗的五位，溈仰宗的圓相，雲門三句，法眼之天臺韶四料簡，門風各有不同，江西詩派亦以此相比擬：

江西宗派者，詩江西也，人非皆江西也，人非皆江西，而詩曰江西者何？繫之也。繫之者何？以味不以形也。……高子勉不似二謝，二謝不似三洪，三洪不似陳後山，而況似山谷乎？味焉而已矣，酸鹹異味，山海異珍，而調胹之妙，出乎一手也。似與不似，求之可也，遺之亦可也。（誠齋集卷七十八）

楊萬里謂派中諸人各不相襲，亦如五宗出於達摩與六祖，而宗風不同，然而同繫於江西詩派，只是共同風格風味的關係，亦如五宗的不同於教下，是因為共同的本質——禪，綜上所述，可見江西詩派的成立，確實是受禪宗的影響。

三、禪學對江西詩派創作理論的影響

禪學廣大，論其要訣，則一悟字而已，因為迷則滯凡，悟則入聖，然入道之門，則途徑甚多，如二祖因問安心得入，三祖因懺罪證道，四祖因無縛頓悟，六祖聞金剛經開悟，其他如聞鼓見道，見桃明心，涉水了徹，落水有得，因喚其名而見性，覩日光而頓曉，一掌而大悟，掩口而頓明，盡河山大地，有相無相，語默舉止，盡是入道的法門，甚至聞雷聲，聞蛙跳入水，聞江干喝道聲，聞桂花香，聞溷廁臭味，皆可明心見性，誠如古德所云：「盡大地是解脫門」矣。這一即心證悟，不靠念佛誦經，打坐入定的行入，也不是執經求解，明因明理念的理入，這種直感直知，雖然極富神秘色彩，但是綜合禪宗的燈史而究求的話，則確乎可信，因爲明徹自性，了徹宇宙的大本或大全，確實是不可智知的，惟有直感直知，所謂「如人飲水，冷暖自知」即是禪者感悟時的最佳詮說，這一禪學上的道理，詩家徑用以學詩，而以江西詩派爲甚，主張以參禪而學詩，最初舉用，似以東坡最早，魏慶之詩人玉屑卷六記其事云：

東坡跋李端叔詩卷云：暫借好詩消永夜，每逢佳處輒參禪。蓋端叔詩用意太過，參禪之語，所以警之云。

依東坡所云，在以參禪之法欣賞詩，以得句外之佳趣，非以學詩也，至韓駒、呂本中，方以參禪之法，教人學詩，詩人玉屑卷六云：

打起黃鶯兒，莫教枝上啼。幾回驚妾夢，不得到遼西，此唐人詩也。人問詩法於韓公子蒼，子蒼令參此詩以爲法。汴水日馳三百里，扁舟東下更開帆。旦辭杞國風微北，夜泊寧陵月正南。老樹挾霜鳴窣窣，寒風承露落毿毿。茫然不悟身何處，水色天光共蔚藍。此韓子蒼詩也。人問詩法於呂公居仁，居仁令參此詩以爲法。後之學詩者，熟讀此二篇，思過半矣。

魏慶之所謂：「後之學詩者，熟讀此二篇，思過半矣」。以熟讀精思解釋呂本中、韓駒所謂「參禪」，固無大錯，細味二氏的深意，乃係指以禪師參公案的方法學詩，北宋以後，禪師把以往祖師開悟的經過，垂示的機鋒，成爲公案，把住一個公案日夕參求，以期「死蛇活弄」，因人之悟，開己之悟，一個公案悟了，則可一了百了，呂本中、韓駒二氏教人參一詩，而不是熟讀千首百首詩，便是此意，蓋謂由參而得妙悟也。呂、韓均是江西詩派中的大將，韓駒另外一首論詩詩，更明白地說出以參求悟的道理：

學詩當如初學禪，未悟且遍參諸方。一朝悟罷正法眼，信手拈出皆成章。（陵陽集）

韓氏以爲詩人應取法禪人的行腳叢林，遍參老宿禪德，得其開示，以歸於頓悟自得。禪人得頂門正法眼藏之後，便「玄玄了了，非心非想，信口拈來，頭頭是道。」詩人從人悟得詩法之後，方能從體起用，超出聲律、規矩、體式之中，口誦手寫，成章應心，故曰：「一朝悟罷正法眼，信手拈出皆成章」也。所謂正法眼，即金剛慧眼，在人頂門。子蒼此處教人「遍參」，與詩人玉屑卷六教人專參一首詩，主張稍有不同，但合而觀之，他的教人以參禪的方法參詩，意在使人能妙悟詩的一切，呂本中的教人參詩，亦是令人悟入，已如上文所述，不再贅引。妙悟無迹可尋，常落於虛空，黃庭堅所開出的乃脫胎換骨的實用法門：

山谷言詩意無窮而人才有限，以有限之才，追無窮之意，雖淵明少陵不得工也。不易其意而造其語，謂之換骨法，規摹其意形容之，謂之奪胎法。（冷齋夜話）

換骨奪胎，宋人多有論及，此外見詩人玉屑，總而言之，不外是剽竊的「黠賊」而已，僅可供學詩及作詩時的一助，庭堅的標出此二語，與道家思想有關，與禪家無涉。至以參禪之法學詩，則尚有趙章泉，趙係江西詩派後勁之一，他受韓子蒼、呂本中的影響，以參禪論詩：

學詩渾似學參禪，識取初年與暮年。巧匠曷能雕朽木，燎原寧復死灰燃。（其一）

學詩渾似學參禪，要保心傳與耳傳。秋菊春蘭寧易地，清風明月本同天。（其二）

學詩渾似學參禪，束縛寧論句與聯。四海九州何歷歷，千秋萬歲永傳傳。（其三・見明都穆南濠詩話）

「識取初年與暮年」，謂記取禪人初年未悟之時，與暮年開悟保任之後，所以差異者，以成其詩事。禪人初入叢林，大事未明，無得無證之時，不依經律，則從人說，不迷頭弄影，即執空執有，所謂死在句下是也；詩人之初學詩，殆亦類此，誦詩讀詩，知有詩之一事矣，然或困於格律，或迷於句法，或惑於以前之大詩家，不能脫出，亦如禪人之死在句下也。「巧匠曷能雕朽木」，謂重特學詩者的天才，如禪人之重「器根」，禪人的開悟，固有待宗師之度化接引，然其關捩子，尤在器根的鈍利，所謂「見與思齊，減師半德，見過於師，差堪傳授」。詩人亦應重天才，苟與朽木無殊，雖有巧匠，何能雕琢成器乎！「燎原寧復死灰燃」，謂詩人不必具有「大死一回」，「死後回生」的神秘經驗，禪人大悟，常比之死後再生，枯木再春，死灰復燃，蓋喻掃除情識，無我無法！無垢無淨，了明自性之後，迥非以前之境界，趙氏似謂詩人不必如此，如火之燎於原，不待死灰復燃也。「要保心傳與耳傳」，謂詩貴傳授，亦如參禪之貴師承，禪人參訪之時，禪祖師之開示，其垂語示訓，有可以理會之有義語，此耳傳之義也，亦有不可思議之無義語，如所謂庭前柏樹子，麻三斤之類，又如用棒用喝，只可以心神領會，而禪師傳法之時，常以心印心，潛符默證，此心傳之義也。詩人之學詩亦同，有由口耳相傳之耳傳，亦有心領神會，超於言語以外的心傳，對古人詩的了解領會，尤賴心傳也。「秋菊春蘭寧易地」，謂學詩有成，有待於時節因緣，禪人之開悟，特別重時節因緣，禪祖師雖有開示，而聞法亦有悟不悟之別，又當時所聞，殊未了悟，而日後方觸機開悟，如洞山良价之涉水，香嚴智閑之擊竹悟道是也，詩人之知詩學詩，亦相類似，如蘭秀於春，菊黃於秋，乃時節不同之關係，非地壤之異，所以學詩要時至方成，而且一代應有一代之詩。「清風明月本同天」，謂詩理詩法如禪家論空論有，本係一體，「自性」之體用顯示而言，有形而上之「空」，有形而下之「有」，「空」「有」一如，本不相異，趙章泉以清風喻「空」，以明月喻「有」，以天喻此自性或大全，謂空有皆同屬此大全也，詩亦如之，有形而上之詩理，有形而下之詩法，同屬詩之領域，學詩者不可不明此理，而妄生分別心也。「束縛寧論句與聯」，謂詩人應如禪人之解粘去縛，不受一聯一句所束縛，禪人參禪求悟，既要去「有執」，又須去「空執」，復求去「非有非空」、「非非有非非空」執，得大圓鏡智，如孤月明空，無翳無見，入聖之後，復去聖見聖執，方能大休歇，否則一塵飛而翳天矣。詩人學詩，亦當去執，不拘於一句一聯之束縛，能如此則千秋萬世其詩自可流傳，四海九州之詩家，無不歷歷如此也。以參禪之理論詩，呂本中及趙章泉二人，已闡論甚精，特推說如上。

江西詩派，亦講究詩的活法，倡導於呂本中，而趙章泉加以推闡，亦爲江西派論詩之重要理論，曾季貍艇齋詩話云：

後山論詩說換骨，東湖論詩說中的，子蒼論詩說飽參入處，然其實皆一關捩，非悟入不可。

可見呂本中的詩講活法，已受當時詩家重視，惟活法並非悟入，曾季貍混而論之，殊失呂氏之意，呂氏自言活法之意云：

紫薇公作夏均父集序云：學詩當識活法，所謂活法，規矩備具，而能出於規矩之外，變化不測，而亦不背於規矩，是道也，蓋有定法而無定法，無定法而有定法，知是者，則可與語活法矣。謝元暉有言，好詩流轉。圓美如彈丸，此眞活法也。（劉克莊江西詩派小序）

活法死法，乃相對的名相，其精義亦應由禪學以求，禪宗認爲一切法皆是假名，六祖慧能云：「若悟自性，亦不立菩提涅盤，亦不立解脫知見，無一法可得，方能建立萬法。」又云：「自性自悟，頓悟頓修，亦無漸次，所以不立一切法，諸法寂滅，有何次第。」因頓悟自性，不惟不需立一切法，且有法成執，故諸法亦須寂滅。又谷隱禪師云：

我宗無語句，亦無一法與人，若有一法與人，亦成斷常之法，非正法也。從上佛佛授予，祖祖有傳，只貴所得所證，廓然蕩豁，徹見本源，方謂之正知正見，繩繩有準，法法融通，或於十二分教明得者，或於教外明得者，或有未舉先知，未言先領者，或有無師自悟者。……（兀庵和尚語錄——示松島圓海長老書）

所謂無一法可與人，蓋有一定之法，乃成死法，無一定之法，乃能法法圓通，能悟明自性者，即是圓通之活法。呂本中所云，乃通禪理於詩理，由禪法以論詩法。詩家所謂法，不外格調、聲律、對偶、篇法、句法、字法等，學詩當從此入手，作詩亦不可違，惟死守一法，爲法所縛，則生機剝奪矣。故循有法之意，不死守一法，此之謂無定法而有定法，有規矩而出於規矩之外之活法也。此呂本中所謂

「活法者，規矩具備，而能出於規矩之外，變化不測，而亦不背於規矩」之意，而時人對呂氏之論，已有誤解，故劉克莊云：

所引謝宣城好詩流轉圜美如彈丸之語，余以宣城詩考之，如錦工織錦，玉人琢玉，極天下巧妙，窮巧極妙，然後能流轉圜美，近時學者，誤認彈丸之喻，而趨於易，故放翁詩云：彈丸之論方誤人。（江西詩派小序）

時人已倒果爲因，不知流轉圜美如彈丸，乃詩家活法運用之結果，而認爲流轉圜美如彈丸，乃指作詩之輕易，故導誤後學而遭放翁之糾繩。呂本中活法之意，徐增所言，深能契合闡發：

余三十年論詩，祇識得一法字，近來方識得一脫字，詩蓋有法，離不得，卻又即他不得，離則傷體，即則傷氣，故作詩者，先要從法入，後從法出，能以無法爲有法，斯之謂脫也。（徐而庵詩話）

徐氏之所謂脫，即呂氏活法之意也。惟其言頗爲高玄，得王夫之之論以證之，方更了然於呂本中活法之意。

起承轉收一法也，試取初盛唐詩律驗之，誰株守此法者？法莫要於成章，立此四法，則不成章矣。且道盧家少婦作何解？是何章法？又如火樹銀花合，渾然一氣；亦知戍不返，曲折無端；其他或平鋪六句，以二語括之；或六七句意已無餘，末句用飛白法颺開；義趣超遠，起不必起，收不必收，乃使生氣靈通，成章而已。（夕堂永日緒論）

「生氣靈通，成章而已」，已道盡詩人用法之要，蓋禪人無定法，惟求頓悟無餘，詩人無定法，惟在求章而達。有定法者，利初參初學也，無定法者，求自證圓通，求變化無迹也，沈德潛之論，更較詳實，歸愚云：

詩貴性情，亦須論法，亂雜無章非詩也。然所謂法者，行所不得不行，止所不得不止，而起伏照應，承接轉換，自神明變化於其中，若泥定此處應如何，彼處應如何？不以意運法，轉以意從法，則死法矣！試看天地間，水流雲在，月到風來，何處著得死法。（說詩晬語）

所謂法乃起伏照應，承接轉換，所謂活法，乃出入於其間而神化無定，以統於一詩之意，可補明呂本中之意，而與船山所論有相互發明之處。活法死法，源於禪人，而發揮於詩論，由上所論，可見大概矣！以參詩學詩，以活法論詩，此江西詩派除山谷之脫胎換骨法外，影響詩學最大者，苟不由禪學以明之，則昧其源流，不知其眞義之所在矣。

四、禪學對江西詩派批評的影響

禪宗的開宗立派，是出於各家的宗旨有別，門庭設施各有不同，於是各有樹立，然基本精神在求法而不在宗派之異，精意在開悟而不在互顯優劣，是以飽參遍訪，互逞機鋒，相契則同參，不契則掉臂而行，其契不契，在道不在宗派，惟至黃龍、楊岐以後，方與曹洞形成看話禪與默照禪之爭。江西詩派之論詩評詩，其始亦具有此種精神，故其形成宗派，「以味不以神」，雖同師山谷，而各有建樹，如楊萬里所云：

江西宗派者，詩江西也，人非皆江西也。人非皆江西，而詩曰江西者何？繫之也。繫之者何？以味不以形也。……高子勉不似二謝，二謝不似三洪，三洪不似陳後山，而況似山谷乎？味焉而已矣。（誠齋集卷七十八）

證以呂本中之紫薇詩話，僅一條稱江西諸人詩，其論山谷詩者亦不多見，亦非專論派中諸人詩而崇獎之，或擯絕派外詩人而貶抑之。江西派中詩人，雖有相互標榜之處，但未互通聲氣，相互揚推，然而到了後來，逐漸有了變化，如劉克莊江西詩派小序之作，已全在批評上尊顯派中諸人的詩作，幾乎是有揚無抑，其推崇山谷云：

豫章稍後出，薈萃百家句律之長，究極歷代體製之變，蒐獵奇書，穿穴異聞，作爲古律，自成一家，雖隻字半句不輕出，遂爲本朝詩家宗祖，在禪學中比得達磨，此不易之論也。

推崇山谷，認爲其地位在蘇軾之上，並且是以禪宗的祖師以爲比喻。論陳後山云：

後山樹立甚高，其議論不以一字假人，然自言其詩師豫章公。或曰：黃陳齊名，何師之有？余曰：射較一鏃，奕角一著，惟詩亦然，後山地位去豫章不遠，故能師之，若同時秦晁諸人，則不能爲此言矣，此惟深於詩者知之。……

是推崇陳後山在秦晁之上矣。於派中諸人，極推闡之能事，雖未伐異，已有黨同之嫌。如曾季貍之艇齋詩話，很多盡力闡述呂本中及江西派重要人物的詩及事迹，於是形成了論詩的門戶派別，因而激成反動，如尤袤所云：

近世文士，喜言江西，溫潤有如范至能者乎？痛快有如楊廷秀者乎？高古有如蕭東夫，俊逸有如陸務觀者乎？是皆自出機杼，亶有可觀者，又奚以江西爲？（梁谿遺稿白石詩稿序）

對江西派已有憤憤不平的批評，其後四靈、江湖派的繼起，當亦係江西派評詩論詩之刺激。評詩論詩以江西爲標的結果，乃至蔽於江西一派之詩，而不知有他，楊萬里論此失云：

近世此道之盛者，莫盛於江西，然知有江西者，不知有唐人，或者左唐人以右江西，是不惟不知唐人，亦不可謂知江西者。雖然不知唐人，猶知江西，江西之道，亦莫之知焉，可嘆也。（誠齋集卷七十八雙桂老人詩集後序）

江西詩派下之詩人，至不知唐人之詩，或者左唐人以右江西，其弊可知。四靈、江湖之起，亦在糾江西之失，雖二派門戶既立，不免有偏，又力不能與江西詩派較，於是方回等復右江西以攻四靈、江湖，元好問：「論詩寧下涪翁拜，不作江西社裡人。」則有取於山谷，而不屑於江西，蓋立派立宗，自然有失，陸象山云：

後世問學，先須立箇門戶。此理所安，安有門戶可尋。學者各護門戶，此尤可鄙。（象山集卷三十四）

實洞徹病源，江西詩門立派立宗，其始在見宗旨，在使人知門庭設施，如禪人之分派立宗，可是實難避免門庭派別的流弊，如王夫之所云：

才一立門庭，則但有其局格，更無性情，更無思致，自縛縛人，誰爲之解者。……立門庭者必飽飣，飽飣非不可以立門庭，蓋心靈人所自有，而不相貸，從無方便法門，任陋人支借。……用事不用事，總以曲寫心靈，動人興觀群怨，卻使鄙人無從支借，惟其不可支借，故無有推建門庭者，而獨起四百年之衰。（夕堂永日緒論）

其言誠針對江西詩派及以後詩派之失而發，蓋自江西以後，詩家無不喜言宗派。

江西詩派盛極之後，有明一代，棄宋尊唐，實導始於嚴羽之滄浪詩話，其書固在貶江西，以復詩道之正，明七子倡詩必盛唐之論，即滄浪主張之發揮。清同光而後，宋詩復尊，再承江西之緒，可見江西詩派之影響矣。洪邁云：

作詩要有來歷，則爲淵源宗派；然字字執泥，又爲拘澀。……（空齋詩話）

然則執此以見江西詩派之正面影響，而避免其偏失，則可大助於知詩論詩矣。

五、結論

昔人論江西詩派者頗多，惟較論其得失與影響，未探其立派之由，未明其受禪學影響之深，故多皮相之論，如清宋犖序張泰來江西詩社宗派圖錄云：

詩有統有派，余友劉子山蔚曰：統猶水行於地，匯於歸墟，而總爲天一之所生，非支流別汊之所得偏據以爲名，至於四瀆百川之既分，分而溢，溢而溯其所由出，然後稱派以別之者，蓋一流之餘地，居仁之名山谷，殆以一流小之，非尊之也，而附於一流，抑又自小之甚矣。實未足以知江西詩派，呂氏之稱宗派，非小山谷而卑以自牧，乃以尊山谷而立宗，如達摩之開宗，以奪教下之席。觀江西詩派，影響最大者，則在以禪學而建立之詩學，如談藝錄所云：

嚴滄浪力排江西，而其論詩，一則曰造語須圓，再則曰須參活句，與江西派圖作者呂東萊之說無以異，放翁贈應秀才詩亦謂：我得茶山一轉語，文章切忌參死句。故知圓活也者，詩家斬嚮之公，而非一家一派之私言也。

究其實際，倡參詩、活法者，實係江西，以其得詩理之深閟，故爲諸家諸派所共認，要其源流，則自禪學中流出也。

（六七・六月・中興大學文史學報第八期刊出）

拾柒、由禪學闡論嚴滄浪之詩學

一、前　言

禪宗自達摩來華建立，經過長期發展，至六祖慧能而始大。宗門龍象競起，先後成立臨濟、雲門、潙仰、曹洞、法眼五宗。臨濟又分出黃龍、楊岐二派。由唐至宋，盛極數百年，幾奪佛教之席，宗門教下形成了抗衡之勢，而對中國之哲學思想、文學藝術，所產生之無形影響，更難以估計。自六祖慧能與北宗神秀，以七言絕句表示禪理、禪境，「菩提」一偈，哄傳天下，是為以詩寓禪之始。稍後之詩人，參禪求道，以禪入詩，王維、白居易乃其著者，至皎然、司空圖乃進而以禪理論詩，圖之二十四詩品，尤為卓出。入宋以後，踵繼以詩寓禪、以禪入詩及以禪論詩者，更不知凡幾。在詩學上影響最大，卓然有成者，則無逾於嚴羽，然後人因不明禪學之故，妄加詆諆，致其論精義未明，沉冤不白，殊可惜也！僅就其以禪論詩之精微卓特處，引論而闡明，以為論藝談詩之助。

二、嚴滄浪生平述略

嚴羽字儀卿，又字丹邱，自號滄浪逋客。以其未登朝出仕，史籍無稽。據近人郭紹虞等之考證，滄浪生於高宗之末，或孝宗之時，以滄浪吟集中「有感」六首有句云：「誤喜殘胡滅，那知患更長。」「襄陽根本地，回首一悲傷。」「傳聞降北將，猶未悔狂圖，忍召豺狼入，甘先矢石驅。」金於端平元年爲元人所滅，而元復爲患，故云「誤喜殘胡滅，那知患更長」也。又金亡之際，宋理宗即派郭春按巡故壤，祭掃祖宗陵墓於奉化；金將王旻、陳伯淵來歸，命王旻等守隨州，是爲北軍。端平三年趙范爲制置使守襄陽，依北軍王旻、樊文彬、李伯淵、黃國弼爲腹心，致激爲事變。宋史趙范傳云：

朝夕酣狎，了無上下之序，民訟邊防，一切廢弛，屬南北軍將交爭，范失於調御，於是北軍王旻內叛，李伯淵繼之，焚襄陽北去。南軍大將李虎不救災，不定變，乃因之刼掠，城中官兵尚四萬七千有奇，錢糧在倉庫者無慮三十萬，弓矢器械二十有四庫，皆爲敵有。蓋自岳飛收復百三十年，生聚繁庶，城高池深，甲於西陲，一旦灰燼，禍至慘也。（宋史卷四百十七）

此滄浪哀襄陽失落，慨「傳聞降北將，猶未悔狂圖」等句所本也。滄浪又云：「殘生江海去，老作一漁翁。」此時已垂垂老矣。當卒於理宗之時，以理宗崩於景定五年（一二六四），襄陽失陷之後，尚享國三十年也。

三、嚴滄浪之妙悟論

兩宋以禪論詩者極多，以悟入言詩者亦不勝縷舉。綜而論之，深入有得，有體有用者，無逾於嚴羽；垂無窮之影響於後之詩壇者，亦無過於滄浪也。覈其精妙，惟在妙悟論。

滄浪論詩，首拈妙悟，以構成其宗旨，由詩辨至詩體、詩法、詩評、考證，幾無不深入析說，反覆詳言，推闡妙悟之論。嚴氏云：

禪家者流，乘有大小，宗有南北，道有邪正，學者須從最上乘，具正法眼，悟第一義；若小乘禪，聲聞辟支果，皆非正也。論詩如論禪，漢、魏、晉與盛唐之詩，則第一義也；大曆以還之詩，則小乘禪也，已落第二義矣；晚唐之詩，則聲聞辟支果也，學漢、魏、晉與盛唐詩者，臨濟下也；學大曆以還之詩者，曹洞下也。大抵禪道惟在妙悟，詩道亦在妙悟。且孟襄陽學力，下韓退之遠甚，而其詩獨出退之之上者，一味妙悟而已。惟悟乃爲當行，乃爲本色。然悟有淺深、有分限、有透徹之悟，有但得一知半解之悟。漢魏尚矣，不假悟也；謝靈運至盛唐諸公，透徹之悟也；他雖有悟者，皆非第一義也；吾評之非僭也，辨之非妄也。天下有可廢之人，無可廢之言，詩道如是也；若以爲不然，則是見詩之不廣，參詩之不熟耳。（滄浪詩話詩辨）

滄浪首論禪之宗派及邪正，以比論詩家，亦猶詩人玉屑卷五引韓子蒼陵陽室中語所云：「詩道如佛法，當分大乘、小乘、邪魔外道，惟知者可以語此。」一則禪教混說，乘有大小，教下之事也，其分別在大乘利他，小乘自了自利；宗分南北，宗門之事，其差異在北宗漸修，南宗頓悟。以教下比宗門，立小乘禪之稱，亦無不當，以小乘下，立聲聞辟支果一類，以別尚未至小乘證悟之地步，義亦可通。後人於滄浪「學漢、魏、晉與盛唐詩者，臨濟下也，學大曆以還之詩，曹洞下也」，力肆譏彈，實未達滄浪之意，於禪宗之了解，亦不如滄浪之深；臨濟不主理入，不主行入，無證無修，當下薦取，滄浪以喻漢、魏、晉與盛唐詩之渾成無迹，僅能以臨濟當下薦取之直感法求之；而曹洞則立君臣正偏五位，偏於理入，以比論大曆以後之詩，人巧發露，可由格律及章句等之詩法以求，能依理索解。二宗之成就相等，難分高下，其參禪之方法，則各有別，取以比論，有何不可？而馮班糾之曰：

初祖達摩，自西域來震旦，傳至五祖忍禪師，下分二枝，南爲能禪師，是爲六祖，下分五宗；北爲秀禪師，其徒自立爲六祖，七祖普寂以後無聞焉。滄浪雖云宗有南北，詳其下文，都不指喻何事，卻云臨濟曹洞。按臨濟元禪師、曹山寂禪師、洞山价禪師，三人並出南宗，豈滄浪誤以二宗爲南北乎？所未聞二也。臨濟曹洞，機用不同，俱是最上一乘。今滄浪云：「大曆已還之詩，小乘禪也。」又云：「大曆已還之詩，曹洞下也。」則以曹洞爲小乘矣，所未聞三也。（滄浪詩話糾謬）

馮氏所舉，其他失之細碎，故不備引。個人未究求五宗禪學以前，亦以馮氏之說爲定說；了然曹洞、臨濟之異後，方知滄浪譬說之精義，在以二宗機用之不同，顯二家直薦與理入之異，以爲不同學詩之法，非判曹洞爲小乘也。至於南北宗，一主漸修，一主頓悟，人盡皆知，不必明言也，若謂滄浪並此二宗五派之大源流亦不能知，未免太輕蔑古人矣；其他認滄浪之不知禪者，亦不外如馮定遠所見。不見古人之深心，以粗淺斥精深，誠可謂以暗破明，竟至一盲引衆盲；沿至近人如朱東潤、郭紹虞等，無不認馮氏等人之言爲定說，殊可慨也：

又唐詩英華序云：「嚴氏以禪喻詩，無知妄論，謂漢、魏、盛唐爲第一義，大曆爲小乘禪，晚唐爲聲聞辟支果，不知聲聞辟支果即小乘也。謂學漢、魏、盛唐爲臨濟宗，大曆以下爲曹洞，不知臨濟、曹洞，初無優劣也。」此言更就禪家宗門，爲滄浪鍼砭，殆成定論，不可復較。（朱東潤．漢大學文哲季刊三卷四號．滄浪詩話參證）

何況滄浪於禪，並無深得，只是於時風衆勢之下，拾得一些口頭牙慧，本身也常多錯誤。陳繼儒偃曝談餘謂：「臨濟、曹洞有何高下？」錢謙益唐詩英華序謂聲聞辟支即爲小乘。馮班嚴氏糾謬甚至謂：「滄浪之言禪，不惟未經參學，……剽竊禪語，皆失其宗旨。」所以以彼喻此，只成模糊影響之談，難作鞭辟入裡之論，這也是引起後人誤解與爭論之一種原因。（郭紹虞滄浪詩話校釋詩辨）

二人皆雷同一響，隨聲附和者。以愚考之，滄浪以禪喻詩，未嘗不知二者有所別異，吾人應按理原情，以得其眞意精義，再辨其當否，參其得失，以爲吾人之用，方能得精當持平之論。苟滄浪僅以臨濟爲上而以喻漢、魏、晉與盛唐之詩，以曹洞爲下而比擬大曆已還之詩，而無他寓意，則前一段已云：「漢、魏、晉與盛唐之詩，則第一義也；大曆以還之詩，則小乘禪也；晚唐之詩，則聲聞辟支果也。」已判定四代三期之高下後，復又以臨濟、曹洞再論其高下，則爲贅尤矣。滄浪之意，明言「學漢、魏、晉與盛唐者」，臨濟不由理念擬議，直感薦取，宜於學盛唐及以上之漢、魏、晉之詩，嚴氏之意，確乎如此。

四、由臨濟、曹洞禪學之異以論妙悟之旨

(一)臨濟禪學之要義

臨濟宗之建立者，爲義玄禪師，以宣化於河北鎭州臨濟院，故爾得名。臨濟嗣法黃檗希運，承傳南岳馬祖之法，卒於宣宗咸通八年，會昌法難前後，正係其開法傳禪之時。臨濟倡唱無位眞人，揆其實義，乃馬祖道一「平常心是道」之形象化，臨濟上堂云：

赤肉團上有一位無位眞人，常從汝等諸人面門前出入，未證據者看看。時有僧出問，如何是無位眞人。師下禪床把住云：「道！道！」其僧擬議，師托開云：「無位眞人，是什麼乾屎橛。」（鎭州臨濟慧照禪師語錄）

臨濟於無位眞人，當時未下名言詮釋，蓋恐落於情識意想、言語窠臼之中，然事過境遷，仍有釋說，臨濟云：

若是眞正道人，終不如是，但能隨緣消舊業，任運著衣裳，要行即行，要坐即坐，無一念心，希求佛果，緣何如此？人云：若欲作業求佛，是生死大兆。大德，時光可惜，祇擬傍家波波地學禪學道，認名認句，求佛求祖，求善知識意度：莫錯，道流，禰祇有一個父母，更求何物？禰自返照看？（同上）

求道之禪人，若思凡思聖、求佛求祖、學禪學道，則起分別心，落於階級果位。無位眞人之意，正在

反此分別心，撥除此階級果位觀念，所謂「聖諦亦不爲，落何階級」？此之謂無位眞人，或眞正道人。其要訣在「隨緣消舊業，任運著衣裳，要行即行，要坐即坐，無一念心」。蓋求無念，無心合道。臨濟所云與馬祖「不知聖心本無地位因果階級」之意相合。無地位因果階段，正足以釋明無位之意，「眞人」正是「聖心」一詞之形象化。臨濟又云：

道流，佛法無用功處，祇是平常無事，屙屎送尿，著衣喫飯，困來即臥，愚人笑我，智乃知焉。古人云，向外作工夫，總是癡頑漢，儞且隨處作主，立處皆眞，境來回換不得，縱有從來習氣，五無間業，自爲解脫大海。……

山僧見處，無佛無眾生，無古無今，得便者得，不歷時節，無修無證，無得無失，一切時中，更無別法。……（同上）

此不異述其冥達無位眞人之法。夫「隨處作主，立處皆眞，境來回換不得」，不作意，而又不離本位，不爲外境換奪，與馬祖所言：「何謂平常心？無造作、無是非、無取捨、無斷常、無凡聖。」言異而恉同，故亦同主「無修無證」。蓋有修有證，即係有爲法，落於「造作」、「是非」、「取捨」、「斷常」、「凡聖」之中也。「無修無證」亦係以不修爲修，而達「無形無相、無根無本無住處，活潑潑地，應是萬種設施，用處祇是無處」之境。臨濟復云：「若人修道道不行，萬般邪境競頭生。智劍出來無一物，明頭未顯暗頭明。所以古人云，平常心是道。」其無位眞人之恉，可以概見矣。

基於以上之意境，臨濟勇於除滅名相理念、經論偶像，以其障「道眼」也：

學人不了，爲執名句，被他凡聖名礙，所以障其道眼，不得分明，祇如十二分教，皆是表顯之說，學者不會，便向表顯名句上生解，皆是依倚落在因果，未免三界生死。(同上)

十二分教既係表顯之說，執之則障道眼，故泯除之，方可無縛無事：

乃至三乘十二分教，皆是拭不淨故紙。佛是幻化身，祖是老比丘，偭還是娘生已否？偭若求佛，即被佛魔攝，偭若求祖，即被祖魔攝，偭若有求皆苦，不如無事。(同上)

視三乘十二分教爲拭不淨故紙，則無文字理念障矣，視佛爲幻化身，祖爲老比丘，則無偶像之障，進而去此求佛求祖之「魔攝」，其用無他，在求無事。去縛去障之極，在掃除一切造作意念名相：

偭欲得如法見解，但莫受人惑，向裡向外，逢著便殺，逢佛殺佛，逢祖殺祖，逢羅漢殺羅漢，逢父母殺父母，逢親眷殺親眷，始得解脱，不與物拘，透脱自在。(同上)

佛祖已死，非殺其人，乃掃除此名相。佛、祖、羅漢乃聖諦觀念；父母、親眷乃世諦觀念，去聖去俗，方不陷於名相拘滯，而得透脱自在。苟不了此意，則臨濟之語，非狂即瘋。尤有進者，禪宗此時已漸與教合，將喪失其精神；又宗門語錄之刻流，達百餘種，禪亦行將「教」化，故矯激而欲挽救之，細察臨濟語錄，不引經論，不引祖語，可以見其意矣。臨濟「居於講肆，精究毗尼，博賾經論」，非不知此解此也。

臨濟之禪學，綜而論之，不外以上所述，可謂「臨濟佛法無多子」矣。惟其如此，故接引禪人之方法特多，蓋其掃除佛祖經論言句、名相理念，是不主「理入」矣，而又主張「無修無證」，亦不主

「行入」矣。乃於一般佛禪「理入」、「行入」之外，自抒心機，獨出方法，式樣翻新，層出不窮，有四料簡、三句、三玄、三要、四喝、四賓主、四照用、八棒，後更有三哭、三笑、七事隨身、四事隨身、四大勢、八大勢、三訣、六病藥、十三種句……皆屬此宗之教授方法。

(二) 曹洞禪學之要義

曹洞宗之建立者，爲洞山良价、曹山本寂，洞山嗣法雲巖曇晟，出自石頭一系，其基本禪觀，先後契合，由寶鏡三昧，上溯參同契，可見其脈絡淵源。曹洞一宗，由洞山建立，至曹山而顯揚，其基本思想，則在寶鏡三昧，論其要義，不外正偏回互、正偏五位。

石頭已標回互之義，雲巖授洞山以寶鏡三昧，而發展爲正偏回互，正爲正位、爲體、爲理；偏爲偏位、爲用、爲事。體用一如，理事交帶，即寶鏡三昧歌「正中抄挾」之意也，用以顯體，體以起用，由事見理，即理即事，如寶鏡三昧歌所云：「銀盌盛雪，明月藏鷺。」銀盌與白雪一色，明月與白鷺一色，正位與偏位之關係如此難分，然難分之中，仍屬可分，故又云：「類之勿齊，混則知處。」荊溪行策作正偏回互圖，並釋其義如下：

正偏回互圖說

此圖兩儀既判，黑白已分，以黑表正，以白表偏，所謂正中有偏，偏中有正，回互之義本此。中間仍有一虛相者，表向上事，今亦隱於黑白之間也。……所謂黑者於位表正，於相表暗，於時分表夜，於界表內，於人倫表君父，於二家表主，於法界表理，於法門表體，於二德表性，於二嚴表智，於二智表實，於二門表本，於四十二位表果。所謂白者爲偏位、爲明相、爲晝分、爲外界，爲臣子、爲賓家、爲事；於法界爲用門、爲修德、爲功勳（勳）、爲權智、爲迹門、爲因位。此諸二法，雖各依位住，而飛伏隱顯，互相涉入，而又各住本位，未嘗混亂，此非意識之境，入此三昧，法如是故，此回互之義，爲一家之要旨，洞宗學者尤宜詳之。（寶鏡三昧本義）

此圖此釋，足以發曹洞宗之奧秘。質而言之，正偏回互者：明暗交參、夜晝相繼、內外相倚、君父臣子相對、賓主相倚、理事相挾、體用一如、性修相連、功智相顯、實權並用、本迹不違、因果循環。向上之事，不外此正偏回互。由正偏回互，而開出正偏五位：正中偏、偏中正、正中來、兼中至、兼中到，而且取易經重離之卦，以卦中六爻，表五位關係。荊溪行策作六爻攝義圖以表之：

六爻攝義圖

蓋取陽爻陰爻以表正偏，六爻五變，以得五位，正偏回互之義見，體用相挾之意顯。不惟與華嚴、天臺教下之理合，亦與佛陀成道之歷程暗符，洞山五位功勳、五位王子，曹山本寂之五位君臣，全由此而出。正中偏者，全理即事，以求道之禪人而言，久遠背覺，今始合覺，眞常理性，以智慧力，今乍開發，即寶鏡三昧歌所謂「顚倒想滅，肯心自許」。偏中正者，全事即理，以禪人修持而言，進修不背，求得極果，常恐「毫忽之差，不應律呂」，以智行互資，行以繁興大用，智以念念無爲，潛符默證，然未能大休大歇，如寶鏡三昧歌所云：「背觸俱非，如大火聚。」正中來者，一謂已透初關，居於正位，又謂由此正位中轉身而出也。能理事一如，體中挾用，禪人已直了一心，不存悟境，一生參學已畢，然後不居聖位，重回生死海。欲由體起用，不作自了漢，所謂「未有長住而不行者」，如寶鏡三昧歌所云：「通宗通塗，挾帶挾路。」兼中至者，能從體起用，禪人至此，繁興大用，爲世作舟航，教化衆生，如寶鏡三昧歌所云：「正中妙挾，敲唱雙舉。」兼中到者，攝用歸體，禪人至此，出世之能事已畢，功位齊泯，萬機寢息，退藏隱密，如寶鏡三昧歌所云：「潛行密用，如愚如魯。」此曹洞一宗之要旨，周密圓融，故不須行棒行喝，而宗風綿密，學人能知宗旨。

曹洞宗以寶鏡三昧歌爲本，演出五位，建立宗旨，然並不特重知解，亦不特重行解，而係知解與行解並重。洞山云：

師又問其僧，大慈別有什麼言句，僧云：「有時示眾云：『說得一丈，不如行取一尺，說得一尺，不如行取一寸。』」師曰：「我不恁麼道。」僧云：「作麼生？」師曰：「說取行不得的，行

取說不得的。」（洞山良价禪師語錄）

說不得的、行不得的，均爲向上事，說取行取，乃理解、行解並重也。曹洞宗於接引勘驗學人時，有三滲漏、三綱要、三種墮等名目。師又曰：

末法時代，人多乾慧，若要辨驗眞僞，有三種滲漏：一曰見滲漏，機不離位，墮在毒海；二曰情滲漏，滯在背向，見處偏枯；三曰語滲漏，究妙失宗，機昧終始。濁智流轉於此三種。子（曹山）宜知之。（同上）

相傳此係洞山付法於曹山本寂時之警語[3]。考其根源，亦不外正偏五位宗旨。夫滲漏者，水之滲出漏落，以喻知行有失，滯於凡聖，事理不能明徹也。洞山之見滲漏，謂見處障滯於所知，知空知有，即執空執有，或有妙悟，不能除去悟境，坐在一色裡，不能離位起機用，故云：「機不離用，墮在毒海。」也。以正偏五位而言，不能超出正中來一位。情滲漏者，謂智見不周，於向上事常多向背，取捨住著，偏於一邊，於途中岸邊事，識浪流轉，滯於情境，難合中道，故云：「智常向背，見處偏枯。」以正偏五位例之，尚落在正偏二位，未到初關也。語滲漏者，尋言覓句，墮在知解，不能得意忘言，轉法華而不爲法華轉，致失宗旨，味於終始，不能當機鑒覺，故云：「究妙失宗，機昧始終。」於正偏五位仍落於正偏二位中，不能脫出而臻理事一如之境。洞山有三綱要，亦淵源於寶鏡三昧歌，三綱要爲：㈠敲唱俱行：謂從體起用，不礙正偏，理事兼備，如寶鏡三昧歌所云：「正中妙挾，敲唱雙舉。」也。㈡金鎖玄路：謂正偏回互，明暗交參，事中隱理，理中隱事，於向上一事，「力窮忘進退」，轉功就位，衝開金鎖，以通玄路，如寶鏡三昧歌所云：「背觸俱非，如大火聚。」也。㈢不墮凡聖：不落有無，坐斷兩頭，事理不涉，應物利生，得大自在，如寶鏡三昧歌云：「潛行密用，如愚如魯。」也。

㈢滄浪以二宗論詩之真義

由上所述，可見臨濟在廢除「理入」、「行入」，而以「平常心合道」，隨機悟入，直感薦取。而曹洞乃合「理入」、「行入」為一，而排出修持歷程，以知求知之法，故嚴羽以臨濟之禪，以得大曆以後之詩律詩法，其意甚明。滄浪云：

> 讀古詩十九首、樂府四篇、李陵、蘇武漢魏五言，皆須熟讀，即以李、杜二集，枕藉觀之，如今人之治經，然後博取盛唐諸名家，醞釀胸中，久之自然悟入。……（滄浪詩話詩辨）

所謂「枕藉觀之」、「醞釀胸中，久之自然悟入」，非臨濟直感薦取之法乎？大曆以後之詩，在滄浪觀之，有句法、有篇法、有起承轉結之法，格律顯而性靈漸隱，故滄浪云：「大曆以前分明別是一副言語，晚唐分明別是一副言語，本朝諸公分明別是一副言語，如此見方許具一隻眼。」苟非就此風格意境之異而立論，則無意義矣。大曆以後，有格律詩法可窺，故主張以曹洞下之理入方法求也，此二種學詩之法，當否不論，滄浪非判定臨濟、曹洞二宗之高下，以定盛唐以前及大曆後詩之高下明矣，自信可撥千七百餘載之迷霧，得滄浪之原意矣。又滄浪之以第一義、小乘禪、聲聞辟支果，比論四代三期之詩者，蓋尊盛唐、漢、魏、晉，乃重性靈以抗江西詩派以才學、以文字、以議論為詩之缺偏，貶大曆為第二義之小乘禪，抑晚唐為聲聞辟支果者，乃抑格律而蕩四靈江湖派之習染，以復詩學之正，又以當時士大夫習禪成風，故借禪以喩之，蓋參禪者，未有甘久聲聞辟支之教下小乘中，亦無人願落第二義也。李、杜聲名既盛，尊之爲教下大乘，禪中第一義，以趣人之歸往，貶大曆爲小乘，晚唐爲聲聞辟支果，使尊賈島、姚合等輩者，口噤氣索也。滄浪云：

近代諸公，乃作奇特解會，遂以文字爲詩，以議論爲詩，夫豈不工？終非古人之詩也。蓋於一唱三嘆之音，有所歉焉，且其作多務使事，不問興致，用字必有來歷，押韻必有出處，讀之反覆終篇，不知看到何在？其末流甚者，叫噪怒張，殊乖忠厚之風，殆以罵詈爲詩，詩而至此，可謂一厄也。（滄浪詩話詩辨）

五、滄浪以禪論詩之作用

滄浪之妙悟論，全係針對江西詩派而發，自黃庭堅而下，無不包括其中，在其鍼砭之列，然滄浪自知「才秀人微」，時江西聲勢，震爍未衰，故不敢斥言明說，乃借助於禪，而誓言之曰：

吾評之非僭也，辯之非妄也，天下有可廢之人，無可廢之言，詩道如此也。若以爲不然，則是見詩之不廣，參詩之不熟耳。（同上）

「天下有可廢之人」，自傷其位微力衰也，細體察其文意，可見其力竭聲嘶，露筋張拳之狀矣，其信道之篤，自任之銳，眞詩家之鐵中錚錚，倫中佼佼，後人不知其用心著眼之所在，徒執一言半詞，且多誤解而詆訾之，抑何說也？滄浪薄山谷，作詩話而在裁判江西詩派之意，充分表露於答出繼叔臨安吳景仙書：

僕之詩辨，乃斷千百年公案，誠驚世絕俗之談，至當歸一之論，其間說江西詩病，眞取心肝劊子手。以禪喻詩，莫此親切，是自家實證實悟者，是自家閉門鑿破此片田地，即非傍人籬壁，拾人涕唾得來者，李、杜復生，不易吾言矣。而吾叔靳靳疑之，況他人乎？所見難合固如此，深可嘆也。……坡、谷諸公之詩，如米元章之字，雖筆力勁健，終有子路事夫子時氣象，盛唐諸公之詩，如顏魯公書，既筆力雄壯，又氣象渾厚，其不同如此。（滄浪詩話附）

足證以上所論在攻江西派，於山谷、坡公亦致不滿，認爲去盛唐有間。此論雖其親屬，能接近譬說者尚疑之，況他人乎！故不得不借助於禪，喻其詩論於世人所知、所重之禪理中，方足以聳動時俗也，設使滄浪不於衆軍中樹此一異幟，恐將汩沒於宋人之詩話中，而無人知之、論之矣。滄浪於四靈江湖，似少顧慮，故於詩話中明言攻之：

近世趙紫芝、翁靈舒輩，獨喜賈島、姚合之詩，稍稍復就清苦之風，江湖詩人多效其體，一時自謂唐宗，不知止入聲聞辟支之果，豈盛唐諸公大乘正法眼者哉。

藉佛禪之道以貶抑賈島、姚合，目的在挫屈江湖四靈，與方回立一祖三宗，以杜甫爲初祖，欲以牢籠江湖四靈，方法雖異，目的則同。又江西假禪宗宗統之法，以立宗派而成詩家正統，滄浪則借禪理助明詩理以攻之。以子之矛，攻子之盾，可見禪學所形成之時代風尚影響之烈矣。

「詩者，吟詠性情者也」，滄浪既悟此爲詩之大原，又覷定詩在「興趣」，滄浪「興趣」之意謂如「羚羊掛角，無跡可求，故其妙處，透徹玲瓏，不可湊泊，如空中之音、相中之色、水中之月、鏡中之象」，與司空圖二十四品之意境論，縱有不同，亦未必盡合袁枚之性靈說，去王漁洋之神韻論尤有距離，但可確知者，亦在以取象摹神，以實境之現象，表達空靈之風格意境，故綴以「言有盡而意無窮」一語，以說明水月鏡象之意，乃係超出詩之「明相」——體製、音節、格力論詩，而以詩不可知之暗相——氣象、興趣求詩，其所主張如此。苟由規律、詩法、體格以求，則落入賈、姚一路；由力學而脫胎換骨以求，則墮進江西派中，故不得不開出妙悟一路。蓋除禪者無定法之法，潛符默證、心領神會、離形得象、遺言得意、觸目道存之頓悟妙悟，亦無法知此「詩宇」之「大全」，妙悟之後，得活法、活句，以達其所謂「興趣」、所謂「入神」，故可超江西、江湖、四靈，越晚唐、大曆而至盛唐之境，是以滄浪敢曰：「惟悟乃爲當行，乃爲本色。」其求悟之法，則在直參盛唐而上及漢魏之詩，故一則曰：「先須熟讀楚辭以爲本，及讀古詩十九首、樂府四篇、李陵、蘇武漢魏五言，皆須熟讀，枕藉觀之，如今人之治經。」再則曰：「然後博取盛唐名家，醞釀胸中，久之自然悟入。」此直證直得，故乃有取於臨濟而無待於曹洞也，滄浪乃表示其自信曰：

雖學之不至，亦不失正路，此乃是從頂顴上做來，謂之向上一路、謂之直截根源、謂之頓門、謂之單刀直入也。（滄浪詩話詩辨）

由妙悟得詩之「大全」，直可如禪家頓悟之後能明心見性，與佛祖齊肩而與盛唐齊肩，得詩之「大全」。能了解詩之意境、詩之「興趣」、詩之「入神」，智珠在握，則發抒性情，因事見意，隨物賦形，則於詩之篇法、句法、字法、音韻、格律諸法，有不足道者。不求工而工，不求合而合，不求變而變，如禪宗祖師大悟之後，披衣上座，接引學人，口不停機，觸境而發，予奪縱捨，縱橫妙用，無不如意。總而言之，乃由「體起用」，體用一如，詩成法立之神化之境，此由上而下之功夫，故謂之「從頂顙上做來，謂之向上一路、謂之直截根源」。滄浪之言，似超然入神，然俗語云：「熟讀唐詩三百首，不會做詩也會吟。」何嘗不可爲滄浪此論作註腳。又如臨濟宗之死參一話頭，曹洞宗之凝心默照，至忘情謂意識之後，心神處滅而豁然頓悟者，其例亦多。錢默存論此致悟之法云：

顧管子曰：「思之思之，精氣之極。」莊子曰：「以無知知，外於心知。」蓋一則學、思、悟三者相輔而行、相依爲用；一則不思不慮，無見無聞，以求大悟，由學、思所得之悟，與人生融貫一氣，可落言說，可見應用。而息思斷見之悟，則隔離現世人生，其所印證，亦祇如道書所謂視之不見、聽之不聞、搏之不得，佛書所謂不可說，不可說而已。（談藝錄第三四二頁）

致悟之途則一，惟一則以「思之！思之！鬼神通之」，一則以「無知之知，外求心知」而致妙悟。然此二者，又有相通之處，由有所思，思之！思之不已，思而至於無思，用心至無可用，亦能如禪宗或其他宗教之無心而悟。錢氏又云：

然出世宗教無所用心而悟，世間學問用心至無可用，遂亦不用心而悟。出世宗教之悟，比於闇室忽明，世間學問之悟，亦似雲開電射。（同上）

此妙悟之法，可用之於詩學，西洋克洛臺爾之言，與滄浪之意，中西暗合，前後輝映：

克洛臺爾（Paul Claudel）謂吾人天性中，有妙明之神（Animaou I'âume）、有智巧之心（Animusou I'espait）。詩者，神之事，非心之事，有我（Moi）、在而無我（Ze），執皮毛落盡，洞見眞實，與學道者寂而有感，感而遂通之境界無以異（Un état mystique）（見ch. x.xii，按實本Lucretius神祕詩秘Le Mystere Poetique），其揆一也。藝術之極致，必歸極原，上訴眞宰，而與造物者遊，詩聲也通於宗教矣。（談藝錄第三二二頁）

正可爲滄浪之言作例證。妙悟之後，可由一了百了，體用一如，故「謂之頓門」。不須從聲律、規格、詩法細求，故曰「單刀直入」，袁枚所謂「格律在性靈中」，其意一也，考之古之文士習詩、習文，除多讀、多思、多作之外，幾無他事，而詩文以成，亦未悖滄浪之言也。

詩禪之理可以互通，禪之求悟，可通於詩之求悟，又皆恃天才之高出，爲妙悟之條件，故滄浪引全豁禪師之言曰：「見過於師，僅堪傳授，見與師齊，滅師半德。」（滄浪詩話詩辨）全豁禪師之言，見傳燈錄卷十五，另五燈會元卷三則爲載引懷海禪師語，惟「智」作「見」，詩家重天才，非止滄浪也。又細察滄浪妙悟論，不涉及頓漸問題，故曰妙悟，而不曰頓悟，且有不廢漸修之意，故曰：「悟有淺深、有分限，有透徹之悟，有一知半解之悟。」透徹之悟，明指盛唐；一知半解之悟，殆暗指山谷脫胎換骨法也。悟既有淺深，則由淺進深，積小悟爲大悟、爲妙悟，意可見矣，錢默存之言，足以盡滄浪之意。

夫悟而曰妙，未必一蹴即至也。乃博采而有所通，力索而有所入，學道學詩，非悟不進。……

陸桴亭思辨錄輯要卷三云……人性中皆有悟，必工夫不斷，悟頭始出，如石中皆有火，必敲擊不已，火光始現。然得火不難，須承之以艾，繼之以油，然後火可不滅，故悟亦必繼以躬行力學。罕譬而喻，可以通之說詩。……嚴滄浪詩辨曰：「詩有別才非書，別學非理，而非多讀書窮理，則不能極其至。」曰別才，則宿世漸薰而今生頓見之解悟也。曰讀書窮理以極其至，則因悟臻上達，超學與思，而不能廢學與思。（談藝錄第一一六頁）

滄浪之妙悟，在兼頓漸，超學思而不廢學思，此滄浪妙悟論之大較也。

六、結論

總而論之：㈠滄浪詩話在反江西詩派之失，蕩江湖四靈之缺，導詩於正，以繼盛唐而復情性興趣。㈡以人微位低，故以禪喻詩，以聳動世俗，掊擊當時，貶江西爲小乘，斥江湖四靈爲聲聞辟支果。㈢恐陷入格律一路，而入江湖一途，懼以才學爲詩，而落江西窠臼，故標興趣二字，以達言有盡而意無窮之入神意境。㈣以參禪直下薦取之臨濟法門，以求妙悟，與江西、江湖等派異路。㈤妙悟在重天才，兼主頓漸，以讀書窮理極其至。故滄浪之成就，遠出當時以禪論詩者之上。前述諸家之論，在比詩於禪，而滄浪則能通禪於詩也。錢默存云：

諸家皆重學詩之功夫，比之參禪可也，比之學道、學仙亦無不可也。山谷贈陳師道云：「陳侯學詩如學道。」後山答秦少章云：「學詩如學仙，時至骨自換。……」詩可比於禪，而不必拘於禪，即援陸桴亭語比於儒者之格物致知，何獨不可。滄浪別開生面，如驪珠之先探，等犀角之獨覺，在學詩時工夫之外，另拈出成詩後之境界；妙悟而外，尚有神韻，不僅以學詩之事，比諸學禪之事，並以詩成有神，言盡而味無窮之妙，比於禪理之超絕語言文字，他人不過較詩於禪，滄浪遂能通禪於詩，胡元瑞詩藪雜編卷五，比爲達摩西來者，端在此乎。（談藝錄第三一〇頁）

滄浪以禪論詩之成就，於此可見。蓋以前諸人之以禪論詩，或有用而無體，或有體而無用，數百年之興會，殆爲滄浪導夫先路也。馮班等糾滄浪不明禪，已失知人之旨；錢振鍠更指爲不知詩，尤爲無見；郭紹虞認滄浪水月鏡象之論，爲玩弄抽象名辭，可謂不知美惡者矣。

詩也者，寫性情者也，開闢以來非有紮就一種老詩架子也，非謂作詩必戕賊性情而俯就架子也。羽乃分界時代，彼則第一義，此則第二義，索性能指出各家優劣，亦復何辨？無奈他只據一種榮古虐今見識，猶自以爲新奇，此眞不可教訓。（錢振鍠詩話，見郭紹虞滄浪詩話引）

「如空中之音、相中之色、水中之月、鏡中之象」，他說得這般迷離恍惚，也是有他的苦衷的。唯心論者於無可解釋處，總喜歡玩弄幾個抽象名詞，這眞是沒有辦法的事。他論悟要借助於禪，就是這種關係。（滄浪詩話校釋詩辨）

錢振鍠不知滄浪分第一義與第二義乃在借以貶抑江西等派，其立論表性靈，亦在反江西之以才學議論爲詩，郭紹虞不明滄浪之取象摹神，在以水月鏡象以表顯人神之意境，又不知以禪之直覺求悟之眞諦，而指爲玩弄抽象名詞，不但失古人之深心，且盲後學者之眼目，故略爲辨證。朱東潤謂滄浪「假禪喻詩，歸諸妙悟，自不過襲江西詩人之遺論」，不知以禪論詩，爲兩宋之時代風尚，皮相之見，不待論矣。

（中華學術與現代文化叢書二・文學論集）

拾捌、佛禪「法」「悟」於詩論的影響

一、前　言

宋以後論詩者，幾無不言「法」「悟」，其名相的襲用，固繼承傳統的字義，詞義；而思想的層次，理論的形成及建立，則受佛教禪宗的影響最大，以「法」論詩時，固有取於佛禪的理論，以增益其內涵，言「悟」則更借佛禪悟道的意義，以論詩法的悟入；佛禪開悟之後，人與道合，無往而不自在，大破我執、法執，有法皆捨，一切有為法、無為法皆非究道；又能從體起用，心生則萬法生，法法皆活，於是而有死法、活法；已悟之後，回顧以前的求法歷程，執法為眞實，由前人所示的法以求，而陷於死法或定法之中，悟後方知此定法為死法，而知無定法之為用，乃能大用繁興；未悟之前，依文求義，死在句下，是為死句、死語；證悟之後，橫說豎說，無不得當，是為活句、活語；詩家、文人，借援此理、此名相以論詩，於是而有「法」、「悟」之說，並開出死法、活法、定法、無法、死句、法句、死語、活語等理論與主張，使此後之詩論，大異於漢魏，其受佛禪之影響為獨多。故以此為脈絡，特加論究，以見本眞①。

二、傳統釋「法」之意義及影響

法字的意義，在傳統的釋說及使用上，極爲紛繁，就其本義而言，乃刑罰、法律之意，說文解字水部云：

灋、刑也，平之如水、山水；廌所以觸，不直者去之，从廌去，今文省。

字形與本義相合，所以「法」爲「刑罰」，乃其本義；引申乃法律之意，蓋刑罰之確定，必依法律；法施行的結果，刑罰確定以後，必有其強制性，所以引伸而有限制的意義；社會的規約，國家的制度，必待法律而確立，所以「法」引伸有制度的意義；法既是限制、制度，引伸而有模範、規矩之意。以上之字義、詞義，數見於先秦典籍，無煩舉證釋說，且與以「法」論詩，關涉無多。

法有法度之意，中庸云：「行而世爲天下法。」朱子中庸章句云：「法，法度也」。也有準則之意，史記倉公傳：「論藥法，定五味。」又有所謂「脈法曰」，是皆準則之意；又有方術之意，史記項羽本紀：「教籍兵法」，乃項梁教項羽用兵之方術、法則，自此之後，此一用法，大爲流行，書法、畫法之名隨之而立，謝赫有六法論畫的理論，書家有永字八法的名稱，於是以法論詩、論文，將論詩、論文之實際，名爲詩法、文法，實受此一傳統名相意義之影響，然內涵與精神，則受佛、禪之影響最大。

三、佛禪言「法」之內涵及其影響

佛禪言法，本於梵語（Dharma），音譯爲「達摩」、「曇無」等名。在佛禪典籍，法字的意義與內涵極多，就「法」的最高意義而言，「法」有本體的意義，所謂自體爲「法」，諸法的自性，稱爲「法性」、「法體」；而且有任持「自性」的功能，是永恆的存在；就法的作用而論，則「軌則爲法」，能「軌生物解」，不但是人類行爲軌則或法則，而且能令人依之產生對事物的理解或瞭解，因爲事事物物各有其法，法乃人據以產生認識之標準、規範、法則、道理等；就法的別異而言，有所謂「心法」——無形體迹相可求之部分，「色法」——有體迹相之部分；由人所可致力作爲者，則稱爲有爲法，不能效力作有爲者，則名無爲法；依所得法的高下而論，則可分爲「有漏法」、「染法」，「無漏法」、「淨法」；以善惡爲標準，則可區分爲「善法」、「不善法」；以世俗與超世俗分，則有「世間法」、「非世間法」；「法」既是具有自性的主體，故稱之爲法體，相對的，則稱爲「法相」；佛家禪人於佛相所說的道理教言，稱之爲佛法，亦稱「正法」或「教法」；佛所說爲通往涅槃之門，所以稱「法門」，各宗主、大師闡法，亦稱「法門」；正法的準則稱爲「法印」；佛法的集結稱「法藏」；察觀諸法，則稱之爲「法眼」等等。佛禪所謂法的意義和內涵，實非傳所用「法」的字義和詞義所能範圍，詩家比取此內涵之名相，一方面形成思想意識上的認知和依據，以建立其論詩之理；一方面掇取佛禪所使用而爲大衆所共知的這類名相，成爲論詩的名詞。因爲唐以後佛禪大盛，影響之餘，以法論詩，以佛禪的名相爲名詞，才興盛而成爲風氣。浪振於上而影響於下，非無因而突然如此。

佛禪於「法」字的釋說及內涵，最明顯而大異於傳統之處，是釋法爲「本體」，法有「自性」，於是法不是人爲的法律、刑罰或規範，而是超然永恆的存在，無待人爲的創制作爲。唐宋以後詩論中的「法」，實際上概括這一內涵，詩法有時是詩的「本體」——根本、究竟的意義。佛禪的「法」，也指事物物的法則，也指理。傳統的釋說，顯然無此意義，和未具有如此廣大的概括性，所以唐宋以法論詩，是包括了詩理、詩的法則而言，非止於方法而已。這些內涵，均非傳統「法」的字義、詞義和內涵所可範圍，然皆垂傳其影響，詩家持以論詩。

法具有刑罰、法律，森然不可侵犯的本義，至近體詩律詩成立之後，以律詩的法律森嚴，規格嚴密，遂援法律之義，以論律詩：

沈宋而下，法律精切，謂之律詩。（見張表臣珊瑚鈎詩話）

律詩起於初唐，而實胚胎於齊梁之世。南史陸厥傳所謂：五字之中，音韻悉異，兩句之中，角徵不同者，此聲病之所自始，而即律之所本也。至沈宋兩家，加以平仄相儷，聲律益嚴，遂名之曰律詩。所謂律者，六律也。……（見王應奎柳南隨筆）。

律詩始自初唐，至沈宋其格始備。律者六律，謂其聲之協律也。如用兵之紀律，嚴不可犯也。（見錢木庵唐音審體。）

五言律、六朝陰鏗、何遜、庾信已開其體，但至沈宋，始可稱律。律爲音律、法律，天下無嚴

於是者。（見王世貞藝苑卮言）

所謂音律、紀律、法律，皆取法律森嚴之意，故云「嚴不可犯」，是謂律詩的平仄、對偶、押韻、規條嚴密，不可違犯，否則謂之「失律」，其以法律之本義以論詩法，意義極爲明顯，故不須多費辭說，皆能明其義蘊。

法有法度、準則之意，詩人論詩，遂取此義以爲內涵者，例如：

詩之六義，而實側三體。風、雅、頌者，詩之體；賦、比、興者，詩之法。故賦、比、興者，又所以製作乎風、雅、頌者也。凡詩中有賦起、有比起、有興起。然風中有賦、比、興，雅、頌之中，亦有賦、比、興。此詩之正源，法度之準則。凡有所作而能備盡其義，則古人不難到矣。……（見楊載詩法家數）

是明以法度、準則，以比論賦、比、興，明白了這些法度、準則——能用賦、比、興，即古人的境界，也不難到達，可見這些法度、準則的重要了。

法有方術、方法之意，詩人援比義以立論者，繁有其人：

有明上人者，作詩甚艱，求捷法於東坡，東坡作兩頌，以與之。其一云：字字覓奇險，節節累枝葉。咬嚼三十年，轉更無交涉。其一云：衝口出常言，法度法前軌。人言非妙處，妙處在於是。乃知作詩到平淡處，要似非力所能。東坡嘗有害與其侄云：大凡爲文，當使氣象崢嶸，五色絢爛，漸老漸熟，乃造平淡。余以爲不但爲文，作詩者尤當取法此。（見詩人玉屑）。

所指之法，實乃方法、方術之意。東坡與明上人二頌，乃作詩求迅捷方法，不陷入搜奇求異的「鐵圍山」中，口出常語，法效前人的軌轍，自然無窘困的弊病，至於求平淡，乃不避絢爛、崢嶸，而漸歸於平淡，所標舉的，實是方法、方術。

以上所舉，皆係就傳統「法」的內涵以論詩。唐宋以後，受佛禪的言法影響，援以論詩，而意義大有不同，立詩法之名，並有專章專論者，厥推滄浪詩話，其全書的結構，係由詩辨、詩體、詩法、詩評、考證等章所成，而又於詩法中云：

看詩須著金剛眼睛，庶不眩於旁門小法。

「金剛眼睛」，正係禪家之說，乃「慧眼」之意，有此慧眼，然後才能希望不被旁門小法所惑，可視為無意之中，透露了他論詩法的思想本源。又嚴氏在詩辨之中，已云詩之法有五，曰體製、曰格力、曰氣象、曰興趣、曰音節。所包涵的，已極廣泛，而在詩法之中，涵蓋所及，則詩之創作方面，幾無不包，已非法律、法度、方法之所可範圍，而有「任持自性」——詩的最高原則之意，如

須是本色，須是當行。

下字貴響，造語貴圓。

須參活句，勿參死句。

及其透徹，則七縱八橫，信手拈來，頭頭是道矣。（見滄浪詩話．詩法）

更有「軌生物解」的作用，根據嚴氏所云，可以產生對詩法的了解，所謂「信手拈來，頭頭是道矣！」則

更有不受法縛的意義了。徐增亦然，視詩法爲一種超越詩作的存在，包括了詩的創作，徐氏云：

余三十年論詩，祇識得一法字。詩蓋有法，離他不得，卻又即他不得。……（而庵詩話）

所謂「祇識得一法字」，「離他不得」，實視詩法爲全面的，最高而超越的存在，他又云：

五言與七言不同，律與絕句不同，字有字法，句有句法。不知連斷，則不成句法，不知解數，則不成章法。總不出頓挫與起承轉合諸法耳。即蓋代才子，不能出其範圍也。（同上）

正足以見其論法的意義，是重要的，廣泛的，足以軌範詩的創作的。如不深入察究，不探求唐宋以後法的字義、詞義和內涵的不同，則不知何以有詩法之論？何以詩法的內涵和字義、詞義會大異於前？類似嚴、徐二氏之見解，正復不少，可見此一影響之甚了。

四、佛禪論「悟」之意義及其影響

悟的字義、詞意，甚爲單純，不外「覺也」，引申而有「了達」，「心解」之意，說文解字心部云：

悟，覺也，从心吾聲。

雖然有其他的假借義，但是佛禪援用之時，仍以覺悟、了達、心解爲基本意義，惟悟的內涵不同，佛家認爲悟乃生起眞智，覺悟眞理實相，而與迷夢相反。悟與迷形成相對的指謂，而立「證悟」、「覺悟」、「開悟」等名詞；佛禪修行的目的，無不在求開悟，就開悟的目的而言，在得菩提知慧，證涅槃妙理；就悟的程度高下而論，有一分的小悟，有十分的大悟；就悟的境界作區分，則有小乘之悟——斷三界煩惱，證擇滅之理；有大乘各宗之悟，如華嚴證入十佛境界，天臺證諸法實相，禪宗之見性成佛；由悟的遲速而論，則有漸悟、頓悟之不同；悟入的方法不同，則有解知其理的理悟，修行而體會的證悟；悟的結果，是證得眞理，斷除煩惱，具無量妙德，得自在妙用。禪宗更認爲，迷則係凡夫，悟則成聖者，迷悟之間，有此天懸地隔的判別，是悟的內涵，大異於傳統對事理的「了達」之意。

唐宋以後的詩人與論詩者，見悟有如此的內涵與效果，於是援引此義以論詩，而推嚴羽爲甚，滄浪詩話云：

禪家者流，乘有大小，宗有南北，道有邪正，學者須從最上乘，具正法眼，悟第一義。……大抵禪道惟在妙悟，詩道亦在妙悟，且孟襄陽學下韓退之遠甚，而其詩獨出退之之上者，一味妙悟而已。惟悟乃爲當行，乃爲本色。然悟有淺深，有分限，有透徹之悟，有但得一知半解之悟。（詩辨）

嚴氏所云，明言援禪宗之妙悟理論以論詩，「學者須從最上乘，具正法眼、悟第一義」，不但取用禪宗名相，而且以漢魏晉盛唐之詩，比之爲「第一義」，又以孟浩然、韓愈爲例，孟詩之高出韓，全係妙悟的結果，孟的學問，遠不如韓，因爲妙悟之後，能作出「本色」、「當行」之詩，滄浪妙悟一詞之涵義，後人釋說紛如②，而於滄浪所云的實際，未曾深究，又於禪學未深入究明，故而有失。特就滄浪之意，禪家之義，予以說明。㈠滄浪言悟，以具「正法眼」爲前提，所謂正法眼者，能見正道之金剛隻眼——智慧之眼，於是方能悟第一義。蓋有此正見、正識，方不致陷於邪辟，復持此見以論詩，可為明證。嚴氏云：

夫學詩者，以識為主，入門須正，立志須高。……行有未至，可加工力，路頭一差，愈騖愈遠，由入門之不正也。……（滄浪詩話．詩辨）

蓋以識見之正為標的，方不致失鵠的而迷路轍，禪人之悟，以悟第一義為目標，其所以不偏誤者，以具「正法眼」之故。㈡妙悟即透徹之悟，以佛禪而論，乃開悟成佛、悟第一義者。就「妙悟」一詞的形成而言，「悟」乃「悟入」，「開悟」之意，妙係狀詞，以形容「悟入」，或「開悟」所達之境界，猶「妙法」、「妙音」等詞例，謂絕妙之悟，眞實之悟也。無門關云：

參禪須透祖師關，妙悟要窮心路絕。

禪人參禪，透過祖師關，當然是最高境界，「妙悟要窮心路絕。」謂妙悟要窮極「心路斷絕」——非思惟擬議所可至的境界，然非指「直尋而妙」，因為禪宗有「當下即是，擬向即乖」，固有直尋之意，但「當下即是」，雖然不容思惟擬議，但並非無知無識，易言之，乃慧識蘊於中，不經思惟擬議，從緣悟達，當下即得也。香嚴擊竹的開悟公案，足可證明：

鄧州香嚴智閑禪師，……在百丈時，性識聰敏，參禪不得。洎丈遷化，遂參潙山，山問：我聞汝在百丈先師處，問一答十，問十答百，此是汝聰明靈利，意解識想。生死根本，父母未生時，試道一句看？師被一問，直得茫然，歸寮向平日看過的文字，從頭要尋一句酬對，竟不能得，乃

自嘆曰：畫餅不可充饑。屢乞溈山爲說破，山曰：我若說似（示）汝，汝已後罵我去：我說的是我底，終不干汝事。（五燈會元卷九）

香嚴智閑，乃禪宗溈仰宗大師，此一段悟道以前之過程，正是思惟擬議的種種與境界，不足以言妙悟，也不足語第一義。

師遂將平昔所看文字燒卻，曰此生不學佛法也。且作箇長行粥飯僧，免役心神。乃泣辭溈山，直過南陽，覩忠國師遺跡，遂憩止焉。一日芟除草木，偶抛瓦礫擊竹作聲，忽然省悟，遽歸，沐浴焚香，遙禮溈山，讚曰：和尚大慈，恩逾父母，當時若爲我說破，何有今日之事？乃有頌曰：

一擊忘所知，更不假修抾。動容易古道，不墮悄然機。處處無蹤跡，聲色外威儀。諸方達道者，咸言上上機。（同上）

香嚴在放棄思惟擬議、尋求答案之後，反而在瓦礫擊竹聲裡，豁然開悟，當然係當下直尋之例，惟須加上從緣悟達的時空條件，而且所得非無識無知，即以前的思惟擬議的過程，亦非無潛在的影響，蓋如阿基米德因入浴而悟得幾何定律，必時時存心，契機內蘊，然後外緣引發，產生突然的悟解，正與香嚴的開悟，同歸一揆，事無別異。香嚴悟後的頌偈，所謂「處處無蹤跡，聲色外威儀。」正是頌明本體自性，處處存在——道無不在，而又超乎形體現象之外，無蹤無跡，在聲色之外，雖然不可見聞，而能領受其「威儀」的存在。也解答了溈山「生死根本、父母未生時，試道一句看」的問題。香嚴的開悟所得，潙山認爲「此子徹也」——此人開悟了，可是其高弟仰山，卻未肯苟同：

潙山聞得，謂仰山曰：此子徹也！仰山曰：此是心機意識，著述得成。待某甲親自勘過。仰後見師曰：和尚讚嘆師弟，發明大事，你試說看？師舉前頌，仰山曰：此是夙昔記持而成，若有正悟，別更說看？師又成頌曰：去年貧，未是貧。今年貧，始是貧。去年貧，猶有卓錐之地，今年貧，錐也無。仰曰：如來禪許師弟會，祖師禪未夢見在！師復有頌曰：我有一機，瞬目視伊。若人不會，別喚沙彌。仰乃報潙山曰：且喜閑師弟會祖師禪也。（同上）

潙山、仰山，係潙仰宗中開宗立派人物。仰山的勘印，足以顯見香嚴的機鋒，關於如來禪和祖師禪的分別，此一公案的識解，涉及多方，惟與本文之主題關涉甚少，故不探論。（請參閱拙作「禪學與唐宋詩學」二三二—二三三）但可顯見香嚴未悟之前，以思惟擬議求解的窘迫情況，悟道之後，了徹無餘，於質疑答話之時，從容肆應，橫縱自如，著語皆當之妙境，前後對比，而妙悟之義以見。㈢援禪人妙悟之義以論詩理，則「詩道亦在妙悟」，妙悟之後，詩作方能「當行」、「本色」。滄浪舉孟浩然、韓愈之詩爲例，正以退之以才學文字爲詩，以議論爲詩，不是詩的「本色」、「當行」。滄浪云：

詩者吟詠情性者也，盛唐諸人，惟在興趣，羚羊掛角，無跡可求。故其妙處，透徹玲瓏，不可湊泊，如空中之音，相中之色，水中之月，鏡中之象，言有盡而意無窮。近代諸公，乃作奇特解會，遂以文字爲詩，以才學爲詩，以議論爲詩，夫豈不工，終非古人之詩也，蓋於一唱三嘆之音，有所歉焉。………（見滄浪詩話．詩辨）

原乎滄浪之意，盛唐諸人之詩，乃妙悟之後，「當行」、「本色」的作品，故「無迹可求」，故透徹玲瓏，此「當行」、「本色」，即在「言有盡而意無窮」上，孟襄陽正可爲代表；其後作「奇特」會之詩人，失去此「當行」、「本色」，故以文字、才學、議論爲詩，此宋詩之病，正始於退之也。以上所敘，應是「妙悟」和援「妙悟」以論詩的確解。

以禪人之悟，建立詩學理論，固然集大成於嚴羽，垂其重大之影響於後世。但滄浪之前，持此論詩者，繁有其人，乃嚴氏之先驅，亦風氣傳播之故。例如：

作文必要悟入處，悟入必自功夫中來，非僥倖可得也。如老蘇之於文、魯直之於詩，蓋盡此理矣。（詩人玉屑卷五，呂氏童蒙訓）

須令有所悟入，則自然度越諸子，悟入之理，正在功夫勤惰間耳。如張長史見公孫大娘舞劍，頓悟筆法，如張者，專意此事，未嘗忘胸中，故能遇事有得，遂告神妙。使他人觀舞劍，有何干涉？非獨作文學書而然也。（詩人玉屑卷五）

學詩如學佛，教外別有傳。室中要自悟，心地方廓然。……（李處權崧庵集卷二、戲贈巽老詩）

山谷老人此四篇之藁，初意雖大同，觀所改定，要是點化金丹手段。又如本分衲子參禪，一旦悟入，舉止行色，頓覺有異，超凡入聖，祇在心念，不外求也。……（張元幹蘆川婦來集卷九、跋山谷詩藁）

所以前輩有學詩渾似學參禪之語，彼參禪固有頓悟，亦須有漸修始得。頓悟如初生孩子，一旦

而肢體已成，漸修如長養成人，歲長而志氣方立。……（包恢敝帚藁略卷二、答傅當可論詩）

凡作詩如參禪，須有悟門。少從榮天和學，嘗不解其詩云：多謝喧喧雀，時來破寂寥。一日於竹亭中坐，忽有群雀飛鳴而下，頓悟前語，自爾看詩無不通者。（吳可藏海詩話）

文以文而工，不以文而妙，然舍文無妙，勝處要自悟。（姜夔白石道人詩說）

綜上所引，可見「悟」的主張，爲宋人的同然之見，由李處權、張元幹、包恢、吳可之言，其根源之所自，無不出自禪人，即呂居仁之言，似與禪宗無關，然其影響，亦自禪宗，蓋居仁即耽於禪之人。惟至滄浪，始張大其說，多方寓論，形成系統，而聳動後世，垂影響於無窮。

五、以「法」「悟」論詩引發之問題及影響

自宋以後，以「法論詩」，進而以活法論詩，再進而以無法論詩，其根源與影響之所自，亦可得而言，蓋均受佛禪思想的影響爲最巨。例如徐增云：

宗家每道佛法無多子，愚謂詩法雖多，總歸於解數起承轉合，然則詩法亦無多子也。（而庵詩話）

是明言以禪人所言之佛法，以比論詩法。所謂佛法無多子，不外悟入，眞空妙有，三法印、十二因緣，故詩人比照而歸納之，是以徐增倡言起承轉合也。明周子文云：

李夢陽曰：古人之作法雖多，前練者後必密，半闊者半必細，一實者一必虛，疊景者意必二。

（見蓋藪讀宗卷四）

皆係就佛法無多子之意，提要鈎玄，以得簡明重要之法。然而禪人求悟，在能去法縛而得活法，兀庵普寧云：

從上佛佛授手，祖祖相傳，只貴所得所證，正知正見，廓然蕩豁，徹見本源，方謂之正見正知，繩繩有準，法法融通，或於十二分教明得者，或於教外明得者，或有未舉先知，未言先領者，或有無師自悟者。……（兀庵和尚語錄．示松島圓海長老書）

所謂「法法融通」，以及所舉不同之開悟情況乃無定法、活法之意，躍然可見。佛果圜悟云：「死水裡浸殺，以實法繫綴人。」雲章悅云：「雲門氣宇如王，甘死語下乎，澄公有法遠授人，死語也，死語能活人乎？」可見執著於假言之法以爲實法，乃死水浸殺之死法，死語、死句，亦即死法之意，而無定法之活法，乃活句、活語之意，方能徹悟而發明大事。詩人受此影響，而以活法論詩，呂本中云：

學詩者當識活法，所謂活法者，規矩具備，而能出於規矩之外，變化不測，而亦不背於規矩也。是道也，蓋有定法而無定法，無定法而有定法，知是者則可與言活法矣。謝元暉有言，好詩流轉圜美如彈丸，此眞活法也。（劉克莊江西詩派小序引呂紫薇夏均父詩集序）

詩人的定法，即所謂的「規矩」，凡聲律、對偶、章法、句法、字法，有規矩、法則可循者，謂之定法；禪人悟道，不由一定之「理入」、「行入」，如香嚴之擊竹開悟，靈雲志勤的見桃明心③，越山師鼐覩日光悟道④，神照本如因四明尊者喝呼其名而領悟⑤，其他如看公案而開悟者更多，「處處逢歸路，頭頭達故鄉。」有何定法？不死守一法，而由無定法之活法以領悟。詩人亦然，規矩具於心，定法已得，卻能神而明之，不拘於法，變化不測，靈活運用，而又不背於法，而得活法，趙章泉詩云：「活法端須自結融，可知琢刻見玲瓏。」「結融」自係指於法能融會貫通而活用。詳參活法之意，乃由有法而歸於變化無定，一則不拘礙於法；二則由法出法，變化不測不已；三則文成法立，似乎無法；如徐增所云：

余三十年論詩，祇識得一法字，近來方識得一脫字。詩蓋有法、離他不得，卻又即他不得，離別傷體，即則傷氣。故作詩者，先從法入，後從法出，能以無法爲法，斯之謂脫也。（徐而庵詩話）

察其所言，作詩必由法入手，然所謂「脫」者，則不爲法縛，靈活變化之謂也，所謂「離他不得，卻又即他不得」，正係此意，以「無法爲法」，有以無定法之活法爲法之意。後之論詩者，殆無不受此「法」與「活法」之影響，王夫之云：

起承轉收一法也，試取初盛唐律驗之，誰株守此法者，法莫要於成章，立此四法，則不成章矣。且道盧家少婦作何解？是何章法？又如火樹銀花合，渾然一氣；亦知戍不返，曲折無端；其他或平鋪六句，以二語括之；或六七句意已無餘，末句用飛白法颺開；義趣超遠，起不必起，收不必收，乃使生氣靈通，成章而已。（夕堂永日緒論）

船山有見於起承轉合之法，更有見於前人不受此法束縛之事實，所謂「起不必起，收不必收，乃使生氣靈通，成章而已」。正係靈活運用之意。於是以法論詩之餘，尤以活法論詩，幾成爲同然之見。沈德潛、袁枚云：

詩貴性情，亦須論法，亂雜而無章，非詩也。然所謂法者，行所不得不行，止所不得不止，而起伏照應，承接轉換，自神明變化於其中。若泥定此處應如何？彼處應如何？不以意運法，轉以意從法，則死法矣。試看天地間水流雲在，月到風來，何處著得死法？（說詩晬語）

古人文成法立，未嘗有定格也，傳人適如其人，述事適如其事，無定之中有一定焉。知其意者，旦暮遇之，不知其意，襲其神貌，神勿肖也。（小倉山房文集·覆家實堂書）

均承認有法，又注重無定法——活法之重要，而反對死守一法之死法。

由有法而倡活法，由活法更進而主張無法，亦出自佛禪。禪人未開悟之先，有修有證，必依於法；大徹大悟之後，則無待於法，而無法之主張以出：

若悟自性，亦不立菩提涅槃，亦不立解脫知見，無一法可得，方能建立萬法。（見六祖壇經）

自性自悟，頓悟頓修，所以不立一切法，諸法寂滅，有何次第？（同上）

我宗無語句，亦無一法以與人，若有一法以與人，亦成斷常之法，非正法也。（兀庵和尚語錄·示松島圓海長老書）

禪人未悟入之前，依佛求道修持，此爲「有法」之階段；徹悟之後，得大圓鏡智，非由一法而得，由體起用，萬法由此無法而生，故形成「無法」之觀念。隨禪宗之弘傳，此一觀念，進而影響詩人之論詩。詩人作詩，非無法度可尋，然成詩之後，無法度可窺，如劉夢得稱白樂天之詩云：「郢人斤斲無痕迹，仙人衣裳棄刀尺。世人方枘欲相從，行盡四維無覓處。」所謂「無痕迹」、「棄刀尺」蓋形容其作品之天然渾成，「行盡四維無覓處」，謂無法得其成詩之法也。竹莊詩話因而論之云：

若能如是，雖終日斲而鼻不傷，終日射而鵠必中，終日行於規矩之中，而迹未滯也。山谷嘗與楊明叔論詩，謂以俗爲雅，以故爲新，百戰百勝，如孫吳之兵，棘端可以破鏃，如甘蠅飛衛之射，捏聚放開，在我掌握，與劉所論，殆一轍矣。（見卷一）

所謂「終日行於規矩之中，而迹未嘗滯也。」正得詩人作詩，由法而達「無法」無滯之境界，如是方可化俗爲雅，由故出新。即徐增所云之意也：

故作詩者，先從法入，後從法出，能以無法爲法，斯之謂脫也。（徐而庵詩話）

是「無法」之意，一謂不拘於法，而能靈活運用之「活法」，一謂創作之時，雖規矩具於胸中，而無法之意念與拘限，不見有法，而成其「無法」之用，如輪扁之運斤，仙衣之棄刀尺，又王世貞云：

謝茂榛論五言絕，以少陵日出籬東水作詩法，又宋人以遲日法山麗⑥爲法，此皆學究教小兒號嗄者。若打起黃鶯兒，莫教枝上啼。啼時驚妾夢，不得到遼西。與山中何所有？嶺上多白雲。只可自怡悅，不堪持贈君一詩。不惟語意極其妙而已。其篇法圓緊，中間增一字不得，著一意不得，一結極斬絕，然中自舒緩，無餘法而有餘味。（見全唐詩說）

此一舉敘，正足以見「郢人斤斲無痕迹，仙人衣裳棄刀尺」之理證，與杜甫詩較，顯然杜詩工於寫景，皆用對句，對偶工穩，有法可循可效，至於舉二詩，則天然渾成，而又境界高遠，不著意而意藏句中，情餘言外，故云「篇法圓緊」，而又云「無餘法而有餘味」，對以守少陵五絕之法而言，乃「無法」矣。然而得有餘味者，賴此「無餘法」也。此「無法」之見，影響非淺，王夫之云：

若果足為法，烏容破之。非法之法，則破之不盡，終不得法。詩之有皎然、虞伯生、經義之有茅鹿門、湯賓尹、袁了凡，皆畫地成牢，以陷人者，有死法也。（夕堂永日緒論）

夫之「非法之法」，即「無法之法」之意，即六祖「無一法可得，而建立萬法」，比詩於禪，而作此主張也。蓋主一法，便囿於此法，僅能得此一法之用，惟無法而依體起用，由理出法，或不拘一法而用法，方能成其用，王夫之復推而論之云：

死法之立，總緣識量狹小，如演雜劇，故有花樣步地，稍移一步則錯亂。若馳騁康莊，取塗千里，用此步法，雖至愚者不為也。（同上）

乃指守一法而成死法，故不如無一法而馳奔萬里。無法者，非廢法不用，不拘泥於法，不死守一法之意，而卒成其法用，袁枚云：

宋史嘉祐間，朝廷頒陣圖以賜邊將，王德用諫曰：兵機無常，而陣圖一定，若泥古法以用今兵，慮有僨事者。技術傳：錢乙善醫，不守古方，時時度越之而卒與法會。此二者皆可悟作詩之道。（隨園詩話卷五）

由子才所舉，正足以見不拘泥於法，不死守一法，而成其法運之意。「活法」、「無法」論詩，略如上述，而其根源，則同出於禪人之徹悟，佛果園悟云：

若能透過荊棘林，解開佛祖縛，得箇穩密田地。諸天捧花無路，外道潛窺無門，終日行而未嘗行，終日說而未嘗說便可自由自在，展啐啄之機，用殺活之劍。（碧巖錄卷二）

高者抑之，下者舉之，不足者與之。在孤峰者救令入荒草，入荒草者救令處孤峰；汝若入鑊湯爐炭，我亦入鑊湯爐炭，其實無他，只要與汝解粘去縛，抽釘拔楔，脫卻籠頭。（碧巖卷八）

這是禪人徹悟的妙用妙境。是故「活法」、「無法」之理念，均由徹悟中來，周孚云：

夫前輩所謂活法，蓋讀書博，用功深，不自知其所以然而然，故活法當自悟中入。……（見蠹齋鉛刀編卷十八寄周日新簡）

蓋徹悟之後，有法皆活，死蛇活弄，故能運用自如。夫能由無法而建立萬法，成其無法之用，亦在徹悟，吳喬云：

問曰：此說古未有也，何從得之？答曰：禪家問答，禪人未開眼，有勝負心。詩人未開眼，不知有自心自身自境，墮於聲色邊事者，皆循末而忘本者也。（見逃禪詩話）

是以禪人之「開眼」——徹悟，以明詩人徹悟，抉發此一理念之根源。詩人悟後，方知有自心自身自境之爲本，遂不外求，亦不從人之後，亦無取法用法之觀念，而以自心自身自境爲本，抒發爲詩，亦不待法矣，故而「無法」能成其用，苟不徹悟，則兢兢焉守法尚恐不逮，敢起無法之念乎！由上所述，可見「活法」、「無法」於論詩影響之烈，及其思想內涵淵源之所自矣。

參詩之法，自宋以來，大爲盛行，亦由禪人參禪而來，與悟更密切相關，蓋禪者悟道，幾無不由參禪參訪也。溈山警策云：

若欲參禪學道，頓悟方便之門，心契玄律，研幾精要，抉擇深奧，啓悟眞源，博問先知，親近師友。

這位溈仰宗的建立者，已將「參禪學道」，與「頓悟方便之門」，緊密聯結，而參禪之意，大致如丁福保所云：

凡禪門集人爲坐禪説法念誦，謂之參，參者交參之義，謂衆類參會也。故詰旦升堂，謂之早參，日暮誦念，謂之晚參，非時説法，謂之小參。凡垂語之尾多用參語，言參外妙旨之意也。（佛學大辭典卷中．參禪條）

就參之形式言，乃集衆説法參請之意，因而有早參、晚參、小參之名，就內容而言，乃參求師長道侶言外之妙旨。然此外亦有參公案語錄之獨參活動，其所參者，乃前人悟道之由，冀由人之悟，以開已之悟，故錢伊庵云：

黃祖示草堂清風旛話，久不契。龍曰：子見貓捕鼠乎？目睛不瞬，四足踞地，諸根順向，首尾一直，擬無不中。子誠無異緣，六根自靜，百不失一。師摒去閑緣，歲餘忽悟。……（見宗範徹參篇）

所舉乃黃龍慧南與祖心禪師參六祖風動旛動、仁者心動之公案，因而徹悟，「此即單研一句話頭，一則公案，一悟一切悟樣式也。」（同上）在滄浪以前，以參禪比之參詩，極爲普遍：

東坡跋李端叔詩卷云：暫借好詩消永夜，每逢佳處輒參禪。蓋端叔詩用意太過，參禪之語，所以警之云。（詩人玉屑卷六・用意太過條）

要知詩客參江西，政如禪客參曹溪。（楊萬里誠齋集卷三十八，送分寧主簿羅宏材秩滿入京）

正係借禪客參禪，以之參詩，東坡既稱端叔之詩爲好詩，自係以參禪之法求其佳處，意義甚明，實無譏警之意。參詩一如參公案、話頭，以求悟解而通徹：

凡作詩如參禪，須有悟門。少從榮天和學，嘗不解其詩云：多謝喧喧雀，時來破寂寥。一日於竹亭中坐，忽有群雀飛鳴而下，頓悟前語，自爾看詩無不通者。（吳可藏海詩話）

打起黃鶯兒，莫教枝上啼。啼時驚妾夢，不得到遼西。人問詩法於韓公子蒼，子蒼令參此詩以爲法。汴水日馳三百里，扁舟東下更開帆。旦辭杞風微北，夜泊寧陵月正南。老樹挾霜鳴窣窣，寒花承露落毿毿。茫然不悟身何處，水色天光共蔚藍。此韓子蒼詩也，人問詩法於居仁，居仁令參此詩以爲法。熟讀此二詩，思過半矣。（詩人玉屑卷六・意脈貫通條）

是皆以參禪之法，熟參一詩，以求徹悟，快人一語，快馬一鞭，一了百了，一悟一切也。有了徹悟，則如禪人之得正法眼藏，而起大用：「玄玄了了，非心非想，信手拈來，頭頭是道。」是以韓子蒼云：

學詩當如初學禪，未悟且遍參諸方。一朝悟罷正法眼，信手拈出皆成章。（陵陽集卷二）

詩人因參得悟之後，如禪人之得大自在、大神通，而有「信手拈出皆成章」之妙用。韓駒作俑之後，以「學詩渾似學參禪」爲題詠甚多，幾無不著眼在悟：

學詩渾似學參禪，竹榻蒲團不計年。直得自家都省得，等閒拈出便超然。（詩人玉屑卷一·南濠詩話）

學詩渾似學參禪，悟了方知歲是年。點鐵成金猶是妄，高山流水自依然。（同上）

前一首爲吳可之作，後一首乃龔相之詩，皆在滄浪之前，可見滄浪參詩之說之所本矣。參詩的目的，即在求妙悟。皆援禪理，以建立詩論，其脈絡、內涵、影響，固極分明也。

六、結論

前人論詩，唐宋以前與唐宋以後，截然不同，唐宋以前均著眼於六義四始，詩序詩義、詩教詁訓，唐宋以後，多言詩法，悟解，進而開出「活法」、「無法」等主張，參詩妙悟之理論，如涇渭之分流，乍視之而感詫異，細按之而知原由。蓋佛禪盛行，薰炙天下之後，其理念內涵，遂影響詩論，「禪是詩家切玉刀」，尤以禪學爲甚。詩人作詩，固待詩法以成章，尤待「活法」以成其用，「無法」以建立萬法而見其高，其關鍵在一悟字。禪人迷則滯凡，悟則成聖，迷悟之間，形成毫釐有差，天地懸隔之別異，詩家似之，故謝榛云：

栗太行曰：詩貴解悟，人只有偏全，斯作有高下。古人成家者如得道，故拈來皆合，拘拘於迹者末矣。（詩家直說卷四）

是不解悟則不足以言詩，滄浪拈出妙悟，實深得精髓，於是方可「言法」，方可言「活法」，方可言「無法」。禪人何以能妙悟？厥推參禪，禪人參禪以求悟道，詩人參詩以求悟詩，其揆一也。其法徑直而效宏，故嚴氏云：

久之自然悟入，雖學之不至，亦不失正路，此乃是功夫從頂顊上做來，謂之向上一路，謂之直截根源，謂之頓門，謂之單刀直入也。（滄浪詩話·詩辨）

全然依宗門之參禪頓悟立說。垂其影響於千百年後。惜乎宋元以後，禪學不振，幾乎彩散香銷，因而依禪理建立之詩論，亦隨之晦黯難明，故特爲抉發，以就教於博雅。

（本文發表於第三屆「法住學術會議」佛教文學國際會議）

【附註】

① 龔鵬程氏有「論法」一文，刊見古典文學第九集（三七七—四〇二頁）。惟偏於傳統的字義、詞彙與思想、內涵以立論。且於法、悟之間的重要關係，未有深入析論。蓋宋人之言法言悟，實受佛禪之影響爲獨多，以傳統的字義、思想內涵求之，非瑩澈之見也。

② 黃景進氏著有「嚴羽及其詩論之研究」（文史哲出版社出版），總述前人言滄浪「妙悟」之義（一六七—一七七頁），共有五義，計有甲以「形象思維」釋「妙悟」；乙「妙悟」等於「悟入」，即領悟到詩歌藝術的特殊規律；丙「妙悟」指創作上「運用自如，豁然無礙」的境地；丁「妙悟」指詩境的醞釀；戊「妙悟」即

直覺：黃氏皆一一加以案評，甚多持平見理之言。惟其言：「『妙』者因其直尋而妙，悟者覺也。」，與「嚴羽之以禪喻詩其實只是就悟的形式言，而未牽涉到悟的內容」，則有錯用名言之失，「直尋而妙」，非禪家妙悟之意，乃禪人妙悟之法，蓋禪者之求悟，以不涉思惟擬議──所謂思而知、慮而解，鬼窟裡作活計，乃「直尋而妙」也，係以此爲方法，而非究竟。

③ 見宋釋普濟五燈會元卷四。志勤爲長慶大安之弟子。

④ 見五燈會元卷七、師鼒乃雪峯義存之弟子，因於清風樓赴閩王之齋宴，覩日光而開悟。

⑤ 見五燈會元卷六。其法系不詳。

⑥ 此二詩皆杜甫之作，原詩爲「日出籬東水，雲生舍北泥。竹高鳴翡翠，沙僻舞鵾雞。」「遲日江山麗，春風花草香。泥融飛燕子，沙暖睡鴛鴦」。

附錄

一、「禪學與唐宋詩學」序

余甫離襁負，慈氏即教吟唐詩，依聲學唱，已感其音韻適於脣吻，不覺其難。及後逃秦海外，馳驅兵間，謀生奔走之不暇，何能深究風雅？逮入上庠，重溫舊課，深悅王摩詰之詩，而言詩者多論其詩深具禪趣，超入玄微，難以言釋，余此時於禪學仍無所知，雖深入尋究，迄未有得，然此志未稍輟也。至入師大博士班，乃從事禪學與詩學之探究，務使禪明而詩明，並承高師仲華、林師景伊之指導，窮數年之力，先出入於禪宗典籍之中，凡藏經所收，近人之作，幾無不研讀，再披覽唐宋人之詩集，考其受禪學之影響者如何？復繙閱古今詩話，頗盡披沙揀金之功，摘抄之卡片，數已逾萬，而影印及坊間有書可購者尚不與焉！其間從巴師壺天問禪學，於公案語錄，頗有一得，深入探求，竭盡全力，致有忘倦忘寢者，亦不意能成斯篇也。

余深求冥索之後，深感無禪學即無宋代理學。（詳見拙作宋代理學與禪學之關係一文，孔孟學報第三十期）無禪學則唐宋之詩亦不能有高玄意境，而尤影響於論詩評詩，惟詩禪之牽合，則肇端於禪祖師，其後水乳相融，則如元遺山所云：「詩爲禪客添花錦，禪是詩家切玉刀。」余撰「禪學與唐宋詩學」

一文，第一章略述禪宗之成立，自達摩以迄五宗二派，歸納分析，使各家各宗之學，形成體系，又進而探知六祖以下，以思想揆之，則石頭曹洞爲一系，馬祖下而臨濟、潙仰、雲門同流，法眼則出入二者之間，且有與教下混合之勢。佛教入道之門，不外理入行入，達摩所傳，亦不越此二者，然六祖之後，大抵不主理入，亦不由行入，而以無污染，以不修之修，以無定法爲入道之門，宗門教下大異之處，端在於此；其他如臨濟棒喝，楊岐三腳驢，黃龍三關，古今無釋說之公案，亦詳爲證論，雖未敢必其爲定說，然亦非苟爲異說也。影響兩宋禪學最大者，爲「默照」與「看話」之爭，既加考述，復論其使禪由無定法而成定法，導致衰微，幾成散采銷聲，亦可慨已；並述禪學之特性及影響，以爲本章之結束。第二章爲唐宋詩學述要，探論唐詩興盛之原委時，揭出佛禪之影響，以見梁任公等「新民族的創造力」說之未妥善；復論唐宋詩之特性，並於唐宋詩學述要一節中，特闡明唐人選唐詩與詩學之關係，以見唐人論詩之著眼點，蓋此爲論詩者鮮言之故也。第三章爲以詩寓禪，首疏述禪學與詩學融合之經過，以見源流，次就禪人之詩，分示法詩、開悟詩、頌古詩、禪機詩四類，選菁釋明，禪人之詩，合逾萬計，實多清音，而詩選唐宋者，均未之及，蓋不知禪之語錄、公案，亦不足知其詩，本章亦稍發其幽光耳。第四章爲以禪入詩，唐宋才人詩家，參禪悅禪者不可指數，故以禪理、禪典入詩者，比比皆是；因涉及禪事而成詩者，更繁有其人；至於禪趣詩，古今詩人皆知其佳，而多不知其所以佳，深入證說，著此四類，亦聊爲論詩者參究之助耳。第五章論禪學與詩學之合流，既闡明二者有性質上之同異，乃進論宋人以參禪之法學詩，其要見於論詩之詩十餘首，乃就禪學深加析辨，以明其眞義；又述禪宗公案與詩話，禪學宗派與詩學宗派之關係，雖前人之所未言，深求理證，暢其說而後止，然後江西詩派之底蘊，方回一祖三宗之說以明，此則一得之見也。第六章爲結論，係以禪明詩著眼之所在：首論司空圖與嚴羽以禪論詩及其影響，余得表聖之香嚴長老贊、休休亭題記及狂題十八首，而後確定其思想出於溈仰宗，二十四詩品，前修解者雖多，會者實少。楊廷芝以無極而太極，太極而無極以爲釋說，已昧於時代之先後，蓋此理念至北宋中期方有也，朱東潤分二十四品爲數大類，亦昧於表聖以「同品定有性」，「異品定無性」之立品之理。余以禪學考之，然後知表聖乃取「空」「有」對待之理，如動之與靜，悲之與喜，二十四品每二品相對而成，又摹神取象，以頌詩之體，表顯詩之最高意境，殆可發表聖之微旨歟；嚴羽以禪喻詩，有「學漢魏與盛唐者，臨濟下也，學大曆以還之詩者，曹洞下也」之語，自馮班而下，無不詆諆，以爲臨濟曹洞之禪學，並無高下，而滄浪妄定高下，以爲嚴氏不知禪，至郭紹虞等均認係定說，余初亦深信而不疑，及研求禪學，略有所得，乃知滄浪在以臨濟參禪之法，以學漢魏與盛唐之詩，以曹洞學禪之方，以學大曆以下之詩，著重在一學字，滄浪言之固甚明也。又嚴氏詩話之著眼，在暗排江西，明攻四靈、江湖，而欲回至盛唐之正，其開出妙悟一法，亦深闡其幽旨，或能得嚴氏之用意；通禪於詩之精義，除表聖滄浪所言之外，尚有多端，故論禪與詩同具廣被性；禪理與詩理，均有圓融性；進而因石頭希遷之參同契，悟得詩學上「明暗交參」之理，詩人之才性學養，乃詩中不可見之「暗相」，非不存在也。詩乃詩人才性學養結晶之「明相」，顯而可知，作詩論詩，必兼及此明暗兩面也，一詩之中，亦復如此，凡詩之格律等乃詩之「明相」，易見易知，凡詩之意境等，乃詩中之「暗相」，難見難論，合此二者而成詩，然後知明人格律與性靈之爭，乃各落一邊，而神韻之說，乃合中道。又由曹洞正偏五位之正中偏、偏中正、正中來、兼中至、兼中到，以立學詩而至明詩與夫成大家之五歷程，然後知古今論詩之言，有爲初學說者，有爲學詩有成者道者，有爲成大家而立論者，均一一知其落處矣，竊以爲此數者關係詩家非小，故言之較詳；復以禪人清靜體道，重天才，與其出語之不背不觸與不脫不粘，參禪之死法活法、死句活句，通之詩人之創作；取禪人之直覺參禪，拈出、翻案，宗派等，達之詩之批評，庶幾以盡「禪是詩家切玉刀」之義矣。然以限於才性，窘於見知，局於識度，所言或不免理有未當，言有乖宜者，惟求師長暨海內外博雅君子，不棄愚拙，進而正之耳。

杜松柏識於臺北知止齋六十五年十月二十日

二、「禪與詩」序

在我寫博士論文的時候，接觸了沉潛藏經裡的禪詩，這些禪苑花錦深深地吸住了我。白居易的「篇篇無空文，惟歌民生病。」詩人能做到的很少，即使懸此以爲詩歌創作正鵠的白氏，今讀其詩集，亦歉然而感其不足，可是禪人的詩，幾乎做到了「篇篇無空文」，琳琅篇什，都著眼於寓理說禪。近人以哲理詩人的桂冠，送給印度的泰戈爾，我覺得禪詩中的大家如永嘉大師、雪竇重顯、丹霞子淳、天童正覺、投子義青，才眞正不辜負這一名號。尤其是頌古聯珠通集和宗鑑法林，收的全是頌古詩，一方面頌明古人的公案，一方面表達了自己的悟境，不但玄言奧義，英辭麗藻，芳流齒頰，餘味無窮，即使粗豪俚俗者，亦文外寓意，與世俗詩人「憐風月、狎池館」和無病呻吟之作，相去亦極玄遠，設使泰戈爾讀之，不知是否會起自愧不如的感覺。這些禪苑花錦的不爲人知，是亦深有緣故：一是唐宋以後，禪學消沉，教禪混合，禪宗失去了原有的特性，因而釆散聲銷，連帶而及禪詩，如明珠蒙垢，溷落在經藏之中。二是禪宗不立文字，遂以爲禪無言語道說、文字表顯的可能。誠然自性妙體，無主、客、能、所的對待，無能說與所說的餘地，所謂「說似一物即不中」；就體道開悟而言，要摒除情識意想，如愚如鈍，潛符默證，即所謂「言語道斷，心行處滅」；除此不能說者和不能說的時候以外，均可商量參究，故禪宗祖師的各種語錄解說，如雲如雨，因爲「妙高峯」上，不容商量，第二峯頭，則許「私會」，而禪詩又係以形而下者，比喻形而上者，惜以有不立文字的誤認，致遭輕忽。三是歷來詩人，多輕視方外的詩，蘇東坡譏惠通：「氣含蔬筍到公無？」即係一例，故詩人所知者，大致不外詩話所論及的禪人詩，爲數不過萬分或千分之一。合此三者，致使禪家詩晦而不彰。在詩的國度裡，失此奇珍，不但是缺事，也是恨事，故「禪與詩」的撰作，即在以顯前人的幽光，還明珠以綺彩。然尚應瞭然於禪宗的特性，禪宗與中國學術藝文的影響，頌古詩的形成，禪詩在理趣詩中的地位，方能知本能源，不致誤解執著，影響對禪詩的瞭解。

一、禪宗的特性：禪宗是中國宗教史上，最神秘最奇特的佛教宗派。以禪宗的建立及發展而言，達摩來華，方告建立，大約在梁代，其始是每代單傳，至五祖弘揚，然後南宗北派，挺秀於時，五宗二派，蔭遍天下，禪宗以一人傳法的小宗，在數百年之間，成爲與整個佛教抗衡，且有勝過之勢的大宗派，這一事實，不但引人注目，而且富有傳奇性，是必禪宗之特性或傳授方法，有超追教下之處，方能有這種成績。以法統教義的傳播而言，佛教以佛、法、僧構成傳法的系統，建立道場，形成修道的環境，而以理入和行入爲修道的方式，所以注意名相，依經解義，打坐唸佛，講究止觀；禪宗卻於理入行入以外，開出無數的方便法門，以直指人心，不污染「本心」爲基礎，以「無心」合道，自悟自證爲方法，於是擊竹渡水可以開悟，見桃見日，可以明心，聞雷鳴，聞喝道，聞青蛙入水，可以入道，以至用棒用喝，揚眉瞬目，豎拂張拳，劃圓相，參公案話頭，迷則滯凡，悟則成聖，既神秘而又方便，使禪宗成了「誘人之宗」。自中華文化的發展而言，佛教僧侶的出世生活方式，已違反了國情，經卷所用的名相，仍沿天竺，可是禪宗的「一日不作，一日不食。」已使生活世俗化，而且使用的名相，極多數沿用中土，不但雅俗兼取，而且儒、道各家、史語詩句並用，使禪理與中華文化相融，自然易使人愛悅。合此數者，有以見禪宗的特性，其所建立，自非佛教其他各宗所能比論。

二、禪宗與中國學術藝文的影響：禪宗到六祖慧能方大，五宗二派，都是曹溪禪的開展結果。曹溪「一滴水」，形成了「巨浸稽天」之勢，不止是震驚佛教人士，餘波漸及於中國的學術和藝文，以學術而言，禪宗影響宋明理學甚大：禪宗有了語錄，道學家才有語錄；禪宗有了公案，道學家才有學案；禪宗樹立宗統，道學家才建立道統；暗中影響於宋儒甚大，在宋元學案中論某某溺於禪，比比皆是，以至論宋明理學，則不能不涉及禪宗。以藝術而言，王維的雪裡芭蕉，即在表現「大死一回」的禪意，畫家以黑爲母色，以白爲子色，很明顯地受曹洞宗的影響，曹洞宗是以黑色表現本體界，以白色象徵現象界，墨分五彩，也是依照曹洞的五位而分出，進而形成以禪論畫。以詩而言，禪人以詩寓禪，於是詩人以禪入詩；禪家有語錄，詩人有詩話；禪宗建立宗統，詩人建立了詩派——江西宗派；禪人有禪境，詩人如司空圖，乃論詩的意境，嚴羽等更進而以禪論詞，禪人的詩詞，且爲中國文學綻放異采，此蓋關係藝文之大者，可見禪宗影響的深遠，已不止於宗教這一方面。如果禪學不明，則於前人談文論藝的精言妙義，無法作深切的瞭解，是以馮班的滄浪詩話糾謬，郭紹虞的滄浪詩話校釋，於嚴羽以禪論詩，妄加詆諆，朱東潤的司空圖詩論綜述，誤解實甚（說詳拙著禪學與唐宋詩學第六章），故附唐宋詩中的禪趣問題，禪家宗派與江西詩派於本書之末，以見禪學影響詩學的一斑，也可視作本書禪與詩的結論。

三、頌古詩的形成：唐宋詩人的詩林藝圃之中，禪家詩佔了一個相當的地位，雖不足以奪李白、杜甫、蘇軾、黃山谷諸人的席位，但至少是詩中的別調。依個人的大略估計，除了如皎然、齊己、貫休、寒山等有詩集傳世的以外，禪家的詩作，當在一萬首以上，言唐宋詩者，幾乎不知有這一類的作品，任其藏匿在宗門言錄典籍之中，雖然有不少的人知道神秀慧能的偈詩，也不過詩以人傳，即使經當時詩人推論的詩和詩話偶爾論及的詩，也很少能眞正明其義蘊，至於以詩寓禪，融合禪公案與詩為體的頌古詩，則更少人知曉，筆者「禪與詩」一書的撰作，即著眼於此。

唐宋是中國詩歌的黃金時代，也是禪的黃金時代。以詩而言，唐朝詩人除了能以詩取進士第，登仕祿之途以外，在唐太宗以詩興教的鼓勵下，歷代君主王侯對詩人備極崇獎優容，影響所及，使社會大衆，幾全是詩的欣賞者，一首好詩，一聯佳句，能轟傳天下，名滿宇內，這是禪人以詩寓禪的時代背景。禪宗於此時亦大振宗風，形成了宗門教下抗衡之勢，而禪理禪境，又有不可言說的部份，為了繞路說禪，說而無說，於是借比興的詩體，以寓無上的妙道，因爲比興之詩，能扣住詩題，「不背」、「不觸」，又能隱約象徵，妙傳曲恉，而「不脫」、「不黏」，不落言詮，不涉理路，表顯所欲表達的機境，神秀慧能不過是始作俑者，禪宗盛行以後，詩人與禪師接席，目接機境，耳聞轉語，於是以禪入詩，詩與禪本不同條共枝，似乎冰炭不可同爐，然一經融合之後，則如同投水乳於一砵，進一步而發展爲頌古詩，成爲詩中的異體。

禪家詩有頌古一類，乃禪人或取語錄，或取公案，或以拈古，或舉古則，以詩的形式，發明前人的玄理奧義，自己的體察受用，如宋圜悟禪師碧巖錄所云：「大凡頌古，只是繞路說禪。」故頌古詩包括了兩大部份，一是禪理禪機，一是詩法詩義，而公案、語錄，則是這首頌古詩的題目，故從這二方面釋說，才能禪明而詩明，詩通而禪通。頌古詩雖起源自佛經中的偈語，但受了近體詩的影響，風神韻味已大有不同。禪人致力於頌古詩的創作，固可追溯至曹洞宗的建立者曹山本寂，他讀傅大士法身偈，便作頌詩，以闡明奧義（見撫州曹山本寂禪師語錄卷上），臨濟的再傳弟子紙衣和尚，以頌古詩頌明臨濟義玄的四境（見五燈會元），入宋以後，汾陽善昭和雪竇重顯，方有頌古詩專集，收詩最多的，則推頌古聯珠通集和宗鑑法林，專門釋說頌古詩的，如空谷集、虛堂集、從容錄，然著眼在禪，又係出以己見，故其釋說，不但未及頌古詩的涵義，而且也不盡合詩中所寓的原意，故本書撰作之時，著眼在介紹五宗二派的大師，經過縝密的撰擇，析明公案，剖解頌詩，分析了百多首禪詩和數十個難解的公案，於禪詩禪學，也許略有鈎玄出要的作用。

四、頌古詩在理趣詩中的地位：詩的特質和創作，大多服膺陸機「詩緣情而綺靡」之說，自嚴羽以後，尤以「不涉理路，不落言詮」爲詩的上上境界，嚴羽云：

夫詩有別材，非關學也；詩有別趣，非關理也；然非多讀書，多窮理，則不能極其至，所謂不涉理路，不落言詮者上也。（滄浪詩話）

滄浪之言，已抑低了說理詩的地位，後人竟因而貶之爲旁門。夫人有情感和理性的二面，文學作品，雖以訴之情感爲主，但亦可出於理性，涉於理路，惟不宜出以議論，訴之理解，而應寓理成趣，袁枚於隨園詩話中，自大雅至宋人，舉論詩中的理語（見詩話卷七），可見詩中已有此一格，惟說理詩必須理洽人心，合乎詩的表現藝術，才不會以理語爲嫌，吳喬云：

予友賀黃公曰：嚴滄浪謂詩中有別趣，不關於理，而理實未嘗礙詩之妙。如元次山春陵行，孟東郊遊子吟，眞是六經鼓吹，理豈可廢乎？其無理而妙者如：早知潮有信，嫁與弄潮兒。但是於理多一折耳。（圍爐詩話卷上）

元結之作，仍下理語，遊子吟最是理洽人心，「嫁與弄潮兒」則非直言說理，所謂「多一折之意」，乃說理詩中最佳者，謂其能借物寓理，寓理成趣，以比興的表現方法，泯去說理之迹，於是吟之有味，詠之感人。而且能使人得意於言外，尋詩於句中，而理趣盎然，胡應麟云：

太白五言絕，自是天仙口語，右丞卻入禪宗。如人閒桂花落，夜靜春山空。月出驚山鳥，時鳴春澗中。木末芙蓉花，山中發紅萼。澗户寂無人，紛紛開且落。不意聲律之中，有此妙詮。（詩藪・內編下・絕句）

是將王維鳥鳴澗、辛夷塢這二首詩，與佛書、禪典齊觀，才會說「不意聲律之中，有此妙詮。」（二詩的析賞，見本書唐宋詩中之禪趣），可見說理詩中，尙有進於道，寓道成趣的一類，爲古人所共見共許，王維的詩之不可及處亦在此。惟王維晚年歸心禪宗，雖能體道，至於頓悟無餘，當然更遠遜禪祖師，所以禪祖師的頌古詩，應是說理詩中寓道成趣的最佳一類，觀其佳者，誠能「不落言詮」，否定了滄浪所謂詩「不涉理路」的說法。

頌古詩是禪人造道有得，各抒胸臆之作，其目的在借詩寓禪，宣示宗旨，以教禪人，是「曲設多方以誘之」的手段之一，可貴的是沒有走佛偈的路子，而「眞心直說」，言之不文；反而能不避綺語，寓禪成趣，堪肩隨王維、白居易之詩，爲詩之珍異，篇篇無空文，惟歌禪宗道，是其特色。然去古已遠，禪宗中衰，禪學消沉，謹將詩中的公案，涉及的禪祖師，依照禪宗的法系，製表附後，以便讀詩時的查閱。本書所收的文章，大部份在新生報副刊發表，對新生報的主編和來信鼓舞的讀者，特此致謝。本書承巴師壺天屈爲校訂，李老居士炳南親爲題署封面，尤所銘感。至於疏粗不文，錯誤失眞之處，尚祈博雅君子，進而教之。

杜松柏識於臺北知止齋六十九年三月二十三日

三、「禪詩三百首選注」序

我們的民族是最喜愛詩、最會運用詩、也最富於詩的民族，太史公稱古詩三千餘首，後人雖加懷疑，但不過是以周代爲主的詩歌總集，此外不應無詩。以詩經而言，自朝會讌享，外交會盟，宗廟祭祀，到閭巷情歌，無不有詩，所以孔子云：「詩可以興，可以觀，可以群，可以怨。」如果不是最喜愛詩，最會運用詩的民族，又何能有這樣深刻的認識呢？楚辭繼詩經而起，漢代有樂府詩，魏晉以後，方有專門的個人詩集，詩的作品益多，唐更屬詩的黃金時代，其後各朝，雖世有盛衰，而流風未沫，於是形成了文學作品中最繁富、最精粹的一部分。

以詩的內容言，「詩道」廣大，幾乎包括了人生各方面，不止於發抒人的情感而已，已超越了自娛、娛人、詠事、詠物等等的範圍，甚而侵入哲理的領域內，自魏晉時代始，即有「詩必柱下之旨歸，賦乃漆園之義疏」的傾向，此後佛家的偈語，理學家的吟詠，仍繼續這一方向在發展，惜大多數不能寓理成趣，致被譏爲金丹詩訣、修齊格言、太極圈兒，然而最好的詩，卻仍然在人的口耳中，如朱子的「等閒識得東風面，萬紫千紅總是春」、「問渠那得清如許，爲有源頭活水來」等，至今傳誦不衰，可見詩有可說理的一面，所以印度詩人泰戈爾，即以哲理詩著稱。個人以爲這一名號，惟我國禪宗大師的詩作，才可以當之無愧，因爲他們才眞是悟道、求道的人，所吟所詠，非無爲而發，而是在「潛符默證」，得窺至道以後，借詩發揮，有諸內而形諸外，不只是在泰戈爾以上，也勝理學家一籌，如上述朱子的詩，與某女尼悟道詩作一比較，則高低灼然可見：

春日（朱熹）

勝日尋芳泗水濱，無邊光景一時新。等閒識得東風面，萬紫千紅總是春。

悟道詩（某女尼）

盡日尋春不見春，芒鞵踏遍隴頭雲。歸來笑撚梅花嗅，春在枝頭已十分。

前一首決不如後一首的自然和渾成，意境相似而不如後一首的眞切。可是理學家的詩，如宋儒金履祥輯有濂洛風雅篇，自周濂溪、邵康節、張橫渠等，下至宋末，作家近五十人，近人如錢穆（賓四）先生的理學六家詩鈔，均在顯揚這些詩家和作品，而且理學名家，人讀其著作的時候，也無意之間閱讀其詩，至於禪家的詩作，不惟無人選鈔，而且沈埋在人人視爲宗教書刊的藏經中，即使腹笥最廣的詩人如蘇東坡、袁枚等，他們所稱贊欣賞的，亦不過數首，而且是禪家詩中最淺近之作，所以未免令人有滄海遺珠之憾，而且在詩的天地裡，失去了這叢禪苑花錦，實在是一無比的缺失，因爲這些詩作，可以解決中國文學史上很多的問題（詳見拙著禪學與唐宋詩學、禪與詩）個人在寫博士論文的時候，已著眼於此，並有引述；以後在新生報發表的禪與詩，不過是專門探討公案與頌明公案的頌古詩，雖偏於一邊，已引起了不少人的興趣；近三年來更重讀禪宗的語錄專集，選了這本「禪詩三百首」，加以析賞和註解，一方面發前人的幽光，揚詩苑的奇芬，以償個人的心願；一方面思以繼理學家的詩選之後，證明詩可以說理，惟必須寓理成趣，禪詩三百首，正爲理趣詩顯示了創作的法則和技巧，這都是傳統詩歌上的大事，有不容忽略的價値和意義。

馮友蘭認爲「禪宗無形上學」，認爲「只有所說修行方法，實皆有形上學之根據」。（見中國哲學史第二篇第九章）可是以哲學的觀點，體與用是不可分的，有形而上——「自性」的修持證悟方法，焉能無形上學的觀念呢？如果仔細翻閱禪宗的典籍，如六祖慧能、黃蘗希運等所說，都足以推翻馮氏的論斷。更可貴的，是禪家無不以證悟至道爲目的，把形而上學，作爲修持實證之學，而哲學家於形上學不過是推論解釋而已。實修實證的徹悟，自然較推論解說更眞實，更周密，所以禪家詩幾無不以修證形而上學的心得和驗念作爲中心，以內容言，大致不外修持的原則和方法、證悟的程度和境界、悟道時的直感和心得，也有勸人修道的勸世詩，眞正符合了「文以載道」、「文不苟作」的原則，不空言見道，是見道而後有言，不少的禪師一生一世只有一首悟道詩，可以說是以一生爲至道作見證的作品，這是一般的哲學家所不能企及於萬一的，這樣的作品難道不値得分外的注意和珍惜嗎？

禪家的詩作，究竟有多少？還沒有詳細的統計，依個人的統計，當在三萬首以上，受禪學影響，以禪學爲內容的世俗人，尙不在其內，已經不是小小的園圃，如果加上「太山徧雨，河潤千里」，把充塞詩人篇什中的禪詩列入，更是蔚爲滄海大觀了，不了解禪人所作的眞禪詩，又何以了解唐宋詩人中雜有禪的詩作呢？這一禪詩三百首的選集，雖然不免龍現一爪，鼎嚐一臠，但畢竟可以由一推多，由小見大，以明乎唐宋詩人的禪詩的全神足味，而且知其淵源有自，比較合讀，自然優劣見而是非出了。當然，禪師的作品，不如詩人的講究表現技巧，所以不免失之粗豪俚直，那些眞心直說的作品，不離佛偈的形式，只有實理而無詩趣，故極少入選。個人選詩的宗旨是：

乃不泛說理，而狀物態以明理，不空言道，而寫器用之載道，拈形而下者，以明形而上，使寥廓無象者，託物以起興，恍惚無朕者，著述而如見，譬之無極太極，結而爲兩儀四象，鳥語花香，而浩蕩之春寓焉，眉梢眼角，而芳悱之情傳焉，舉萬殊之一殊，以見一貫之無不貫，所謂理趣者此也。（錢默存談藝錄二七〇頁）

以這一理趣詩的原則，作爲選取的標準，換言之：即理趣詩情俱佳者方入選。何況在禪人之中，如雪竇重顯、汾陽善昭、丹霞子淳、投子義青等，均負駿上之才，雖不足以言詩中李杜，而佳盛之處，實可以肩隨王維和孟浩然，而悟道的眞切，則王孟不能及其萬一，讀了這些作品之後，則如王維辛夷塢、鳥鳴澗一類的作品，我們可以眞切地知其禪趣禪理之所在，不會盲人摸象，似趙翼一樣，把王維的詩，作佛書讀了。所以喜歡傳統詩的人，都應接近這些禪苑花錦，因爲是略去蕪穢以後，而集其菁英，都値得玩味欣賞。

個人在慈母提携負抱的時候，就接受了詩，最早的是唐詩三百首，以後再讀唐詩合解和全唐詩，然而印象最深、影響最廣泛的，仍推唐詩三百首，於是倣其體例，選爲禪詩三百首，按四言、五言、六言、七言古詩和五言律詩、七言律詩、五言絕句、七言絕句的類別選取，合計選詩三百首，作者一百四十四人。凡涉及作者和詩的出處，詩中用的佛典、公案等，都詳註出處，並爲省讀者前後翻閱之勞，故不避重出，在禪學長久銷沉以後，大概有助於這些禪語的了解。又以對比的方式，將原詩以二句爲一組，加以翻譯析賞，個人深知詩是以音律爲生命，如果把李後主的「春花秋月何時了」，譯成「春天的花、秋天的月，幾時才完了」，不只太傷風雅，而且味同嚼蠟。可是禪詩大多是出以比興的手法，自領悟的境界言，是不可說破，自欣賞了解言，則又不可不說破，故不辭佛頭著糞的譏評，而加以解說。至於禪與詩的相關性，則如達觀禪師所說：

禪如春也，文字則花也，春在於花，全花是春，花在於春，全春是花，而曰禪與文字有二哉？

（慧洪石門文字禪序）

準此以論，禪詩三百首，可以詩觀之，尤可以禪觀之，更宜以詩禪合一的觀點欣賞之。詩經三百篇，是儒門的代表，唐詩三百篇是唐詩的精華，禪詩三百首是禪門的代表，更是禪詩的精英，希望能爲這一代的讀者所接受。

本書承內子宜玉鈔錄，師大國文研究所陳廖安同學查註資料，抄謄文稿，特致深切的感謝。

杜松柏識於臺北知止齋六十九年九月二十八日

四、「禪是一盞燈」序

在中國的學術思想上，發生是非同異的「兩極」爭論最大的，莫過於對佛教和禪宗了。佛教自漢明帝時傳來中華，與傳統學術思想經過了輸入、排斥、激盪、融合的歷程之後，產生了宋明理學，可是程明道視之為異端，攻擊排斥云：

佛氏之言，比之楊墨，尤為近理。所以其害為尤甚。學者當如淫聲美色以遠之。不爾，則駸駸然入於其中矣（二程遺書，朱熹論語集註為政）。

程子視佛家之說，如洪水猛獸，可是佛、禪的影響，又是如此全面而深入，楊文定公謂佛教傳入中國之後，立得住腳跟的只有韓愈和歐陽修，可是韓文公貶謫潮州時卻與大顛禪師往返，歐陽文忠公晚年號六一居士，看來也不是完全未受薰染，只是韓氏的「原道」、歐陽公的「本論」，揭露出反對的一面而已。朱子常以大慧語錄相隨，陸象山被詆為狂禪，王陽明更與禪有密切的關係，佛禪影響之大，已不再是爭議和排斥可以解決的問題了。

佛禪於我國的影響，有宗教信仰和學術思想二大方面，在禮佛、奉佛的宗教方面，佛教教下各宗，自然影響最大而信徒最多，在言體言用的哲理方面，則以教外別傳的禪宗為獨深，這已是不爭的事實。

筆者於撰寫禪學與唐宋詩學之時，雖於禪學略有文字知解的體認，但也觸發了很多問題和玄想，例如宋明理學很顯明地係受禪宗的刺激及影響而肇興，可是理學家多排「佛」攻「禪」，以後的學者，認爲理學家當中有不少是陽儒而陰佛——援「禪」學入理學，究竟如何？他們所「援」者爲何？禪宗承傳至今，幾已光銷彩散，「教」下諸派與禪宗又趨混同，因而宗風喪失，可是以往的禪祖師，對本體至道的證悟，悟道以後由體起用的作爲和方法，應是最精微最寶貴的智慧和文化遺產，因爲哲學家往往止於論說本體，沒有證悟的功夫，故多歧異而偏失，以致由體而生之「用」，亦多訛誤差錯。禪祖師則能體用一如，無此誤失，最爲可貴。當然禪祖師的惟一目的在證悟本體，如果放棄了這一目標，即由宗教的立場，改易爲哲學的心態，而接受其體用觀念，那麼能否援用其智慧方法於人生的世俗方面呢？再來印證宋明理學家所言，是否能得到另一種證明和指正呢？儒與禪是否有可通可援之處？其可通可援者又何在呢？如果無此可能，自不能援禪入儒中或者陽儒而陰佛了。以上應是我學術思想上的大問題，形成了有志探索論究的標的。

民國六十五年，承新生報副刊主編林期文兄的約稿，於是有禪與詩的寫作，前後歷二載有餘，舌耕之餘，傾注心力於禪公案的探明，期明禪而後明詩，使蒙塵隱晦的禪苑花錦，恢復應有的鮮艷。稍後又選註了禪詩三百首，於泛覽各家的語錄公案時，也有了較專注的探尋。民國七十一年東遊日本，拜訪過臨濟宗的天龍寺、曹洞宗的興聖寺，叩求仍被保持著的二宗修持的特色。回國後又因新生報楊主筆震夷兄的促稿，開始了「禪是一盞燈」這一專欄的寫作，由七十三年開始，筆耕迄今，計成五十篇，都十餘萬言。在執筆之始，先定了題目，以期構成系統，有較為嚴密的次第，可是由於資料的蒐集、問題的探求，加上編輯先生的編排意見，致未依次第成稿及刊出，因而改在梓行之時，重定篇次，自達摩西來的前五篇，在宣明禪宗的緣起及其特性，自「死在句下」等四十一篇，主於禪宗的方便法門，以活法悟道種種的探求以及最高境界的顯示，可目為禪宗的方法論；「有與無」等四篇，則著眼於禪宗的形上論及體用關係。這是全書內容的概要。

禪人最專注的，是如何由求道而悟道，在這一宗教的最高層面上和意境上，所謂「妙高峯上，不容商量」是不能語端加以探究論說的。可是改變了宗教的立場，由學術思想的研究而論，則「第二山頭，卻容私會。」容許文字語言論析，故而禪宗語錄，如雨如雲，更有眞心直說的，其故在此。禪祖師於徹悟至道之後，其於形而上學同屬實證實知，與世俗的哲學家、思想家不同，其由體起用，自然是「體」無不當，而「用」無不周了，就其顯示宣明的「體」「用」，通之於世事，用之於人生，不是深切確實嗎？這是用心究明的重心，不是陽儒陰佛，更不是援禪入儒，或援儒入禪，尤非牽合禪學與宋明理學，而係圖鎔鑄禪理、哲理、事理於一爐，將禪人智慧的光炬，點燃為吾人生命歷程中的明燈，如果能心燈大明的話，則昏蔽自去，事理無礙，將不懼污染，不惑歧路了。惟限於個人的智慧、知識和人生的經驗與感受，所得無多，因而感發亦無多，但願是一個新的開始和闢創，希望哲學大師和禪宗祖師，也能夠專注這一方向引領大衆走向這一條更踏實、更平坦的路程，使心燈大明，而千燈萬燈皆明，希望這本小書，像一點熠火，能擔起燃燈的作用。則禪學便起了「世間覺」，不致如宋儒所非，不致爲後儒所排了。

本書承夢機兄的推薦，漢光文化事業公司的出版，尤其是鄉長侯委員叔達、楊主筆震夷的賜序，多所游揚及賜教，深爲感謝，內子宜玉的集稿和協助，特此銘誌不忘。尚期博雅君子，賜予指正。

杜松柏識於臺北知止齋七十五年七月二十日

主要參考書目

一、佛禪類

金剛般若波羅密經	姚秦 鳩摩羅什譯	大正大藏經 新文豐景印
南宗頓教最上大乘摩訶般若波羅密經六祖惠能大師於韶州大梵寺施法壇經	唐 法海集	大正大藏經第四十八冊 中華佛教文化館景印
六祖大師法寶壇經	元 宗寶編	大正大藏經第四十八冊 中華佛教文化館景印
唐高僧傳	唐 釋道宣	臺灣印經處景印
江西馬祖道一禪師語錄		禪學大成第一冊 中華佛教文化館景印
頓悟入道要門論	唐 慧海	卍字續藏經第一一〇冊 中國佛教會景印
宛陵錄	唐 裴休	大正大藏經第四十八冊 中華佛教文化館景印
中華傳心地禪門師資承襲圖	唐 裴休問 宗密答	卍字續藏經第一一〇冊 中國佛教會景印

宗門十規論　唐　文益　卍字續藏經第一一〇冊　中國佛教會景印

臨濟慧照禪師語錄　唐　慧然集　禪學大成第二冊　中國佛教文化館景印

潙山靈祐禪師語錄　明　圓　信　郭凝之編集　卍字續藏經第一一九冊　中國佛教會景印

仰山慧寂禪師語錄　明　圓　信　郭凝之編集　卍字續藏經第一一九冊　中國佛教會景印

洞山良价禪師語錄　明　圓　信　郭凝之編集　卍字續藏經第一一九冊　中國佛教會景印

曹山本寂禪師語錄　明　圓　信　郭凝之編集　卍字續藏經第一一九冊　中國佛教會景印

大法眼文益禪師語錄　明　圓　信　郭凝之編集　卍字續藏經第一一九冊　中國佛教會景印

祖堂集　五代　佚名　廣文景印

景德傳燈錄　宋　釋道原　眞善美景印

五燈會元　宋　釋普濟　廣文景印

宋高僧傳　宋　沙門贊寧　臺灣印經處景印

宗鏡錄	宋 延壽	大正大藏經第四十八冊 中華佛教文化館景印
古尊宿語錄	宋 頤藏主集	卍字續藏經第一一八冊 廣文景印
續古尊宿語要	宋 師明集	卍字續藏經第一一八冊 中國佛教會景印
汾陽善昭禪師語錄	宋 楚圓集	卍字續藏經第一二〇冊 中國佛教會景印
石霜楚圓禪師語錄	宋 慧南重編	卍字續藏經第一二〇冊 中國佛教會景印
黃龍慧南禪師語錄		卍字續藏經第一二〇冊 中國佛教會景印
寶覺祖心禪師語錄	宋 子和錄 仲介重編	卍字續藏經第一二〇冊 中國佛教會景印
死心悟心禪師語錄		卍字續藏經第一二〇冊 中國佛教會景印
長靈守卓禪師語錄	宋 介諶編	卍字續藏經第一二〇冊 中國佛教會景印
楊岐方會禪師語錄		卍字續藏經第一二〇冊 中國佛教會景印

白雲守端禪師語錄暨廣錄		卍字續藏經第一二〇冊 中國佛教會景印
佛果園悟禪師心要	宋　子文編	禪學集成第四冊 中華佛教文化館景印
天童正覺禪師廣錄	宋　宗法等編	卍字續藏經第一二四冊 中國佛教文化館景印
大慧普覺禪師書	宋　慧然錄	禪學大成第四集 中華佛教文化館景印
黃龍南禪師書尺集	宋　守素編	禪學大成第四集 中華佛教文化館景印
羅湖野錄	宋　感山曉瑩	禪學大成第五集 中華佛教文化館景印
雲竇四集	宋　重顯	商務四部叢刊
碧巖錄	宋　圜悟	禪學大成第一集 中華佛教文化館景印
空谷集	元　林泉老人	廣文景印
虛堂集	元　林泉老人	廣文景印
從容錄	元　萬松老人	廣文景印
請益錄	元　萬松老人	廣文景印

頌古聯珠通集　宋　法應元普會集　卍字續藏經第一一四冊　中國佛教會景印

寶鏡三昧本義　清　行策　卍字續藏經第一一一冊　中華佛教文化館景印

五家宗旨纂要　清　性統編　卍字續藏經第一一四冊　中華佛教文化館景印

宗鑑法林　清　集雲堂編　卍字續藏經第一一五冊　中華佛教文化館會景印

心燈錄　清　湛愚老人　自由出版社

中國禪學考　民國　蒙文通　內學年刊　河洛景印

佛家名相通釋　民國　熊十力　廣文景印

佛學大辭典　民國　丁福保　新文豐景印

胡適禪學案　民國　胡　適　正中書局

禪與心理分析　日本　鈴木大拙　孟祥森譯　志文

禪佛入門　日本　鈴木大拙　李世傑譯　協志

曹溪南華寺考訪記　民國　羅香林　中山大學文史研究所月刊

禪的黃金時代	民國	吳經熊 吳怡譯	商務
禪海蠡測	民國	南懷瑾	自由
藝海微瀾	民國	巴壺天	廣文
中國禪宗史	民國	印順	慧日講堂
禪學講話	日本 民國	日種讓山 芝峯譯	東初出版社
禪宗學與禪學	民國	褚柏思	獅子吼雜誌社
禪學與唐宋詩學	民國	杜松柏	黎明文化公司
禪的公案探究	德國	杜默靈等著 徐進夫譯	德華出版社
公案禪語	民國	吳怡	東大圖書公司
禪與詩	民國	杜松柏	弘道書局
禪詩三百首	民國	杜松柏選註	黎明文化公司
中國禪宗史	日本	柳田聖山著 吳汝鈞譯	臺灣商務印書館
校補增集人天眼目	民國	巴壺天 林義正 校補	明文書局

禪宗牧牛圖頌彙編　民國　巴壺天審訂　杜松柏編　黎明文化公司

禪的故事　美國　李普士　民國　徐進夫譯　志文出版社

二、其他類

論語集註　宋　朱熹　世界書局

孟子集註　宋　朱熹　世界書局

書經集傳　宋　蔡沈　世界書局

老子校釋　民國　朱謙之　正中書局

二程全集　宋　程顥　程頤　里仁書局

張載集　宋　張載　里仁書局

朱子語類　宋　黎靖德編　漢京文化公司

王陽明全集　明　王守仁　古新書局

呻吟語　明　呂坤　漢京文化公司

宋元學案　清　黃宗羲　河洛圖書公司

明儒學案　清　黃宗羲　河洛圖書公司

中國哲學史　民國　馮芝生　景印本
貞元六書　民國　馮芝生　古文圖書公司
宋學概要　民國　夏君虞　華世出版社
明心篇　民國　熊十力　學生書局
體用論　民國　熊十力　學生書局
宋明理學　民國　吳康　華國出版社
王陽明聖學探討　民國　鄧元忠　正中書局
宋明理學概述　民國　錢穆　學生書局
中國人生哲學　民國　方東美　黎明文化公司
新儒家哲學十八講　民國　方東美　黎明文化公司
心體與性體　民國　牟宗三　正中書局

三、論文類

現代佛教學術叢刊　民國　張曼濤主編　大乘文化
世界佛學名著譯叢　民國　藍吉富主編　華宇出版社